MODÈLE D'ÉQUILIBRE GÉNÉRAL CALCULABLE

Collection « L'esprit économique »

fondée par Sophie Boutillier et Dimitri Uzunidis en 1996
dirigée par Sophie Boutillier, Blandine Laperche, Dimitri Uzunidis

Si l'apparence des choses se confondait avec leur réalité, toute réflexion, toute Science, toute recherche serait superflue. La collection « L'esprit économique » soulève le débat, textes et images à l'appui, sur la face cachée économique des faits sociaux : rapports de pouvoir, de production et d'échange, innovations organisationnelles, technologiques et financières, espaces globaux et microéconomiques de valorisation et de profit, pensées critiques et novatrices sur le monde en mouvement...
Ces ouvrages s'adressent aux étudiants, aux enseignants, aux chercheurs en sciences économiques, politiques, sociales, juridiques et de gestion, ainsi qu'aux experts d'entreprise et d'administration des institutions.

La collection est divisée en six séries :

Dans la série *Economie et Innovation* sont publiés des ouvrages d'économie industrielle, financière et du travail et de sociologie économique qui mettent l'accent sur les transformations économiques et sociales suite à l'introduction de nouvelles techniques et méthodes de production. L'innovation se confond avec la nouveauté marchande et touche le cœur même des rapports sociaux et de leurs représentations institutionnelles.

La série *Economie formelle* a pour objectif de promouvoir l'analyse des faits économiques contemporains en s'appuyant sur les approches critiques de l'économie telle qu'elle est enseignée et normalisée mondialement. Elle comprend des livres qui s'interrogent sur les choix des acteurs économiques dans une perspective macroéconomique, historique et prospective.

Dans la série *Le Monde en Question* sont publiés des ouvrages d'économie politique traitant des problèmes internationaux. Les économies nationales, le développement, les espaces élargis, ainsi que l'étude des ressorts fondamentaux de l'économie mondiale sont les sujets de prédilection dans le choix des publications.

La série *Krisis* a été créée pour faciliter la lecture historique des problèmes économiques et sociaux d'aujourd'hui liés aux métamorphoses de l'organisation industrielle et du travail. Elle comprend la réédition d'ouvrages anciens, de compilations de textes autour des mêmes questions et des ouvrages d'histoire de la pensée et des faits économiques.

La série *Clichés* a été créée pour fixer les impressions du monde économique. Les ouvrages contiennent photos et texte pour faire ressortir les caractéristiques d'une situation donnée. Le premier thème directeur est : mémoire et actualité du travail et de l'industrie ; le second : histoire et impacts économiques et sociaux des innovations.

La série *Cours Principaux* comprend des ouvrages simples, fondamentaux et/ou spécialisés qui s'adressent aux étudiants en licence et en master en économie, sociologie, droit, et gestion. Son principe de base est l'application du vieil adage chinois : « le plus long voyage commence par le premier pas ».

MODÈLE D'ÉQUILIBRE GÉNÉRAL CALCULABLE

Collection « L'esprit économique »

fondée par Sophie Boutillier et Dimitri Uzunidis en 1996
dirigée par Sophie Boutillier, Blandine Laperche, Dimitri Uzunidis

Si l'apparence des choses se confondait avec leur réalité, toute réflexion, toute Science, toute recherche serait superflue. La collection « L'esprit économique » soulève le débat, textes et images à l'appui, sur la face cachée économique des faits sociaux : rapports de pouvoir, de production et d'échange, innovations organisationnelles, technologiques et financières, espaces globaux et microéconomiques de valorisation et de profit, pensées critiques et novatrices sur le monde en mouvement...
Ces ouvrages s'adressent aux étudiants, aux enseignants, aux chercheurs en sciences économiques, politiques, sociales, juridiques et de gestion, ainsi qu'aux experts d'entreprise et d'administration des institutions.

La collection est divisée en six séries :

Dans la série *Economie et Innovation* sont publiés des ouvrages d'économie industrielle, financière et du travail et de sociologie économique qui mettent l'accent sur les transformations économiques et sociales suite à l'introduction de nouvelles techniques et méthodes de production. L'innovation se confond avec la nouveauté marchande et touche le cœur même des rapports sociaux et de leurs représentations institutionnelles.

La série *Economie formelle* a pour objectif de promouvoir l'analyse des faits économiques contemporains en s'appuyant sur les approches critiques de l'économie telle qu'elle est enseignée et normalisée mondialement. Elle comprend des livres qui s'interrogent sur les choix des acteurs économiques dans une perspective macroéconomique, historique et prospective.

Dans la série *Le Monde en Question* sont publiés des ouvrages d'économie politique traitant des problèmes internationaux. Les économies nationales, le développement, les espaces élargis, ainsi que l'étude des ressorts fondamentaux de l'économie mondiale sont les sujets de prédilection dans le choix des publications.

La série *Krisis* a été créée pour faciliter la lecture historique des problèmes économiques et sociaux d'aujourd'hui liés aux métamorphoses de l'organisation industrielle et du travail. Elle comprend la réédition d'ouvrages anciens, de compilations de textes autour des mêmes questions et des ouvrages d'histoire de la pensée et des faits économiques.

La série *Clichés* a été créée pour fixer les impressions du monde économique. Les ouvrages contiennent photos et texte pour faire ressortir les caractéristiques d'une situation donnée. Le premier thème directeur est : mémoire et actualité du travail et de l'industrie ; le second : histoire et impacts économiques et sociaux des innovations.

La série *Cours Principaux* comprend des ouvrages simples, fondamentaux et/ou spécialisés qui s'adressent aux étudiants en licence et en master en économie, sociologie, droit, et gestion. Son principe de base est l'application du vieil adage chinois : « le plus long voyage commence par le premier pas ».

Aicha El Alaoui

Modèle d'équilibre général calculable

Présentation théorique et application empirique

Préface de Mohamed Bouzahzah

L'Harmattan

5-7, rue de l'École-Polytechnique ; 75005 Paris

http://www.editions-harmattan.fr/

ISBN : 978-2-343-21585-3
EAN : 9782343215853

Préface

Ce livre couvre un sujet fort important en sciences économiques ; celui de la modélisation en équilibre général calculable. Nul ne conteste aujourd'hui la place qu'occupent les modèles d'équilibre général calculables (MEGC) dans la panoplie des outils quantitatifs dont disposent les économistes. Depuis la monographie de Scarf, début des années 1970, les MEGC n'ont cessé de se développer. À la même époque, l'article de Shoven et Whalley en 1972 basé sur la structure théorique d'Arrow et Debreu et résolu par l'algorithme de Scarf a fondé une importante littérature dans le domaine, et on dispose aujourd'hui d'une large gamme de MEGC aux fondements très différents et applicables à des questions extrêmement diverses et variées. Certains sont statiques, d'autres dynamiques. Certains sont de type walrasien, appropriés pour étudier les questions de long terme, comme les modèles néoclassiques à horizon infini ou à générations imbriquées. D'autres incorporent des rigidités et un secteur monétaire et financier comme les DSGE et sont utilisés pour étudier les fluctuations économiques et les politiques de stabilisation.

Mais, tous combinent la théorie économique et les données réelles d'une économie pour déterminer quantitativement les effets d'un choc ou d'une politique économique. Comme ils sont fondés microéconomiquement, les résultats obtenus peuvent être expliqués en utilisant les intuitions économiques. Leur flexibilité leur permet d'être appliqués à pratiquement tous les chocs et les politiques économiques. De ce point de vue, ils surclassent généralement les autres types de modèles. Ils sont par conséquent très utilisés par les chercheurs, les gouvernements, les institutions nationales et internationales les milieux académiques et les cabinets de conseil privé.

Les lecteurs trouveront dans ce livre des explications et une discussion sur la structure et les fondements théoriques des MEGC, leurs évolutions, les domaines et les questions auxquels ils s'appliquent. Plus que tout autre chose, le livre se présente comme un véritable guide pour quiconque souhaite se lancer dans une entreprise de construction de ce type de modèles. Il présente, de manière pédagogique, les étapes à suivre, depuis la définition de la question de recherche jusqu'aux simulations en passant par les étapes les plus importantes d'un point de vue pratique : l'écriture mathématique du modèle, la construction de la matrice de comptabilité sociale (MCS), l'écriture du modèle sur le logiciel GAMS et l'interprétation des résultats.

Les modèles EGC ont été appliqués à diverses questions -on l'a déjà dit-. Dans ce livre, l'auteur a choisi d'étudier les effets macroéconomiques, et en matière de bien-être, de l'accord d'association entre le Maroc et l'Union européenne. En réalité, l'application a essentiellement une valeur illustrative, de sorte que d'autres exemples eussent tout aussi bien fait l'affaire. Pour autant, une application était indispensable tant il est vrai qu'un modèle EGC manquerait complètement sa cible s'il n'était effectivement applicable et appliqué.

Un mot, pour terminer, sur le public auquel s'adresse ce livre qui vient combler un véritable manque dans le domaine. Il intéressera aussi bien les chercheurs.ses, les économistes professionnels, les doctorants.es que les décideurs politiques.

Mohamed BOUZAHZAH
Professeur d'économie. Université Mohammed V-Rabat,
FSJES de Salé

Avant-propos

Utiliser un modèle d'équilibre général calculable pour analyser et mesurer les impacts d'une décision politique est souhaitable dans un monde hostile et compétitif. Cependant pour aller au-delà des frontières limitées par le modèle lui-même, l'économiste-modélisateur doit avoir en même temps les compétences et les savoirs d'un philosophe, d'un sociologue, d'un historien et d'un anthropologue pour illustrer d'autres réalités cachées par les hypothèses de modèle.

La complexité de la réalité et les interconnexions des facteurs explicatifs d'une crise ou d'une décision limitent la robustesse de n'importe quel modèle en indiquant que les décisions prises à la suite des outputs d'un modèle seront limitées. De plus, elles ne seront pas conformes et adaptées au contexte complexe et évolutif d'une société.

Pour restructurer une économie ou chercher un développement, il ne faut pas croire aveuglément aux résultats de n'importe quel modèle. Ce dernier restera un simple outil d'aide à la décision. Malgré la complexité et la performance des modèles élaborés, l'économie ne peut jamais devenir une science exacte.

Remerciements

Je remercie :

Youssef, mon partenaire dans ma vie

Rania, ma lumière

Malak, mon étoile

Ma famille

Mes amis(es)

Mes camarades

Mes collègues, Lahcen Oulhaj, Mohammed Bouzahzah et Idriss El Abbassi

A VOUS TOUS ET TOUTES

Merci

Sommaire

PRÉFACE 7

AVANT-PROPOS 9

REMERCIEMENTS 11

ABRÉVIATIONS & ACRONYMES 15

CHAPITRE INTRODUCTIF 17

SECTION 1. UNE OUVERTURE ÉCONOMIQUE MONDIALE ACCÉLÉRÉE 18
SECTION 2. APERÇU SUR L'OUVERTURE DE L'ÉCONOMIE MAROCAINE 22
SECTION 3. PRÉSENTATION DE L'OUVRAGE 27

CHAPITRE 1. CADRE THÉORIQUE DU MODÈLE D'ÉQUILIBRE GÉNÉRAL 31

SECTION 1. FONDEMENTS THÉORIQUES DU MEG 32
SECTION 2. TENDANCES RÉCENTES DES MEG 42
SECTION 3. MEGC : ÉTAPES DE CONSTRUCTION, LIMITES ET AVANTAGES 66

CHAPITRE 2. ÉCRAN COMPTABLE DU MODÈLE : LA MATRICE DE LA COMPTABILITÉ SOCIALE 77

SECTION 1. MCS : DÉFINITION, CRITÈRES DE DÉTERMINATION ET MÉTHODES D'ÉQUILIBRAGE 77
SECTION 2. ARCHITECTURE GÉNÉRALE DE LA MCSMAR03 82
SECTION 3. SOURCES DES DONNÉES DE LA MCSMAR03 87

CHAPITRE 3. CONSTRUCTION D'UN MEGC APPLIQUÉ À L'ÉCONOMIE MAROCAINE 101

SECTION 1. FORMES FONCTIONNELLES DU MEGCMAR03 101
SECTION 2. BOUCLAGE MACROÉCONOMIQUE DU MEGCMAR03 120
SECTION 3. CALIBRAGE DES PARAMÈTRES ET DES COEFFICIENTS DU MEGCMAR03 126
SECTION 4. SIMULATIONS D'IMPACT DE LIBRE-ÉCHANGE 135

CHAPITRE 4. ANALYSE D'IMPACTS DE L'ACCORD DE LIBRE-ÉCHANGE SUR L'ÉCONOMIE MAROCAINE 139

SECTION 1. IMPACTS SUR LES ÉCHANGES EXTÉRIEURS 139
SECTION 2. IMPACTS SUR LES FACTEURS DE PRODUCTION 152
SECTION 3. IMPACTS SUR LA PRODUCTION SECTORIELLE ET LA DEMANDE INTÉRIEURE 155
SECTION 4. IMPACTS SUR LE BIEN-ÊTRE 163

SECTION 5. IMPACTS SUR LES REVENUS ET LES ÉPARGNES DES SI........166
SECTION 6. VÉRIFICATION D'ÉQUILIBRE DU MODÈLE........173

CONCLUSION GÉNÉRALE........179

ANNEXES........181

ANNEXE 1. PRINCIPAUX PASSAGES DE LA DÉCLARATION DE BARCELONE........181
ANNEXE 2. HYPOTHÈSES THÉORIQUES DU MEG........185
ANNEXE 3. MÉTHODE D'ÉQUILIBRAGE DE LA MATRICE DE LA COMPTABILITÉ SOCIALE........189
ANNEXE 4. EXEMPLE D'APPLICATION DE LA MATRICE DE LA COMPTABILITÉ SOCIALE, MCSMAR03........193
ANNEXE 5. FONCTIONS DE PRODUCTION........205
ANNEXE 6. FONCTIONS DEMANDE DU TRAVAIL........209
ANNEXE 7. MAXIMISATION DE LA FONCTION D'UTILITÉ DE COBB-DOUGLAS........211
ANNEXE 8. FONCTIONS DE COMMERCE EXTÉRIEUR........213
ANNEXE 9. SYSTÈME DES ÉQUATIONS DU MEGCMAR03........220
ANNEXE 10. FICHIER GAMS DE CALIBRATION DU MEGCMAR03........224
ANNEXE 11. STRUCTURE DES ÉCHANGES EXTÉRIEURS........234

BIBLIOGRAPHIE........238

1. OUVRAGES & LIVRES........238
2. REVUES & JOURNAUX........238
3. RAPPORTS, THÈSES, MÉMOIRES ET DOCUMENTS OFFICIELS........247

LISTE DES FIGURES........249

LISTE DES TABLEAUX........251

Abréviations & acronymes

APE	Accord de partenariat économique
ALE	Accord de libre-échange
CEE	Communauté économique européenne
CFAP	Consommation finale des administrations publiques
CFM	Consommation finale des ménages
CPP	Concurrence pure et parfaite
DPE	Dette extérieure publique
DS	Direction de la statistique
ENNVM	Enquête nationale sur les niveaux de vie des ménages
FBC	Formation brute du capital
HCP	Haut-Commissariat au Plan, Maroc
IDE	Investissement direct étranger
IGR	Impôt général sur le revenu
IS	Impôt sur les sociétés
IR	Impôt sur le revenu
MCS	Matrice de la comptabilité sociale
MCSMar03	Matrice de la comptabilité sociale marocaine base 2003
MEDA	Mesures d'accompagnement aux réformes des structures économiques et sociales
MEG	Modèle(s) d'équilibre général
MEGC	Modèle d'équilibre général calculable
MEGFQ	Modèle d'équilibre général calculable du ministère des Finances du Québec
MEGCMar03	Modèle d'équilibre général calculable marocain sur la base des données macroéconomiques au titre de l'année 2003
NCN	Nomenclature de la comptabilité nationale
PAS	Programme d'ajustement structurel
PED	Pays en voie de développement
RdM	Reste du monde
SH	Système harmonisé
SI	Secteurs institutionnels
TEE	Tableau économique d'ensemble
TES	Tableau Entrées - Sorties
TOF	Tableau des opérations financières
TOF	Tableau des Ressources et Emplois
TR0	Correction territoriale
UE	Union européenne
ZLE	Zone de libre-échange

Chapitre introductif

Aucun modèle n'est en mesure ni d'analyser ni d'évaluer globalement et efficacement les effets d'un choc sur l'économie d'un pays. Ce choc peut être exogène et/ou endogène : une crise politique, une crise pandémique, une crise sociale, une crise financière ou tout simplement un changement dans une politique ou une orientation sectorielle pour donner suite à un choix économique et stratégique du pays.

Si un modèle est capable de cerner les effets/impacts de choc à certains niveaux et profondeur de la structure économique, il est sûrement incapable de les mesurer sur d'autres aspects économiques et notamment sociaux. Aucun modèle n'est ni idéal ni parfait. Cet ouvrage essaye de présenter l'un des modèles de mesure des impacts des politiques économiques, à savoir le modèle d'équilibre général calculable (MEGC) qui est loin d'être un modèle parfait, capable de mesurer les impacts directs, indirects et/ou totaux d'un changement dans les politiques économiques et/ou sociales d'un pays.

Par ailleurs, le MEGC est important dans la prise de décision, et dans le choix des meilleures politiques d'accompagnement ou de conjonctures pour accélérer certains résultats positifs et/ou pour réduire certains effets/impacts économiques ou sociaux indésirables et encombrants.

Le MEGC appliqué dans cet ouvrage est lié à la politique de libre-échange puisqu'aucun pays ou région du monde n'est à l'abri des échanges extérieurs et de la globalisation. Certes, le degré d'ouverture est différent d'un pays à l'autre, mais son rythme a été accéléré durant les dernières années à la suite notamment aux multiples accords d'échanges conclus entre les pays. C'est ainsi, le MEGC reste le meilleur outil pour mesurer l'impact de cette ouverture sur l'économie marocaine, par exemple.

Pour joindre l'utile à l'agréable, cet ouvrage est une introduction pratique au MEGC en prenant comme exercice d'application l'économie marocaine en essayant de mesurer l'impact de l'accord de libre-échange sur ses différents agrégats macroéconomiques comme la production sectorielle, le commerce extérieur, le budget de l'État, l'épargne, le revenu et le bien-être des ménages, l'épargne et le revenu des entreprises, l'investissement et l'épargne nationale.

Ce chapitre est une introduction générale qui retrace le contexte global du MEGC qui sera appliqué par la suite à l'économie marocaine. Il sera aussi l'occasion de réaliser un survol global sur ce présent ouvrage en présentant, aussi, les objectifs souhaités par chaque chapitre.

Section 1. Une ouverture économique mondiale accélérée

L'analyse des effets du libre-échange dans la littérature économique est abondante surtout avec la multiplicité des accords internationaux bilatéraux ou multilatéraux signés entre les différents pays.

Les débats entre les économistes sur l'importance de démantèlement tarifaire remontent à 1701 avec la première analyse rigoureuse du libre-échange de Henry Martyn dans son travail sur les ''*considérations sur le commerce avec les Indes orientales*''. Il a expliqué que la liberté de commerce diminue la rente des marchands déjà établis et accroît le volume de bénéfice de la nation toute entière. Là encore, cet auteur est le premier à appliquer le principe de la division du travail au commerce international.

Dans son livre sur ''*le système ou la théorie du commerce du monde*'' (*The System or Theory of the Trade of the World*) publié en 1720, Isaac Gervaise a employé le principe du coût d'opportunité pour mettre en doute la capacité de l'intervention de l'État à accroître la richesse nationale. Il a conclu que ce principe appliqué au commerce international pousse les manufactures protégées à s'étendre au-delà des capacités naturelles, aux dépens des autres activités. Mais, c'est Adam Smith dans la ''*Recherche sur la nature et les causes de la richesse des nations*'' (1776) qui a donné une vraie naissance à la théorie du libre-échange. Sa théorie repose sur l'idée que chaque pays se spécialise dans les productions dont il dispose un avantage absolu. D'une autre manière, chaque pays se spécialise dans la production d'un bien pour lequel son coût de production est inférieur à celui des pays avec lesquels il commerce.

Par la suite, les économistes de l'école classique ont développé les idées de Smith en renforçant la présomption que le libre-échange permet à un pays d'obtenir une quantité de biens supérieure à ce qu'il pourrait produire par lui-même. Robert Torrens et David Ricardo poursuivent le développement de ces idées en introduisant la notion d'avantage comparatif.

La notion permet de démontrer que tout pays a intérêt à être libre-échangiste même si un pays a un avantage absolu sur tous les autres pays dans tous les domaines. Autrement dit, chaque pays a un avantage de se spécialiser dans la production dont il possède un avantage relatif, par conséquent le pays doit avoir la capacité de renoncer à ses avantages les plus faibles pour tirer profit de ses avantages les plus forts. À cet égard, le modèle Heckscher-Ohlin-Samuelson (HOS) a essayé de développer la théorie de l'avantage comparatif en signalant que l'origine de cet avantage vient de l'abondance ou de la rareté relative des divers facteurs de production dont sont dotés les pays.

Plusieurs modèles ont été développés avec des soubassements théoriques d'origines classiques ou keynésiennes. Mais, généralement, les défenseurs du libre-échange montrent que les effets du libre-échange sont semblables à ceux du progrès technique. En effet, le libre-échange "*favorise à long terme le développement économique général*", *et il permet aussi "d'obtenir une meilleure efficacité en accélérant l'utilisation optimale des facteurs de production par la spécialisation géographique de chaque pays (principe de l'avantage comparatif)". En parallèle, il peut entraîner la disparition de certains emplois, mais les bénéfices qu'ils procurent permettront de compenser ses victimes de sorte que le résultat global sera gagnant-gagnant.*[1]

Quant à l'idée de l'interventionnisme ou du protectionnisme, le libre-échange "*provoque des coûts d'ajustement (sur le plan d'emplois, d'activités, etc.) aux chocs créés par l'ouverture sur le marché extérieur. Il entraîne aussi l'apparition d'une contrainte exogène sur les politiques économiques nationales, qui deviennent plus difficiles à mener afin de réduire le chômage. Enfin, certaines catégories sociales peuvent être défavorisées par une libéralisation des échanges.*"[2]

Quels que soient les débats théoriques et les résultats des analyses descriptives ou analytiques, les relations économiques mondiales ont changé de formes entre les pays développés ou entre les pays en développements ou entre les pays développés et les pays en développement pour se traduire sous forme des traités internationaux. Ces derniers ne sont qu'une manière dans lesquels "*les États acceptent de réduire en tout ou partie les traitements spécifiques qu'ils appliquent aux marchandises étrangères et qui les handicapent sur leurs marchés.*"[3] Ces accords ont pris des formes différentes selon les types de la relation existante entre les États, à savoir :

- *traités inégaux* imposés à une nation plus faible par une nation plus forte, forçant la première à admettre les biens produits par la seconde, relation de dépendance, comme ceux conclus entre les pays de nord et ceux de sud ;
- *traités bilatéraux de réciprocité commerciale* entre deux pays amis (ou plus précisément les pays qui ont 'presque' les mêmes positions politiques et niveaux de développement économique à l'échelle mondiale), pour une quantité plus ou moins étendue de produits ;
- *accords multilatéraux négociés* au niveau de l'organisme mondial (OMC) dans le cadre de la mondialisation ;
- *accords de libre-échange* pour la création des zones de libre-échange qui impliquent plusieurs pays et s'étendent à l'ensemble des produits (avec éventuellement des exceptions pour certains produits).

[1] Cité à partir de site : http://oer2go.org/mods/fr-wikipedia-static/content/a/libre-%25c3%25a9change.html; consulté le 2 août 2018.

[2] Idem.

[3] Cité à partir de site : https://www.etudier.com/dissertations/Le-Libre-Echange/13109.html; consulté le 2 août 2018.

Les accords de libre-échange (ALE) n'ont pas les mêmes effets sur les pays adhérents. Par exemple, l'ALENA (Accord de Libre-Echange nord-Américain) n'a pas eu les mêmes conséquences macroéconomiques au Mexique ou au Canada. De même pour les pays de l'Union européenne (UE), l'accord n'a pas eu le même impact pour des pays comme l'Espagne ou la Grèce (Khrouz et al., 2004). Ainsi, Maslouhi (2004) a conclu que l'impact des ALE sur l'économie des pays adhérents dépend non seulement de choix et de politiques économiques internes, mais de l'état de l'environnement international spécialement pour le cas d'une économie dépendante. Cet auteur a montré que certains *paramètres sont importants, tels que "le taux d'ouverture, le type de spécialisation géographique et sectorielle des échanges, les termes de l'échange pour les produits de base, la dépendance énergétique, la demande mondiale adressée au pays et le degré de stabilité de l'environnement pour le cas de l'économie marocaine, les conditions climatiques, conditionnent les politiques d'accompagnement favorables au succès d'un ALE."*[4]

Les analyses des effets macroéconomiques de l'ALE sont très diverses d'un pays à l'autre. À titre d'exemple, on peut citer les travaux de recherche suivants :

1. Proulx (2001) a montré que *l'expérience des pays de l'ALENA a été positive en comparaison avec les évolutions des autres régions, à savoir les pays de l'ALENA ont réalisé de bonnes performances au niveau de la croissance et des exportations. Leur intégration économique est de plus en plus visible* (Proulx, 2001: 3-4).

2. Gu, Sawchuk et Whewell (2003) ont montré que la réduction des tarifs, qui a suivi la signature de l'ALE entre le Canada et les États-Unis, a donné lieu à une augmentation considérable de la productivité du secteur canadien de la fabrication. Au moyen d'un ensemble complet de données de panel sur 81 branches d'activités de ce secteur couvrant la période 1983 à 1996, les résultats empiriques de ces auteurs confirment que la croissance de la taille des entreprises n'est pas une cause de l'augmentation de la productivité induite par l'ALE, contrairement à ce que prédisaient les modèles théoriques. Ces résultats révèlent, par contre, que la réduction des tarifs aux termes de l'ALE a eu un effet positif significatif sur le taux de fermeture des entreprises du secteur de la fabrication qui varie de 0,7 à 2,0 points pour les branches d'activités les plus touchées entre 1988 et 1996. Ils ont conclu que "*les entreprises qui ferment leurs portes ont tendance à être moins productives que celles qui survivent, et ils ont affirmé que l'exposition croissante au commerce international entraîne la disparition des entreprises*

[4] KHIAT Kenza Linda (2011). *Impact du partenariat euro-méditerranéen sur les économies des pays du Maghreb,* mémoire de magister en Sciences Économiques. Université d'Oran, Algérie. https://docplayer.fr/67911482-Theme-impact-du-partenariat-euro-mediterraneen-sur-les-economies-des-pays-du-maghreb.html

les moins efficaces, ce qui contribue à la croissance de la productivité" (Gu, Sawchuk et Whewell, 2003).

3. Gu et Whewell (2001) et Trefler (2001) ont montré que les réductions tarifaires induites par l'ALE ont entraîné des gains importants de productivité dans le secteur canadien de la fabrication. Trefler (2001) a constaté que les réductions tarifaires ont fait augmenter la productivité du travail au taux annuel composé de 2,1% de 1988 à 1996 dans les branches d'activités où les réductions tarifaires ont été les plus importantes, et de 0,6% pour le secteur de la fabrication dans son ensemble. Au moyen d'une mesure plus complète de la productivité qui inclut le travail et le capital intégré dans les exportations, Gu et Whewell (2001) ont donné des preuves que les branches d'activités productrices de biens d'exportation ont vu s'accélérer la croissance de leur productivité après signature de l'ALE.

4. McCallum (1999) a étudié les impacts de l'ALE sur l'économie canadienne. Il a signalé que les échanges extérieurs canadiens à destination des États-Unis, en dix ans, ont progressé et le revenu disponible par tête au Canada, entre 1989 et 1998, a reculé de 5%, tandis qu'aux États-Unis il a augmenté de 12%. Ainsi, la part des investissements directs à l'étranger (IDE) que le Canada a attiré entre 1990 et 1997 a diminué de 6,5% à 4,0% sur le plan mondial, alors que celle des IDE en Amérique du Nord est passée de 21% à 14%. Par conséquent, l'auteur a observé que l'écart de productivité entre les deux pays s'est creusé depuis l'entrée en vigueur de l'ALE et qu'il est substantiel. Il a résumé sa recherche en ces termes : *"le débat n'est donc pas clos, mais il semble très probable que la chute des tarifs douaniers –qui dans certains cas sont passés de plus de 20% à zéro en une petite décennie- a produit des pertes d'emplois attribuables à la transition. En revanche, l'expansion des exportations amenée par l'ALE a indubitablement créé des emplois, même si une partie de cette expansion tient à la dépréciation du dollar canadien et à d'autres forces. Dans l'ensemble, je ne pense pas que nous sachions si l'ALE a entraîné une hausse ou une baisse de l'emploi total"* (cité par Haggart, 2001).

Quant au Mexique, il s'est intégré de plus en plus dans le processus de la libéralisation de son économie et de sa libéralisation des investissements directs étrangers. Il a adhéré au GATT, devenu par la suite l'OMC, en 1986, et membre de l'ALENA à partir de 1994. Il a également signé 34 accords de libre-échange avec plusieurs pays d'Amérique latine et d'Asie ainsi qu'avec l'Union européenne. D'après Mezghenni (2000), le marché mexicain est devenu un marché intégré à part entière en Amérique du Nord après l'ALENA. Il a constaté que le programme de libéralisation a fait que les États-Unis détiennent 2,2% du marché des exportations mondiales et 2,4% des importations en 1998, contre 0,9% et 1,1%, respectivement, en 1980. Ainsi, il a détecté qu'il y a un effet de détournement. La part des exportations mexicaines à la destination des États-Unis et au Canada a augmenté de 86.3% par rapport à celle à la destination de l'UE à 15 pays, elle a été seulement de 3,6%. La même évolution a été enregistrée pour les importations : la part des importations en provenance de l'ALENA a augmenté en passant de 75% en 1992 à 83,8% en 1996. Par contre, celle en provenance des pays de l'Union européenne a reculé pour ne présenter que 7,7% du total des importations en 1996 contre 11,7% en 1992.

Les résultats des recherches académiques réalisées ne sont pas tous d'accord sur les prédictions théoriques des impacts de libre-échange sur l'économie d'un pays. La plupart d'entre eux ont montré que la relation entre les pays n'est pas forcément une relation gagnant-gagnant. Généralement, il y a une forte corrélation entre le niveau de développement d'un pays et les gains (les pertes) engendrés par un accord d'échange. C'est pour cela, il est toujours nécessaire pour un État d'évaluer l'application de ses accords conclus afin de les réajuster au profit de son économie. Pour en faire, le MEGC demeure un outil indispensable et adéquat. Certes, c'est une tâche ardue puisque certains impacts ne peuvent apparaître qu'après des années d'exécution des clauses de l'accord ; mais elle demeure nécessaire. Pour cela, le modélisateur doit être vigilant dans ses interprétations des résultats et ses recommandations formulées aux décideurs.

Section 2. Aperçu sur l'ouverture de l'économie marocaine

En 31 mars 1969, le Maroc a signé son premier accord d'association avec la communauté économique européenne (CEE). Mais, il n'est entré dans une libéralisation effective de son économie qu'à partir des années quatre-vingt. Au cours de cette période, elle a connu une forte détérioration de ses équilibres internes et externes ce qui a conduit à une application du PAS sous les directives du FMI et la banque mondiale pour assainir les finances publiques et rendre soutenable l'endettement extérieur. Par la suite, le Maroc a opté pour la politique de libéralisation économique, d'ouverture commerciale et d'intégration à l'économie mondiale.

La politique de libéralisation menée par le Maroc s'est introduite par la libéralisation des échanges commerciaux tant dans le cadre multilatéral que dans le cadre bilatéral. Elle a commencé effectivement avec l'adhésion au GATT dès 1987 (Traité de Marrakech) et s'est poursuivie à un rythme soutenu avec la signature d'une série d'accords internationaux. Parmi lesquels, il y a : le traité de l'OMC (1994), l'accord d'association avec l'UE (1996), la déclaration d'Agadir portant sur la création d'une zone de libre-échange avec la Jordanie et l'Égypte (2001), l'accord-cadre avec les États-Unis d'Amérique (signé et entré en vigueur le 1er janvier 2006), l'ALE avec la Turquie, signé en 2004 ; pour ne citer que ces accords.

Les pays de l'Europe et les pays méditerranéens ont instauré des relations économiques, culturelles et politiques, comme le résultat de deux facteurs essentiels : le premier est historique et le deuxième est géopolitique. Les relations entre les deux rives de la méditerranée ont été profondément changées pour se transformer sous une nouvelle conception basée sur un accord global tel que présenté à Barcelone les 27 et 28 novembre 1995 (voir annexe 1). Cette déclaration a été considérée comme « *une nouvelle formulation des relations entre les pays méditerranéens et la communauté européenne* ». Elle se cristallise sur « *le libre-échange* », accompagné d'une « *coopération financière, économique et technique, d'un volet social et culturel et d'un volet de dialogue politique* ».

L'accord d'Association Euro-Maroc, qui remplace l'accord de coopération de 1976 et les protocoles d'adaptation successifs, constitue le troisième accord a entré en vigueur après celui avec la Tunisie (l'accord d'association Euro-Tunisie signé en 1995 et entré en vigueur en 1998) et celui avec l'Autorité palestinienne (l'accord d'association Euro-Autorité palestinienne signé et entré en vigueur en 1997).

L'accord d'Association Euro-Maroc représente une nouvelle vision des relations durables avec les adhérents à ce processus. Ces relations sont fondées sur trois grands volets « le *volet politique et de sécurité, le volet économique et financier et le volet social et humain* ». Il vise à instaurer :

- Un dialogue politique régulier ;
- Un établissement progressif d'une zone de libre-échange en conformité avec les dispositions de l'OMC ;
- Un établissement des dispositions relatives à la liberté d'établissement, la libéralisation des services, la libre circulation des capitaux et les règles de concurrence ;
- Un renforcement de la coopération économique sur la base la plus large possible dans tous les domaines qui intéressent les relations entre les deux parties ;
- Une coopération sociale complétée par une coopération culturelle ;
- Une coopération financière comportant des moyens financiers appropriés destinés à apporter au Maroc un soutien significatif pour ses efforts de réforme et d'ajustement au plan économique ainsi que de développement social liés à la création d'une zone de libre-échange. La coopération financière est mise en œuvre à travers le Programme MEDA.[5]

[5] Le programme MEDA (Mesures d'Accompagnement aux Réformes des Structures Économiques et Sociales) représente le principal élément de la coopération financière dans le cadre du partenariat euro-méditerranéen. L'UE a créé le règlement financier MEDA et la ligne budgétaire B7-4100 dans le but de gérer le montant de l'aide financière apportée par le partenariat (c'est-à-dire augmenter la flexibilité ainsi que la rigidité des engagements et des déboursements des fonds). Ce règlement constitue les bases de l'assistance financière de l'UE

L'accord de libre-échange établit, ainsi, une association entre d'un côté les communautés européennes et leurs États membres et, de l'autre côté, le Maroc. Ses principaux objectifs sont :

- « *Fournir un cadre approprié au dialogue politique entre les parties afin de permettre le renforcement de leurs relations dans tous les domaines qu'elles estimeront pertinents au titre d'un tel dialogue ;*
- *Fixer les conditions de la libéralisation progressive des échanges des biens, de services et de capitaux ;*
- *Développer les échanges et assurer l'essor de relations économiques et sociales équilibrées entre les parties, à travers le dialogue et la coopération notamment, afin de favoriser le développement et la prospérité du Maroc et du peuple marocain ;*
- *Encourager l'intégration maghrébine en favorisant les échanges et la coopération entre le Maroc et les pays de la région, et*
- *promouvoir la coopération dans les domaines : économique, social, culturel et financier.* »

De plus, le présent accord constitue une nouvelle dimension dans la région méditerranéenne en fixant deux visions principales :

- *L'instauration d'« un dialogue politique régulier » afin de « garantir la paix, la sécurité et le développement régional » et*
- *la protection de la « libre circulation des marchandises » afin d'établir une zone de libre-échange en signalant que « la communauté et le Maroc établissent progressivement une zone de libre-échange pendant une période transition de douze années au maximum à compter de la date d'entrée en vigueur du présent accord ».*

Les dispositions de l'accord d'association entre le Maroc et l'UE s'appliquent aux produits industriels et à certains produits agricoles d'origines marocaines ou de l'UE selon un calendrier présenté dans le tableau suivant.

---

attribuée aux partenaires méditerranéens. Il renferme tout ce qui est en relation avec le financement et son obtention (la description de ses actions, de ses méthodes de financement et de ses conditions pour l'obtenir), Source : Ministère du Commerce Extérieur-Maroc (2004), « Fiche sur l'accord de libre-échange entre le Maroc et les États-Unis ».

Tableau 1. Calendrier des rythmes de désarmement tarifaire

Année de démantèlement	**Biens d'équipement et certaines pièces de rechange (liste 1)**[6]	**Matières premières et produits non fabriqués localement (liste 2)**[7]	**Produits fabriqués localement (liste 3)**[8]
2000	100%	25%	Délai
2001		25%	De
2002		25%	grâce
2003		25%	10%
De 2004 au 2012			10%

Source : Élaborer par l'auteure à partie de Mohammed CHATER (2004).

Note :

Liste 1. Les produits à exonérer des droits de douane et taxes d'effet, équivalent à la date d'entrée en vigueur de l'accord.

Liste 2. Les produits qui seront démantelés sur trois ans à partir de l'entrée en vigueur de l'accord.

Liste 3. Les produits qui seront démantelés sur douze ans avec trois ans de grâce.

D'un autre côté, le Maroc a suivi des approches différentes dans les négociations de ses accords. Les ALE avec l'UE, l'AELE et les accords avec la Turquie et les pays arabes se sont limités aux produits industriels tandis que l'accord avec les États-Unis d'Amérique s'est étendu à d'autres produits notamment les produits agricoles et les services. Là encore, les rythmes de démantèlement sont différents selon l'écart au niveau de la croissance et de la sensibilité des produits. Ils sont asymétriques avec l'UE, les États-Unis et la Turquie et symétriques avec les pays arabes.

Il est évident que l'accord de libre-échange signé avec l'UE est le plus important puisque l'UE reste le principal partenaire commercial du Maroc, avec une part qui représente plus de 50% de total des échanges commerciaux, tandis que les parts des autres pays avec lesquels le Maroc a conclu des accords de libre-échange (comme les pays arabes, la Turquie et les États-Unis) demeurent faibles et ne dépassent guère 5% de total des échanges commerciaux.

Au départ, l'ALE avec l'UE a prévu la mise en place progressive d'une zone de libre-échange durant la période 2000-2012. Il est loin d'être un simple accord dont les enjeux et les implications sont seulement économiques. En revanche, il a aussi des implications politiques et culturelles qui sont plus décisives pour l'avenir du pays. Dès le début de l'année 2013, des négociations d'un accord de Libre-échange complet et approfondi (ALECA) ont été lancées entre le Maroc et l'UE. Cet accord est entré en vigueur en janvier 2014 qui est relatif aux mesures de libéralisation

[6] Voir la circulaire d'application de l'accord n°4617/222, de 15/02/2000, telle que modifiée.

[7] Idem.

[8] Idem.

réciproques en matière de produits agricoles, de produits agricoles transformés, de poissons et de produits de la pêche. On peut constater que depuis mi-1980, le Maroc s'est inscrit dans un cadre d'une politique de libéralisation économique comme choix stratégique irrévocable. Cette tendance s'est amplifiée certainement par l'ALECA.

Selon la Banque mondiale, le Maroc est l'un des pays dont son économie est plus extravertie. Le taux d'ouverture est supérieur à 65%[9], qui est supérieur à celui de l'Égypte (39,5%), de l'Inde (36,6%), de l'Argentine (35,8%) ou de la Turquie (43,6%). Cependant, son niveau d'importations est plus élevé que celui des exportations ce qui pose un problème structurel pour l'équilibre de sa balance de paiement et le réserve en devises[10]. Quant à sa politique économique, le rapport de la banque mondiale souligne que cette ouverture a une tendance de domination dans les prochaines années.

Toutefois, cet accord comporte des risques divers, notamment :

Le manque à gagner pour le budget de l'État :

Le système fiscal marocain est caractérisé à l'instar de la plupart des PED par la prédominance de l'imposition indirecte, participant à plus de 46% des recettes fiscales dont les droits de douane constituent 20% dans les totaux des impôts indirects, ce qui pourrait contribuer à l'aggravation du déficit budgétaire et la réduction des capacités d'investissement de l'État surtout en infrastructures. L'application de l'accord d'association a provoqué la perte des recettes douanières estimée à 0.5% du PIB, c'est un risque majeur qu'il peut se présenter pour la Finance publique marocaine.

La fragilisation des branches de production non compétitives

L'ouverture de l'économie, la suppression de plus en plus des barrières douanières, fragilise les branches de production non compétitives (l'agriculture, l'agroalimentaire, la chimie et la parachimie...) par l'accroissement de la concurrence des produits importés (plus compétitifs) et portant, ainsi, des pertes d'emplois. Ce qui engendre un accroissement du taux de chômage et de pauvreté surtout au milieu rural.

La spécialisation dans des activités à faible valeur ajoutée

Pour réaliser le potentiel de croissance qu'offre l'intégration aux marchés mondiaux, le Maroc doit déployer des efforts particuliers pour fournir des ingrédients catalytiques en matière de capital humain, d'infrastructures et de gestion de l'innovation et de la qualité. Sans ces compléments nationaux à l'ouverture commerciale, l'application de cet accord peut devenir synonyme de spécialisation dans des activités à faible valeur ajoutée et à faible contenu d'innovation, relativement peu porteuses de progrès technologique et donc de croissance.

[9] Un taux calculé sur la base des données de la banque mondiale durant la période 2008-2013.
[10] Les données de la banque mondiale de 2018.

La détérioration du bien-être des consommateurs

Le libre-échange peut avoir des impacts négatifs sur les prix des biens de consommation et sur les marchés des produits nationaux, surtout dans les secteurs agricoles susceptibles d'affecter durablement la pauvreté dans le pays. À cet égard, les effets de l'accord peuvent affecter défavorablement les segments les moins préparés de la population marocaine du fait qu'il y a des effets économique et social, directs et indirects.

Section 3. Présentation de l'ouvrage

Ce présent livre a pour objectif primordial de faciliter la maitrise et la compréhension d'un modèle d'équilibre général calculable (MEGC).[11] Pour cette raison, il va essayer de joindre deux axes importants. Le premier est de donner un aperçu global sur les différentes étapes de l'élaboration d'un MEGC. Le deuxième est de présenter un cas pratique d'analyse basée sur des données réelles de l'économie marocaine pour mesurer "l'impact de l'accord de libre-échange". Le but est de rendre ce livre plus utile pour les chercheurs(ses), les praticiens, les praticiennes, les étudiants et les étudiantes. Autrement dit, le recours à cet exercice d'application permet de montrer les points forts du MEGC et son importance dans l'analyse économique comme un outil d'aide à la prise de décision, et en parallèle de détecter ses points négatifs.

L'analyse de l'impact de l'ALE sur l'économie marocaine à l'aide du MEGC permet de simuler les effets (les simulations d'impact), par exemple, de démantèlements tarifaires sur les différents agrégats macroéconomiques, à savoir : la production sectorielle, le commerce extérieur, le budget de l'État, l'épargne, le revenu et le bien-être des ménages, l'épargne et le revenu des entreprises, l'investissement et l'épargne nationale. Prendre l'ALE comme un exercice pratique du MEGC dans cet ouvrage est justifié par :

- la multiplicité des secteurs couverts par cet accord ;
- les interactions sectorielles, justifiantes par le degré d'ouverture de l'économie marocaine, et sa dépendance vis-à-vis des produits énergétiques ;
- l'encouragement et le développement des exportations, le Maroc bénéficie de l'accès préférentiel par rapport aux autres concurrents.

Cet ouvrage propose d'analyser l'impact de l'accord de libre-échange avec l'UE sur l'économie marocaine à l'aide du MEGC qui est le mieux approprié à effectuer une telle analyse. Le modèle développé ici à titre d'exercice d'application est un modèle statique, multisectoriel (31 branches

[11] C'est ouvrage est le fruit des résultats de recherche de ma thèse de doctorat soutenu publiquement en 2010.

d'activités) et deux agents de reste du monde (l'agent de l'Union européenne et l'autre du reste de l'Union européenne) et se base sur les fondements traditionnels des modèles d'équilibre général calculable. Il est développé sur la base des données 2003, mais il peut être appliqué sur la base des données plus récentes si le lecteur poursuit les différentes étapes du modèle telles que présentées dans les chapitres qui suivent.

En effet, le modèle proposé ici a pour objectif d'analyser les impacts de l'accord d'association entre le Maroc et l'UE. Il peut par exemple nous aider à détecter les secteurs et les agents économiques[12] gagnants et perdants, le taux d'évolution de la productivité sectorielle, de la valeur ajoutée et des facteurs de production et l'amélioration ou la détérioration du bien-être des ménages, et ainsi de suite.

Le reste de structure-comptable du modèle ne nécessite pas une désagrégation poussée, et ce, dans le but de minimiser la masse de données comptables nécessaires pour simplifier la construction du modèle et sa calibration. Cependant, la démarche poursuivie dans cet ouvrage peut être étendue dans d'autres directions en utilisant des données plus récentes et plus désagrégées pour analyser, par exemple, l'impact d'autres accords de libre-échange signés par le Maroc comme ceux avec les États-Unis ou la Turquie.

Pour répondre à un tel objectif, l'ouvrage est organisé de la manière suivante :

Le chapitre 1

Il présente les fondements théoriques du MEG et les différentes étapes de sa construction avec une exhibition de ses faiblesses et ses avantages.

De plus, ce chapitre donne un aperçu théorique et pratique sur les tendances récentes du MEG afin d'invoquer brièvement les différentes spécificités des MEGC. Il sera ainsi une occasion de présenter et citer tout au long de chapitre un certain nombre des travaux de recherche pour offrir aux lecteurs une occasion d'élargir leurs champs d'intérêts et de réflexions.

Le chapitre 2

Ce chapitre s'intéresse à l'élaboration de la base des données adéquate au MEGC appliquée à l'économie marocaine (noté ***MEGCMar03***), comme exercice d'application adopté dans cet ouvrage. C'est une opportunité aux lecteurs pour expliquer en détail la démarche pratique pour préparer, rassembler et établir ses données.

La source principale de ces données est la matrice de comptabilité sociale de 2003 (notée ***MCSMar03***) tirée à partir de site Haut-Commissariat au Plan, Maroc. La construction ou l'adaptation de la MCS constitue une base fondamentale et primordiale pour l'élaboration du MEGCMar03.

---

[12] Appelés par la suite les secteurs institutionnels pour se conformer au standard international.

Le chapitre 3

Il présente en détail les étapes qui suivent l'élaboration de la MCSMar03. Autrement dit, il sera consacré à la présentation des différentes caractéristiques du MEGCMar03 lié à la mesure de l'impact de l'accord de libre-échange sur l'économie marocaine. Ce modèle est un modèle multisectoriel et de concurrence pure et parfaite. Il est appliqué pour le cas d'un petit pays ouvert (d'une petite économique ouverte) : le Maroc.

Pour compléter l'application du modèle, des scénarios des simulations ont été choisis à partir du contenu de l'accord d'association avec l'UE et de certaines mesures appliquées par le Maroc comme la réduction des taux des impôts directs sur le revenu (l'impôt sur le revenu, IR et l'impôt sur les sociétés, IS). L'exercice d'application proposé dans cet ouvrage envisage quatre scénarios de simulations qui sont éclatés en sous-scénarios, soit en total douze scénarios des simulations :

- ➲ ***le premier scénario*** est éclaté en quatre sous scénarios. Il mesure les effets du changement des tarifs douaniers ou les effets de la libéralisation partielle, semi-totale ou totale ;
- ➲ ***le deuxième scénario*** est éclaté en trois sous scénarios. Il mesure les effets de l'augmentation des transferts de l'UE ou les effets des aides de l'UE réalisés dans le cadre de l'accord d'association Euro-Maroc ;
- ➲ ***le troisième scénario*** est éclaté en deux sous scénarios. Il mesure la politique de l'encouragement des investissements nationaux et étrangers ou les effets d'une augmentation de facteur capital spécifique dans le secteur des hôtels et de la restauration et le secteur de l'industrie d'automobile, comme deux secteurs en expansion au Maroc ;
- ➲ ***le quatrième scénario*** est éclaté en trois sous scénarios. Il mesure les effets de la diminution des taux des impôts directs sur les revenus des ménages (IGR ou IR) et des entreprises (IS) ou les effets de la réforme fiscale relative au soutien des pouvoirs d'achat des ménages marocains et de l'encouragement de la compétitivité des entreprises marocaines en réponse à la politique d'ouverture.

Pour les valeurs des élasticités non calibrées par le modèle, il est nécessaire que le modélisateur envisage de réaliser une étude sensibilité[13]. En effet, les résultats du MEGCMar03 seront obtenus sur la base des valeurs des élasticités de substitution (0.6) et de transformation (0.9) identiques pour tous les secteurs[14].

---

13 Pour une raison de la taille de cet ouvrage, l'étude de la sensibilité ne sera pas présentée. Le lecteur intéressé peut consulter ma thèse de doctorat (2010).

14 Les valeurs des élasticités telles présentées de ma thèse de doctorat sont choisies à partir des études ayant fait sur le Maroc et la Tunisie pour deux raisons essentielles. La première est liée à la disponibilité des informations et la deuxième est liée à la grande ressemblance dans les conditions économiques entre les deux pays. L'objectif d'une telle démarche consiste à analyser l'impact de changement des valeurs fixées a priori des élasticités de substitution et de transformation sur les résultats du MEGCMar03 (El Alaoui, 2010).

Le chapitre 4

Après l'élaboration du modèle et son application sur le logiciel GAMS, le modélisateur doit procéder à une étape très délicate, c'est l'analyse des résultats obtenus. Ce chapitre propose une manière pour les présenter, alors que le modélisateur doit toujours tenir compte les hypothèses de sa problématique fixées au départ.

Le chapitre 4 couvre ainsi une analyse des résultats du MEGCMar03 et les différentes interprétations reliées à chaque simulation (les douze simulations) pour le cas des valeurs fixées a priori des élasticités de substitution et de transformation identiques. Il propose d'analyser les effets de ces simulations selon les points suivants : les échanges extérieurs, les facteurs de la production, la production sectorielle et la demande intérieure, le bien-être des ménages et enfin, les revenus et les épargnes des SI (ménages, entreprises et État).

Chapitre 1. Cadre théorique du modèle d'équilibre général

Les modèles d'équilibre général (MEG) ont été développés par Arrow, Debreu, Scarf et Hahn à la suite des travaux de Léon Walras. Ce dernier a développé un véritable système économique dont apparaît l'idée d'un ensemble de prix d'équilibre qui égalisent l'offre et la demande sur chacun des marchés. Bien sûr, Walras n'a pas réussi à démontrer l'existence d'au moins un ensemble de prix d'équilibre, mais c'est à Arrow et Debreu (1954) qui ont donné *la première démonstration, rigoureuse et parfaitement générale, de l'existence d'un équilibre pour une économie de production.* Depuis cette tentative, les modèles d'équilibre général sont devenus calculables.

Plusieurs modèles d'équilibre général calculable (MEGC) ont été développés de façon à répondre aux différentes problématiques posées par les modélisateurs et les hypothèses retenues. Malgré la diversité et la multiplicité des MEGC, ils présentent des caractéristiques communes (Schubert 1993) et leurs structures théoriques ont considérablement évolué, passant, par exemple, d'un modèle statique à un modèle dynamique où les hypothèses du modèle deviennent de plus en plus restrictives et réalistes.

Les MEGC ont, généralement, un intérêt important pour l'étude et l'évaluation de la politique économique autant pour les pays développés que pour les pays sous-développés. Ils sont considérés comme des outils de décisions du fait qu'ils proposent aux décideurs politiques plusieurs choix (scénarios) qui peuvent les appliquer dans leurs plans politiques et leurs stratégies de développement.

Ce chapitre présente un aperçu global sur les fondements théoriques d'un MEG selon le plan suivant : la première section présente les fondements théoriques du MEG ; la deuxième section présente les tendances récentes du MEGC avec une présentation synthétique des résultats de certains MEGC, et la dernière section présente d'une part les étapes de la construction d'un MEGC, et d'autre part, ses faiblesses et ses avantages.

Section 1. Fondements théoriques du MEG

Adam Smith, le fondateur de l'école classique et le père du libéralisme, a été l'un des premiers *à présenter les relations économiques comme un ensemble régi par des lois en s'autorégulant par le marché.* Cette idée fut développée par les économistes de l'école néoclassique ou marginaliste durant la deuxième moitié du XIXe siècle notamment par A. Walras.

Le « système général de Walras » n'admet une solution et un développement qu'avec les travaux notamment d'Arrow, Debreu et Mckenzie. En effet, le MEG a continué de se développer afin de se rapprocher à la réalité économique du pays et de répondre aux besoins des chercheurs en introduisant des hypothèses plus restrictives et plus réalistes.

1- Caractéristiques fondamentales de la théorie classique

La théorie classique est la traduction macroéconomique de la théorie de l'équilibre général dans lequel les offres et les demandes des marchés des biens, du travail et de la monnaie s'ajustent par les prix (niveau général des prix, taux de salaire et taux d'intérêt) et/ou le jeu concurrentiel des marchés conduits au plein emploi du travail et à la pleine utilisation des capacités de production.

En résumé, la théorie classique se base sur deux idées essentielles et qui sont liées, à savoir :

- La « *loi des débouchés* » ou la « *loi de Say* » qui exprime que l'offre crée toujours sa propre demande, de sorte que l'économie ne peut jamais connaître des *« crises de surproduction »* ;
- La « *théorie quantitative de la monnaie* », selon laquelle la monnaie n'a pas des effets réels. Ainsi donc, elle est neutre et affecte seulement le niveau général des prix.

En outre, la pensée néoclassique a fondé l'idée de « *valeur utilité* » où la valeur de la marchandise provient de l'utilité subjective propre à chaque individu. Cette idée est une rupture avec la « *valeur travail* », inaugurée par les classiques puis reprise par Karl Marx : c'est l'utilité qui détermine la valeur. Dans ce cadre, la pensée classique traite l'utilité de deux façons, à savoir l'utilité cardinale qui est considérée comme mesurable et, à l'inverse, l'utilité ordinale est une utilité non mesurable.

a- Analyse cardinale ou utilité cardinale

L'analyse cardinale relève de la pensée néoclassique où chaque individu estime la satisfaction que lui procure la consommation d'un bien en adoptant un classement qui lui convient selon ses préférences. Mais, l'utilité qu'un individu retire de la consommation d'unités successives d'un bien donné diminuera à mesure que la consommation de ce bien augmente, c'est la loi de l'utilité marginale décroissante. De plus, il existe un seuil de satiété au-delà duquel toute consommation de la nouvelle unité du bien ne procure aucune utilité supplémentaire.

Mathématiquement, la loi de l'utilité marginale s'écrit comme suit :

$$Um_X = \frac{\Delta UT_X}{\Delta X} Um_X \quad décroisante \quad et \quad \frac{d^2UT_X}{d^2X} \prec 0$$

Pour que le consommateur maximise son utilité pour le cas de deux biens, il faut que les utilités marginales pondérées par leurs prix soient égales :

$$\frac{Um_X}{P_X} = \frac{Um_Y}{P_Y} \Rightarrow \frac{Um_X}{Um_Y} = \frac{P_X}{P_Y}$$

Dans cette analyse, il faut que les biens considérés soient parfaitement divisibles. D'une autre manière, l'utilité totale est une fonction continue et dérivable et d'autre part, elle ne tient pas compte de la non-séparabilité des biens d'où l'idée de l'analyse ordinaire.

b- Analyse ordinale ou utilité ordinale

Cette analyse remonte à Pareto et Samuelson en envisageant que le consommateur est capable de ranger les biens par ordre de préférence, ce qui lui permet de construire des courbes d'indifférence ou d'isosatisfaction.[15] Pour en arriver, les axiomes (ou les caractéristiques) suivants doivent être vérifiés :

i- chaque courbe d'indifférence représente un niveau d'utilité : c'est le principe de transitivité ;

ii- les courbes d'indifférence ne se coupent pas ;

iii- les courbes d'indifférences sont décroissantes ;

iv- les courbes d'indifférences sont convexes[16].

La caractéristique centrale de la théorie néoclassique est l'hypothèse de flexibilité des prix. Or, Léon Walras a laissé la première tentative néoclassique de modéliser les prix pour une économie dans son ensemble.

---

[15] La courbe d'indifférence représente l'ensemble des combinaisons indifférentes pour la consommation.

[16] Cet axiome découle de principe de taux marginal de substitution (TMS). Soit une fonction d'utilité continue et dérivable, tel que :

$$U = f(X,Y) \Rightarrow dU = \frac{\partial f dX}{dX} + \frac{\partial f dY}{dY} = 0$$
$$= f'_X\, dX + f'_Y\, dY = 0$$
$$\Rightarrow TMS_{X\grave{a}Y} = -\frac{dY}{dX} = \frac{f'_X}{f'_Y}$$

Le $TMS_{x\grave{a}y}$ indique le taux auquel Y décroît lorsque X augmente le long d'une courbe d'indifférence.

Dans ses *éléments d'économie politique pure ou théorie de la richesse sociale* (1952), Walras propose une série de modèles, ajoutant à chaque fois un aspect supplémentaire de l'économie réelle (deux types de biens, plusieurs types de biens, la production, la croissance, la monnaie…). À cet effet, l'exposé walrasien de ce mécanisme d'ajustement se situe dans le cadre d'un MEG.

2- Présentation de l'équilibre walrasien

Walras montre que chaque agent individuel formule ses dépenses et ses offres de biens et services. Il peut acheter ou vendre toutes les quantités qu'il désire aux prix courants en respectant simplement sa contrainte budgétaire. En effet, aucun individu ne peut dépenser plus que son revenu ou gagner davantage que la valeur nette d'un bien ou d'un service.

Pour chaque bien particulier, il y a un excès de la demande ou un excès d'offre (positif ou négatif), à condition que l'addition de tous les excès donne un résultat nul en raison de la contrainte budgétaire. Il est clair que si la somme des excès de la demande (positifs ou négatifs) de tous les biens est nulle pour chaque agent, elle doit être nulle pour l'ensemble des agents et pour l'économie représentée dans son ensemble. Par conséquent, la loi de Walras résulte de la contrainte budgétaire où *la somme des excès de la demande de tous les biens dans l'économie est égale à zéro, s'il y a un excès de la demande positif sur n-1 marchés, il doit y avoir un excès négatif de la demande sur* $n^{ième}$ *marché*. L'existence de ce $n^{ième}$ marché permet d'introduire la monnaie dans l'analyse et d'expliquer le niveau général des prix conformément à la théorie quantitative.

Walras a posé les bases d'un programme de recherche largement suivi par les économistes du XXe siècle. Toutefois, le souci particulier de ce penseur est d'étudier les conditions d'unicité et de stabilité des équilibres de manière à ce que toutes les possibilités d'échange mutuellement avantageuses soient épuisées c'est-à-dire qu'aucun agent ne peut plus améliorer son utilité sans nuire à autrui (*optimum de Pareto*).

Pour atteindre cet équilibre, Walras a été le premier à avoir recours au commissaire-priseur. Toute la question est de savoir sous quelle condition ce processus va atteindre son équilibre, dans lequel les demandes et les offres s'équilibrent.

a- Rôle du commissaire- priseur dans l'équilibre de Walras

Pour répondre à son souci de l'unicité et de stabilité d'équilibre général, Walras fait appel à un agent fictif ou « commissaire-priseur » qui est chargé de déterminer les prix de P_1 à P_n pour les n marchés à concurrence parfaite pour lesquels les offres et les demandes sont égales, avant de procéder à l'échange, sur tous les marchés.

Walras a été le premier à avoir une intuition du rôle de tâtonnement pour atteindre l'équilibre et, notamment, de son impact sur la stabilité. Les prix sont annoncés à *la criée et les agents indiquent combien ils souhaitent offrir ou demander de chaque bien.* Aucune transaction n'est traitée tant qu'il y a un déséquilibre. Autrement dit, les prix positifs des biens en excès de la demande sont revus à la hausse et ils sont baissés pour les biens à faible demande. Parfois, les échanges peuvent avoir lieu à des prix qui ne sont pas des prix d'équilibre et donnent de « *faux échanges* » ou un déséquilibre. Pour résoudre ce problème, Walras a fixé trois fonctions essentielles pour le commissaire-priseur :

- ***Une fonction de calcul*** : il calcule la somme des demandes et des offres individuelles pour mesurer la demande excédentaire totale ;
- ***Une fonction d'information*** : il informe les enchérisseurs de l'état général du marché, socialisant la valeur de la demande excédentaire ;
- ***Une fonction d'intervention*** : il annonce le nouveau prix d'enchères dans le cas d'une situation de déséquilibre.

b- Interprétation de l'équilibre Walrasien

Le problème de Walras est de déterminer simultanément les quantités échangées et les prix permettant d'égaliser les offres et les demandes. Formellement, puisque les quantités offertes dépendent positivement des prix et celles qui sont demandées dépendent négativement des prix, le problème peut s'écrire sous la forme d'un système d'équations simultanées :

Puisque pour 'l' biens et donc 'l' marchés, il y a 2 'l' équations données par les offres et les demandes et 2 'l' inconnues (les 'l' quantités échangées et les 'l' prix), Walras en déduit que ce système, possédant autant d'équations que d'inconnues, devrait avoir une solution.

Or, le problème de l'existence d'une solution à ce problème (dit problème d'équilibre général) restera longtemps sans une solution claire, puisqu'en mathématique un système algébrique d'équations à deux équations et à deux inconnues peut ne pas avoir une solution ou posséder une infinité de solutions. De ce fait, il faudra attendre les contributions conjointes de K. Arrow et de G. Debreu en 1953 pour mettre un terme à cette situation.

De plus, l'analyse walrasienne est censée venir résoudre le problème de l'équilibre pour un système décentralisé, mais le problème est résolu de façon centralisée. La dernière fonction de commissaire-priseur (fonction d'intervention) conduit à conclure que le prix est fixé par une règle extérieure au marché, ce qui est un paradoxe dans l'analyse de Walras. Ce paradoxe conduit, par conséquent, à s'interroger sur la signification de la fameuse « *main invisible* » d'Adam Smith qui assure que l'équilibre est toujours réalisable lorsque les individus sont libres, c'est-à-dire chacun consommateur ou producteur (individu) agisse selon son propre intérêt.

3- Modèle d'Arrow - Debreu

Les contributions d'Arrow et Debreu (Arrow et Debreu (1954) ; Debreu (1959) ; Arrow et Hahn (1971)) font bien plus que de résoudre le vieux problème de Walras. Elles inaugurent *une manière entièrement nouvelle de poser et de résoudre des problèmes théoriques en économie* qui sont surtout la confusion entre la théorie de l'équilibre général au sens strict et le développement de la microéconomie et de l'économie mathématique qu'elle l'accompagne.

a- Présentation du modèle d'Arrow - Debreu

Le modèle d'Arrow–Debreu est la représentation mathématique du marché concurrentiel où aucun agent économique n'est en position de modifier les prix du marché, c'est-à-dire que cette propriété n'est pas vérifiée dans le cas de monopoles ou d'oligopoles. Ce modèle décrit *une économie de propriété privée,* composée d'un *nombre fini de biens et de périodes temporelles* ainsi que deux types agents économiques, à savoir *les consommateurs et les firmes.*

Les deux auteurs Arrow et Debreu ont répondu par l'affirmative à la question de l'existence d'un équilibre général en tenant compte d'un certain nombre d'hypothèses (voir plus loin les différentes hypothèses proposées par les deux auteurs).

Les hypothèses d'Arrow et Debreu sont liées aux conditions de l'équilibre du marché, telles que : les biens, les prix, les SI, les ressources totales et l'économie de propriété privée.

Les résultats d'Arrow et Debreu reposent sur une formalisation utilisant la topologie ou les concepts *des séparations d'hyperplans* ou *le théorème du point fixe* :

Soit une application continue f(x) de [0,1] dans lui-même, il existe un point fixe noté x appartient à [0,1], tel que x*=f(x*), point fixe qui peut être assimilé à un équilibre général si f(x) désigne une demande excédentaire.*

- Chaque bien sur un marché est divisible et mesurable :

Le terme bien dans le modèle d'Arrow et Debreu signifie l'ensemble des marchandises et de services. Par exemple, le travail est considéré comme un service offert par les consommateurs et non comme un facteur de production, ce qui implique que chaque bien sur un marché est divisible et mesurable.

Les biens dans le modèle d'Arrow et Debreu sont définis par trois caractéristiques :

- *Propriétés physiq*ues : cette caractéristique signifie simplement l'existence physique ou réelle du bien sur le marché ;
- *Disponibilités temporelles* : cette caractéristique signifie que les biens qui présentent les mêmes propriétés physiques s'ils sont

disponibles à des endroits différents sont considérés par les consommateurs comme des biens différents ;

- *Disponibilités spatiales* : cette caractéristique signifie que les biens qui présentent les mêmes propriétés physiques s'ils sont disponibles à des périodes de temps différents sont considérés par les consommateurs comme des biens différents.

D'une autre manière, si l'économie considérée est représentée par *'l'* biens indicés par $h=1,2\ldots\ l$, alors chaque complexe de biens est un point dans un espace euclidien de dimension l (R^l), et il existe, en plus, un système complet de marchés où chaque bien se vend à un prix unique. Sans oublier que les marchés sont en concurrence parfaite, indiquant que le système de prix est exogène. Aucun agent économique n'a d'influence sur les prix et les deux SI (ménages et entreprises) réalisent des *prévisions parfaites* ; ils établissent, par conséquent, leurs plans de production et de consommation pour toute la durée de leurs vies.

À partir de ces hypothèses, le modèle d'Arrow- Debreu se décrit par le triplet suivant :

- ***n*** consommateurs caractérisés par leurs ensembles de consommation, leurs préférences et leurs dotations initiales ;
- ***m*** entreprises caractérisées par leurs ensembles de production, et
- ***w*** ressources totales.

- chaque agent économique agit de façon individualiste en fonction de ses objectifs propres :

Chaque agent économique (consommateur ou producteur) est un centre de décision autonome agissant de façon individualiste en fonction de ses objectifs propres. Pour atteindre un tel objectif, un certain nombre des hypothèses sont liées au comportement de chaque agent économique (voir **annexe 2**).

Pour les ***n*** consommateurs indicés par $i=1, 2, \ldots, n$, ils se différencient en fonction de trois caractéristiques :

- Un ensemble de consommation X_i inclut dans R^l_+ qui regroupe les différents plans de production xi : dans le cas d'un input, la consommation xi est *positive* et dans le cas d'un output, elle est négative (le travail par exemple) ;
- Ses préférences sont définies dans l'ensemble X_i, et elles sont représentées par une relation binaire ;
- Ses dotations initiales $w_i = w^1{}_i, w^2{}_i, \ldots, w^l{}_i$ sont optimales : chaque consommateur *i* choisit un panier de consommation optimal qui tient compte de sa contrainte de richesse.

Pour les ***m*** entreprises indicées par $j = 1, 2, \ldots, m$, elles se différencient par l'utilisation d'une technologie représentée par un ensemble de production Y_j, sous-ensemble de l'espace euclidien R^l, qui regroupe tous les plans de production y_j possibles.

Le rôle des entreprises est de choisir un plan de production y_j, c'est un point à l coordonnés de l'espace R^l, qui peut être soit de signes *positifs* (les extrants ou outputs), soit de signes *négatifs* (les intrants ou inputs).

Quant aux ressources totales d'une économie, elles sont représentées par la somme des vecteurs w_i de tous les consommateurs et elles sont considérées comme des quantités données a priori.

Les quantités mises à la disposition des agents sont affectées du signe plus (+) et les quantités rendues disponibles par ces mêmes agents sont affectées du signe moins (-).

- la réalisation d'un équilibre dans une économie de propriété privée :

Un état de l'économie est une spécification de l'action de chaque agent, un état est dit réalisable si l'action de chaque agent est possible pour lui et que les actions de tous les SI sont compatibles avec les ressources totales. À cet effet, une économie de propriété privée est une économie dans laquelle les consommateurs possèdent les ressources et contrôlent les entreprises c'est-à-dire chaque consommateur i détient, sous forme d'actions, une part θ_{ij} de l'entreprise j, avec bien entendu $\theta_{ij} \geq 0$ et $\sum \theta_{ij} = 1$de la firme j.

Et, étant donné un système de prix P, chaque producteur maximise son profit qu'il distribue au propriétaire de l'entreprise. Le consommateur-propriétaire maximise son utilité sous sa contrainte. Son revenu est, ainsi, déterminé de la manière suivante :

$$P.w_j + \sum_{j=1}^{n} \theta_{ij}.P.g_i(P)$$

➔À partir de tous ces éléments, l'équilibre est défini de la manière suivante :

Soit $((x_i),(y_i))$ un état de l'économie de propriété privée ; le point x-y est appelé la demande nette et le point x-y-w l'excès de la demande, sachant que ce dernier donne la demande excédentaire nette de tous les agents, *un équilibre de l'économie de propriété privée* est un (n+m+l)-uple $((x_i^*), (y_j^*), (p^*))$ de points de $\Re^l$ tel que :

1- y_i^* maximise $P^*.y_i$ sur l'ensemble Y, pour chaque j.

2- X_i^* maximise $U_i(X_i)$ sur l'ensemble

$$\left\{ x_i / x_i \in X_i, P^*.w_i + \sum_{j=1}^{n} \theta_{ij}.P^*.y_i^*(P) \right\}$$

3- $P^* \subset P = \left\{ P / P \in \Re^l, P \geq 0, \sum_{h=1}^{l} P_h = 1 \right\}$

4- Si $x = \sum_{i=1}^{m} x_i$, $y = \sum_{i=1}^{n} y_i$ et $w = \sum_{i=1}^{m} w_i$ alors $z = x - y - w$, avec $z^* \leq 0$ et $P^*.z^* = 0$.

☞ Ceci implique que la demande excédentaire nette est nulle, indiquant que l'état de l'économie est *un équilibre de marché.*

b- Interprétation du modèle d'Arrow et Debreu

Le travail d'Arrow et Debreu a connu un grand retentissement dans la communauté des économistes, non seulement parce qu'il apportait une solution rigoureuse à l'un des plus vieux problèmes de la science économique, mais surtout parce qu'il permettait de reprendre le programme de recherche néoclassique avec des moyens formels beaucoup plus puissants.

Le modèle d'Arrow-Debreu est caractérisé, essentiellement, par deux points importants :

- D'une part, la formalisation du modèle est mathématiquement "*ensembliste*". Elle ne représente que des ensembles de production, de consommation et des relations internes (préférences pour les ensembles de consommation et technologies pour les ensembles de production). Le modèle ne fait pas référence à des "*fonctions d'utilité*" ou à des "*fonctions de production*". L'approche utilisée n'est donc plus "*marginaliste*".[17]
- D'autre part, l'approche est conceptuellement "*conventionnelle*". L'idée épistémologique sous-jacente est qu'il est impossible de représenter mathématiquement l'économie "réelle", mais qu'il est toujours possible d'avoir une représentation logico-formelle de l'économie : qu'est-ce que l'économie ? En d'autres termes, toute définition d'une économie est une "*convention*" abstraite que l'économiste est libre de modifier selon sa problématique d'analyse et d'étude ou selon sa perception sur ce qu'est une économie. Une fois, une telle convention est adoptée "*l'économiste doit soumettre aux règles de la logique formelle telles qu'elles s'appliquent dans le contexte axiomatique de cette convention pour en déduire des réponses aux questions posées.*" Tout raisonnement économique qui ne précise pas a priori les termes de la convention, il est suspect d'être fallacieux faute d'une convention de référence.

En outre, certains économistes considèrent que la contribution initiale de Debreu constitue un "*coup de force*" dans la pensée économique ; c'est la première fois dans l'histoire de la pensée économique qu'un auteur ose *commencer son propos en définissant mathématiquement une économie.* Technologies et préférences sont supposées vérifier une certaine axiomatique, ça veut dire un nombre minimal d'hypothèses nécessaires pour obtenir le résultat souhaité.

---

[17] L'approche a été considérée à l'époque comme "*anti-marginaliste*" puisqu'il ne fait pas une référence, comme dans la tradition néoclassique, basée sur des raisonnements par de petites différences tout au long de graphes de fonctions.

À partir du début des années 70, le modèle d'Arrow-Debreu va entrer progressivement en crise. Au fur et à mesure qu'il devenait évident qu'il n'était pas possible dans le contexte de cette théorie d'expliquer comment une économie initialement hors équilibre pouvait converger, par une suite d'échanges réalisés hors équilibre, vers un équilibre. En d'autres termes, ce modèle a été capable "*de montrer l'existence d'un équilibre dans un vaste ensemble de situations,* mais pas d'expliquer comment *une économie pouvait l'atteindre dans un cadre d'échanges libres et décentralisés*," ces résultats ont été dus, en particulier, par Mantel, Sonnenschein et Debreu (1974).

Dans cet ordre d'idée, le système de prix d'équilibre est la quantité minimale d'information nécessaire pour coordonner les SI sur un équilibre. Il indique le vecteur de prix d'équilibre annoncé aux agents, sur la base de laquelle ils ont coordonné spontanément sur l'équilibre correspondant des offres et des demandes. Toutefois, le "*minimal*" ne veut pas dire "*suffisant*", et c'est là le sens des résultats de Mantel et al. (1974). Le problème de la coordination est déplacé ainsi à un problème "*d'information*".

Une autre faiblesse de cette théorie est de supposer que les SI disposent d'une information complète sur les biens et l'état des échanges. C'est la raison pour laquelle à partir du milieu des années 70, les économistes/ théoriciens ne vont plus chercher à approfondir, sauf à la marge, la théorie de l'équilibre général dans le contexte initialement construit par Arrow et Debreu. Ils vont s'orienter vers d'autres directions, privilégiant les questions d'information et d'incitation en cherchant ainsi une forme ou un autre "*dépassement*" de la théorie de l'équilibre général. Le "*dépassement*" dont il paraît aujourd'hui très difficile de prédire sa nature.

Dans tous les cas, le problème d'équilibre de Walras a attendu 70 ans avant d'être résolu. L'utilisation du MEG oblige les modélisateurs à être vigilants à propos des résultats obtenus.

4- Unicité de l'équilibre et statique comparative

Le constructeur du modèle d'EGC est intéressé par les effets d'un choc ou d'une mesure de politique économique sur un certain nombre de variables économiques. Il compare l'état initial de l'économie avec son nouvel état après la mesure ou le choc. Cependant, l'importance de l'unicité de l'équilibre pour ce type d'analyse est jugée nécessaire comme le souligné Arrow et Debreu (1971) : *si l'équilibre n'est pas unique, cette manière de procéder peut ne plus être justifiée.*

Par ailleurs, l'unicité globale de l'équilibre nécessite des hypothèses complémentaires à celles présentées plus haut et dans **l'annexe** 2. Ces hypothèses sont très restrictives.

Debreu (1970) montre que 'presque' toutes les économies possèdent des équilibres qui sont uniques localement. Pour cela, il utilise deux concepts :

- le concept d'économie régulière qui signifie que l'économie admet un nombre fini d'équilibres. Chaque équilibre répond de manière continue à de petites variations des paramètres ;
- le concept d'économie singulière qui signifie que l'économie est pourvue d'un nombre fini ou infini d'équilibres, et au moins un équilibre ne répond pas de manière régulière à de petits changements des paramètres.

Par conséquent, il suffit de démontrer que 'presque' toutes les économies sont régulières. Pour démontrer ce résultat, deux hypothèses supplémentaires sont nécessaires, à savoir :

(i) les fonctions d'excès de la demande sont infiniment différentiables, et

(ii) la désirabilité des biens c'est-à-dire la demande du bien *h* devient arbitrairement grande si *ph* se rapproche de zéro.

Sous ces hypothèses, Debreu (1970) montre que 'presque' toutes les économies sont régulières et, par conséquent, l'ensemble des équilibres est fini. Comme cet ensemble est aussi compact, tous les équilibres des économies régulières possèdent des propriétés d'unicité locale. D'où, la statique comparative est possible dans le sens où une petite variation des paramètres du modèle conduit à des petites variations des variables du modèle.

Malgré ce résultat positif, aucune analyse de statique comparative ne peut être menée dans le modèle d'équilibre général tel qu'il a été présenté. En effet, les hypothèses utilisées ne permettent pas de déduire le sens de variation des différentes variables endogènes consécutivement à une modification de la valeur d'un paramètre. Autrement dit, la forme de la fonction d'excès de la demande n'est pas connue.

À cet effet, Sonnenschein, Mantel et Debreu ont établi un théorème qui prouve que les seules propriétés que possèdent les fonctions d'excès de la demande agrégée sont la continuité, l'homogénéité de degré zéro et le respect de la loi de Walras.

In fine, la théorie classique est considérée comme la traduction macroéconomique de la théorie de l'équilibre général. Dans ce cadre, les offres et les demandes des marchés de biens, du travail et de la monnaie s'ajustent par les prix (avec l'existence d'un jeu concurrentiel des marchés), conduisant au plein emploi du travail et à la pleine utilisation des capacités de production. Léon Walras a utilisé cette caractéristique centrale de la théorie néoclassique (l'hypothèse de flexibilité des prix) pour montrer l'existence d'un équilibre général. C'est avec Arrow et Debreu que l'équilibre général trouve son fondement économique et mathématique. Leurs contributions sont considérées non seulement comme une manière de résoudre le vieux problème de Walras, mais comme *une manière entièrement nouvelle de poser et de résoudre des problèmes théoriques en économie*. En contrepartie, le modèle d'Arrow et Debreu a connu plusieurs faiblesses et insuffisances, c'est la raison pour laquelle de nouvelles tendances du MEGC ont vu le jour, introduisant de nouvelles hypothèses plus réalistes et plus restrictives.

Section 2. Tendances récentes des MEG

Les premiers MEGC sont développés durant les décennies cinquante et soixante avec les travaux notamment de Johnson (1954 ; 1960) et Meade (1955) et Harberger (1962). Ces modèles, particulièrement ceux de la tradition Shoven et Whalley, s'attachent au cadre Walrasien. Ils sont des modèles statiques et de concurrence parfaite dont l'équilibre est assuré par la flexibilité des prix de biens et/ou des facteurs.

Or, le cadre Walrasien ne semble pas être idéal, à savoir que Helpman et Krugman (1985) ont montré que la concurrence imparfaite constitue un élément crucial dans les études politiques de libéralisation des échanges. De même, l'introduction de la dynamique et de comportement d'optimisation intertemporelle joue un rôle déterminant dans les questions de politiques économiques macroéconomiques, telles que la fiscalité et les transferts intergénérationnels. Ces modèles, appelés aussi modèles de la deuxième génération (K. Schubert, 1993), sont éloignés du cadre Walrasien, s'attachant de plus en plus aux nouvelles théories économiques comme la théorie du commerce international et la théorie du travail.

Les MEGC ont été attachés de plus en plus aux hypothèses plus restrictives notamment la concurrence imparfaite, le temps, les rigidités de court terme et le comportement microéconomique.

1- MEGC à concurrence imparfaite

Les premiers MEGC présentent une économie dans un contexte de concurrence parfaite, l'introduction de la concurrence imparfaite a permis de traiter d'autres aspects de la politique économique. C'était à partir des années quatre-vingt que des modèles avec l'application de l'hypothèse à concurrence imparfaite ont été développés dans divers contextes notamment : le modèle de Harris (1984), le modèle de Smith et Venables (1988), le modèle de Gasiorek, Smith et Venables (1992), le MIRAGE (modelling international relationships in applied general equilibrium) et les modèles de libre-échange.

Pour le modèle de Harris (1984), il a été destiné pour mesurer les effets du traité de libre-échange canado-américain avec des hypothèses de rendements d'échelles croissants et de coûts fixes d'installation. Quant aux modèles de Smith et Venables (1988) et Gasiorek, Smith et Venables (1992), ils ont été appliqués à l'achèvement du marché européen unique. Ils ont endogénéisé le taux de marge avec l'utilisation d'une fonction d'utilité à la

Dixit et Stieglitz (1977), car elle contient autant d'arguments qu'il y a de biens différenciés.

Bchir et al. (2002) ont présenté le MIRAGE comme un modèle multisectoriel et multirégional destiné à analyser surtout les politiques commerciales. Ce modèle incorpore des éléments de concurrence imparfaite, de différenciation des produits par variétés et par gammes de qualité et d'investissement direct à l'étranger, dans un cadre dynamique séquentiel dont le capital installé est supposé immobile. Cependant, les modèles appliqués à ce genre d'études. On peut citer les travaux de Burniaux et Waelbroeck (1992) pour l'Europe, Flores (1997) pour le Mercousul, Bismans et Bouzahzah (1997) pour l'ALENA, Haykel (2004), Marouani (2004) et Hérault (2004) pour l'Afrique du Sud. Pour les MEGC appliqués pour le cas du Maroc, on peut citer par exemple les travaux de Bouzahzah et Ihadiyan (2001), Chater (2004), Bismans, Bouzahzah, Damette et Karim (2009) et El Alaoui (2009).

Pour le MEGC appliqué par Bouzahzah et Ihadiyan (2001), il s'agit d'un modèle statique et multisectoriel, intégrant les principales hypothèses de la nouvelle théorie du commerce international, à savoir : les rendements d'échelles croissants et la différenciation des produits. L'objectif des auteurs est "*de capter les effets induits, pour le Maroc, par le démantèlement de ses barrières tarifaires dans le cadre de son intégration à l'UE.*" En effet, le modèle développé comprend neuf secteurs qui produisent neuf biens de consommation dont trois sont *supposés évoluer "dans un environnement de concurrence pure et parfaite (CPP) en utilisant une technologie de production à rendements constants,"* par contre le reste des secteurs (six secteurs) sont supposés exercer dans un univers monopolistique. Dans ce cadre, Bouzahzah et Ihadiyans ont constaté que l'impact de démantèlement des barrières tarifaires sur le déficit commercial est croissant, à savoir que le libre-échange induirait une forte dépression industrielle et donc un déficit extérieur croissant. Par contre sur l'emploi, son impact est décroissant, car l'ensemble des secteurs particulièrement l'industrie connaîtra une chute de l'emploi, alors que les secteurs d'agriculture bénéficieront de la libéralisation commerciale. Concernant l'impact de démantèlement des barrières tarifaires sur l'émigration, les auteurs ont constaté que le mouvement migratoire sera actif. Ils ont conclu que "*le libre-échange n'apparaît pas comme une alternative aux mouvements migratoires du Maroc vers l'Europe. Il semble maintenir les raisons de migrer telles que la baisse de la demande du travail à l'échelle de l'économie nationale même s'il y a de fortes demandes dans les secteurs agricoles, les baisses des salaires et la diminution du bien-être total.*"

Pour Chater (2004), il a essayé de mettre en point un MEGC capable d'étudier les effets du libre-échange avec l'UE sur la croissance et le développement marocain. Son modèle est un modèle en concurrence imparfaite, avec des rendements d'échelles constants et statiques, mais comporte une dynamique ad hoc relative à l'accumulation du capital. L'accroissement du stock de capital est endogène (dépendent des flux d'investissement), ce qui rend la variation du stock de capital prédéterminée par le niveau de l'épargne nationale atteint à la période précédente.

Le modèle de Chater est un modèle multisectoriel (l'économie est présentée par treize secteurs de production) et combine deux facteurs de production (le capital et le travail) selon une fonction technologique de Cobb-Douglas. Le facteur travail est envisagé mobile entre les secteurs, mais hétérogène (trois niveaux de qualification). Or, le capital est considéré comme fixe par secteur. Les principaux résultats tirés de ce modèle sont les suivants :

- Les importations et les exportations augmentent respectivement de 1.3% et de 1.1%. Les importations en provenance du RdM sont sensiblement baissées en égard qu'elles deviennent moins compétitives par rapport aux importations en provenance de l'UE (6.2%) ;
- La production baisse légèrement de 1.6% ;
- le revenu disponible et la FBCF diminuent de 3.4% et 10.1%, respectivement, à la suite de diminutions cumulées des épargnes privée et publique ;
- Les recouvrements du trésor public subissent une forte diminution (12.0%) à l'égard aux fléchissements des impôts directs (4.2%), des impôts indirects (5.6%) et, plus particulièrement, des droits de Douane (54.7%) ;
- Le secteur de la construction enregistre des pertes considérables, alors que le secteur bancaire résiste mieux en matière de production, bien que ses prix baissent ;
- La demande travail diminue pour les trois niveaux de qualification, mais à des degrés divers. En effet, le taux de chômage est de 2.98% pour les travailleurs non qualifiés, de 1.16% pour les travailleurs qualifiés et de 5.25% pour les cadres.

Bismans et al. (2009) ont développé un MEGC afin d'étudier les effets de l'ouverture commerciale croissante de l'économie marocaine (à la suite de l'accord d'association avec l'Union européenne, l'accord d'Agadir, etc.) sur la participation des femmes au marché du travail. Pour cela, le MEGC présenté est un modèle à plusieurs secteurs, qui différencie le travail des hommes de celui des femmes. Concernant la calibration, ils l'ont effectué sur des données réelles de l'économie marocaine avant d'être utilisés à des fins analytiques, et par la suite ils ont effectué une analyse de sensibilité inconditionnelle pour attester la robustesse de résultats du modèle.

Bismans et al. (2009) ont constaté qu'une plus grande ouverture de l'économie marocaine se traduit par une augmentation de la demande d'emplois féminins dans les principaux secteurs exportateurs, notamment l'agriculture, l'industrie agroalimentaire, l'industrie textile et le cuir. Et, à l'opposé, les secteurs qui ont perdu le plus d'emplois féminins sont les secteurs des «biens non échangeables», tels la communication, les transports et le tourisme, ainsi que les autres services marchands qui sont des secteurs protégés par l'accord. Plus précisément, l'ouverture croissante se traduit par davantage d'emplois féminins dans les secteurs à la fois compétitifs et intensifs en ce type de travail. De plus, ils ont constaté un bémol : si le travail féminin dans ces secteurs fait l'objet d'une demande soutenue, c'est parce que la force de travail féminine y est docile tout autant que sous-payée. La libéralisation commerciale au Maroc crée ainsi des gagnants et des perdants parmi les femmes en fonction de leurs mobilités et de l'affectation de leurs postes du travail.

Toutefois, Bismans et al. (2009) ont supposé que l'élasticité de substitution entre le travail féminin et le travail masculin est fixée à 0.5 faute du manque d'estimations économétriques spécifiques au Maroc. Cette valeur de l'élasticité traduit la faible substituabilité entre le travail des hommes et celui des femmes. Pour cela, ils ont procédé à l'analyse de la sensibilité. Ils ont appliqué la procédure inconditionnelle qui consiste, tout d'abord, à effectuer le calcul de la quadrature pour l'ensemble des vingt et une élasticités du modèle (trois élasticités pour chacun des sept secteurs). Ainsi, ils ont évalué quarante-deux points de quadrature : k = 1, 2, ..., 42 pour obtenir, enfin, des valeurs de trois élasticités pour chacun des sept secteurs et des quarante-deux points de la quadrature, soit une matrice de dimension 42 x 21. Ils ont constaté que le modèle est relativement stable. En effet, une variation de 20% de l'ensemble des paramètres engendre une augmentation de 8,8% du bien-être des ménages. Cela signifie que, même si une incertitude demeure quant à la vraie valeur de certains paramètres, elle n'altère que dans une mesure minime le sens et la valeur des résultats.

2- Modèles dynamiques

Les premiers MEGC avaient un caractère statique, l'introduction de la dynamique et des comportements intertemporels a offris la possibilité d'examiner certains aspects de la politique économique que les modèles statiques les ont ignorés. Parmi ces aspects, nous pouvons citer :

- La différence entre les effets de court et de long terme ;
- La durée des ajustements ;
- L'effet de la libéralisation des échanges sur la croissance ;
- Les perdants et les gagnants au niveau des générations à la suite, par exemple, d'une politique fiscale.

Une des limitations inhérentes aux modèles statiques a été surmontée en considérant des modèles stationnaires ou réguliers de l'économie comme les travaux de[18] :

- Summers (1981) : il utilise un modèle du cycle de vie pour examiner à l'état stationnaire l'impact d'un remplacement de l'impôt sur le revenu par un impôt sur la dépense ;
- Letournel et Schubert (1991), il utilise un modèle à 10 générations imbriquées pour l'appliquer à la fiscalité en France.

Par ailleurs, l'approche par l'état stationnaire peut conduire à des erreurs d'évaluation lorsque les effets de court terme sont très différents, voire opposés, à ceux de long terme. Donc, *un vrai modèle dynamique doit examiner la trajectoire de transition et non seulement les états stationnaires (initial et final).*

La modélisation de comportements intertemporels et la prise en compte de la dynamique sont très liées au concept d'anticipation. Lorsque les prévisions des agents ne sont pas parfaites (par exemple myope) le modèle est facile à résoudre. Autrement dit, lorsque la dynamique provient du choix intertemporel des consommateurs entre consommations présentes et futures, tenant compte que les prix futurs (y compris le capital) sont supposés égaux aux prix courants, *"les variables courantes s'expriment uniquement en fonction de variables précédentes et le modèle est résolu récursivement."* À cet effet, l'équilibre est obtenu à chaque période grâce à l'équation d'accumulation du capital qui relie les différentes périodes. Dans ce cas, le modèle permet d'examiner aussi bien la trajectoire que les états stationnaires.

En contrepartie, cette approche qui utilise des prévisions myopes demeure insatisfaisante, ce qui implique que la meilleure manière de traiter les comportements des agents est d'adopter l'hypothèse d'anticipations rationnelles c'est-à-dire d'introduire l'incertitude dans le modèle. Des modèles dynamiques ont été ainsi développés, touchant différents domaines d'analyses économiques, tels que ceux présentés ci-dessous.

Auerbach et Kotlikof (1987) ont souligné qu'il est difficile de mesurer l'effet d'une politique économique sur le bien-être dans les modèles avec prévisions myopes. Quand les agents n'anticipent pas correctement les changements qui interviennent, il n'est pas aisé de séparer les effets de la politique économique elle-même de ceux induits par le comportement irrationnel des agents. Il existe donc deux types de MEGC, selon le traitement réservé au comportement des ménages, dans le cas d'économies à horizon infini :

[18] Il est impossible de présenter l'ensemble des travaux de recherche qui utilisent ou élaborent le MEGC dynamique. Le lecteur est censé réaliser ses propres recherches selon la problématique fixée et les hypothèses retenues.

▪ Les premiers supposent que les ménages sont caractérisés par une solidarité intergénérationnelle : les ménages maximisent, sur un horizon infini, une fonction d'utilité intertemporelle, additivement séparable dans le temps et dont les arguments sont notamment les consommations de toutes les périodes. Parmi ces modèles, il y a le modèle de Laffargue (1995) appliqué à la fiscalité et le modèle de Ragot (1996) à deux secteurs appliqués aux questions d'environnement ;

▪ Les seconds supposent que la durée de vie des ménages est finie et qu'ils se comportent selon la théorie du cycle de vie : les ménages maximisent une fonction d'utilité intertemporelle sur un horizon fini, dont les arguments sont principalement les consommations aux différents stades de leur cycle de vie sous une contrainte budgétaire intemporelle. Parmi ces modèles, il y a le modèle d'Auerbach et Kotlikof (1987) qui utilise la théorie de cycle de vie et incorpore les enfants, et le modèle de Bismans et Docquier (1997) qui utilise la théorie de cycle de vie en prenant en compte les legs et les héritages.

Pour Mouez Fodha et Patricia Le Maitre (2007), ils ont montré qu'une réforme mixte est Pareto améliorante à long terme en associant le développement d'un système de capitalisation et la diminution des prestations du système par répartition, mais au prix d'un écart croissant de la distribution de bien-être entre les agents. Le résultat, obtenu avec l'aide d'un MEGC dynamique, est basé sur la théorie du cycle de vie en tenant compte, explicitement, des interactions entre les décisions des ménages, des producteurs et des pouvoirs publics.

Par ailleurs, certains MEGC se sont intéressés au comportement dynamique des entreprises en supposant que les firmes maximisent leur valeur présente (qui est égale à la somme actualisée de leur cash-flow) et que leur capital ne s'ajuste pas sans aucun coût. Toutefois, un autre problème se pose, pour la construction et la fiabilité des résultats de modèles dynamiques, est celui lié aux élasticités du modèle. Par exemple, Decreux Yvan (1999) a construit deux modèles d'équilibre général calculable. Le premier est statique en concurrence parfaite, appliqué à une étude du court terme et une autre à long terme. Le second est un modèle dynamique qui décrit le sentier transitoire dans les années qui suivent l'ouverture commerciale de la Tunisie sur la distribution des revenus salariaux entre groupes socio-économiques. Il a montré que "*les résultats étaient en général assez sensibles à certaines élasticités non calibrées, comme les élasticités de substitution entre types de travail et les élasticités d'exportation ou de substitution entre produits nationaux et importés.*"

Quant aux Rampulla, Semega et Vellutini (2007), ils ont analysé, à l'aide d'un MEGC dynamique, l'impact de l'accord de partenariat économique (APE) sur l'économie du Mali, plus précisément sur les recettes fiscales et l'activité économique. Ce modèle est dérivé des modèles standards, largement appliqués au commerce international, comme ceux développés par

Dervis et al. (1982) ou Lofgren et al. (2002) ou Decaluwé et al. (2001) ou Thurlow (2004). Ce dernier a ajouté une spécification dynamique du modèle. Le modèle de Rampulla et al. (2007) appartient aux familles des MECG dynamiques récursives. Il permet de séparer les effets statiques à l'intérieur d'une période (généralement une année) des effets dynamiques mis en jeu entre chacun des équilibres statiques.

Rampulla et al. (2007) ont montré que "*l'impact direct de l'APE sur les recettes fiscales est d'environ 0,7% du PIB.*" L'utilisation d'un MEGC dynamique met en évidence "*les effets indirects positifs de l'APE sur l'activité économique et la croissance et donc sur les recettes fiscales.*" Après avoir pris en compte ces effets, l'estimation de la diminution des recettes fiscales découlant de l'APE n'est plus la même puisque l'impact se réduit considérablement quand les effets dynamiques de l'APE sont pris en compte ; alors que l'incidence de l'APE a eu un effet positif sur l'investissement (une hausse d'investissement). Cette hausse a entraîné une accélération de la croissance du PIB.

3- Modèles avec rigidités de court terme

À l'exception des modèles traditionnels de HSSW, les premiers MEGC n'utilisent que rarement le cadre walrasien pur. C'était le cas par exemple du modèle multisectoriel empirique de Johansen (1960), et plus particulièrement les MEGC appliqués aux pays en voie de développement (PED). Ces derniers modèles supposaient des imperfections d'un ou de plusieurs marchés (marché des biens, marché du travail ou marché des échanges extérieurs). Par conséquent, leurs faiblesses principales résident dans l'hypothèse de rigidité qui est supposée de manière exogène, et elle ne découle pas de fondements microéconomiques. Par contre, les modèles récents tentent d'endogènéiser les rigidités des marchés en les dérivant à partir des programmes d'optimisation des agents. Par exemple, Hérault et Portier (1993) ont modélisé, dans un cadre de concurrence monopolistique, la rigidité nominale des prix avec l'hypothèse de l'existence de coûts de remise à jour des menus (« menu costs »). Dans un tel cas, "*les producteurs ne trouvent pas toujours profitable de changer leurs prix face à de faibles variations de la demande.*"

Durant les dernières années, les MEGC utilisent fréquemment les nouvelles théories du marché du travail, telles que la théorie du salaire d'efficience ou celles des négociations salariales de type WS-PS ou autres théories. Par exemple, Laffargue et Anne Saint-Martin (1999) ont utilisé un modèle d'équilibre partiel avec anticipations parfaites. Sur la base des travaux de Cahuc et Zylberberg (1998) et de Laffargue (1996), Laffargue et Martin ont élaboré un modèle dont les comportements des agents sur le marché du travail sont représentés dans un cadre de négociation collective de type WS-PS et les entreprises détiennent un pouvoir de monopole sur le marché des biens. Laffargue et Anne ont conclu que :

(i) *le travail non qualifié est sensiblement substituable au travail qualifié et au capital ;*

(ii) *le travail qualifié est peu substituable au capital ;*

(iii) *l'efficience du travail qualifié augmente plus vite que la productivité tendancielle apparente, alors que l'efficience du travail non qualifié stagne ;*

(iv) *le taux de marge des entreprises baisse fortement après 1982, et*

(v) *le pouvoir de négociation des syndicats a augmenté entre 1974 et 1983, puis il a diminué.*

Dans une analyse d'impact de l'accord d'association avec l'UE sur l'économie tunisienne et du démantèlement de l'accord multifibres sur l'emploi en Tunisie, Marouani (2004) a développé un modèle d'équilibre général multisectoriel et intertemporel. Il a soulevé que: l'accord "*semble avoir un impact positif, bien que modéré sur l'emploi et la croissance, à savoir que l'effet positif provient de la part élevée des biens d'investissement dans les importations tunisiennes c'est-à-dire l'ouverture commerciale agie comme une subvention à l'investissement et l'effet modéré*" par le fait de "*l'importance des importations constitue un achat d'intrants intermédiaires par les entreprises offshore qui sont exonérées des droits de douane (le cas du textile).*" Les résultats obtenus par Marouani montrent que le choix de la réforme fiscale, qui accompagne l'ouverture, a des effets significatifs sur l'emploi.

Pour analyser les effets du libre-échange industriel avec l'UE sur la croissance et le développement d'un pays sud-méditerranéen (le Maroc), Hamdouch et Chater (2001) ont élaboré un MEGC statique adoptant l'hypothèse d'un comportement de concurrence imparfaite dans la majorité des secteurs et l'hypothèse d'un environnement de rendements d'échelles croissants pour tenir *compte des caractéristiques de l'économie marocaine.* De plus, ils ont introduit l'hypothèse de *"rigidités salariales à la baisse (assurées par la présence d'un salaire minimum) en reflétant ainsi les mécanismes keynésiens de Barro-Grossman."* À partir des résultats de différentes simulations appliquées, les auteurs ont montré que l'impact de l'instauration de la zone de libre-échange sur l'économie marocaine est maitrisable. Il n'y a pas de raz de marée des importations et il y a une substitution des zones d'importation en faveur de l'UE. Mais, les effets les plus défavorables concernent *l'équilibre budgétaire et l'investissement.* Du point de vue de l'analyse sectorielle, Hamdouch et Chater ont constaté que "*les secteurs traditionnellement exportateurs, à l'exception des secteurs agricoles, gèrent l'ouverture sans aucun problème, tandis que les secteurs habituellement abrités de la concurrence étrangère souffrent plus."* De ce fait, la politique d'accompagnement dans le cadre de la libéralisation des échanges est *indispensable* non seulement pour amortir le choc de l'ouverture, mais également pour le dépasser en matière "de *compétitivité et de croissance en encourageant l'investissement productif.*" Et, ils ont affirmé que "*la réforme fiscale s'impose comme une composante importante de cette politique d'accompagnement.*"

In fine, les MEGC avec des imperfections d'un marché ou de plusieurs marchés (le marché des biens, le marché du travail ou le marché des échanges extérieurs) sont plus proches de la réalité de la structure économique qui est loin d'être une structure à concurrence pure et parfaite. Dans tous les cas, les résultats des différents modèles restent sensibles aux hypothèses retenues par le modélisateur.

4- Modèles de micro simulation

"La méthode la micro simulation est un outil particulièrement approprié à l'évaluation des politiques publiques". Elle repose sur "*une description et/ou une modélisation des comportements au niveau des unités microéconomiques.*" Par conséquent, elle nécessite un *échantillon représentatif* de "*ces unités (de préférence de grande taille) à retracer, pour chacun des individus de l'échantillon, son environnement et ses comportements [...]*" (Legendre, 2005).

Par ailleurs, les attentes que peuvent délivrer ces modèles dans le domaine des politiques économiques et sociales restent très diverses et complexes. Pour le cas des PED, les modèles de micro simulation sont utilisés surtout pour

- étudier l'impact des chocs macroéconomiques sur la distribution du revenu et la pauvreté ;
- évaluer les politiques de lutte contre la pauvreté ;
- évaluer l'impact des changements démographiques sur le niveau et la distribution du revenu.

Les modèles de micro simulation (**Figure** 1) peuvent être développés dans un contexte statique comme dynamique. Or, ils ont des caractéristiques distinctives par rapport aux MEGC macro,[19] car :

- D'une part, un *modèle de micro simulation travaille avec les caractéristiques et les comportements des unités microéconomiques (individu, ménage, entreprise...)",* et
- d'autre part, un *"modèle de micro simulation examine l'impact des politiques économiques à l'échelle micro (redistributives)"* c'est-à-dire *l*es résultats à l'échelle micro sont agrégés. La figure suivante montre les caractéristiques d'un modèle de micro simulation.

---

[19] Pour plus de détail, voir Marouani et Grimm (2001).

Figure 1. Caractéristiques d'un modèle de micro simulation

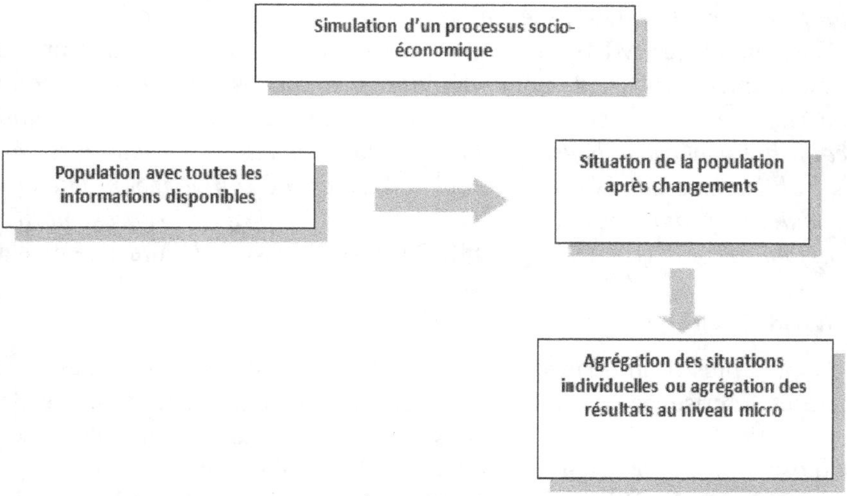

Source : Élaborer par l'auteure

Depuis les années 80, les modélisateurs se sont intéressés à l'utilisation des MEGC pour étudier l'impact de réformes économiques dans le cas des PED et principalement sur la distribution du revenu et la pauvreté. Les pionniers dans le domaine sont certainement Adelman et Robinson (1979) en Corée ; Devis, de Melo et Robinson (1982), Gunning (1983) pour le Kenya ; Thorbecke (1991) pour l'Indonésie ; de Janvry, Sadoulet et Fargeix (1991) pour l'Équateur ; et Morrisson (1991) pour le Maroc.[20]

Pour le cas du Maroc, Touhami (2006) a essayé d'analyser les effets simulés de la réduction des droits de douane, telle qu'elle est prévue dans l'accord d'association entre le Maroc et l'UE, sur la pauvreté. Le modèle utilisé est un modèle standard. Il correspond aux différents modèles élaborés pour évaluer les impacts des politiques de libéralisations commerciales sur la pauvreté, comme celui de Decaluwé et al. (1999) ou de Cockbum (2001). Ainsi, il s'agit d'un MEGC réel (sans des actifs financiers), statique et ouvert, et avec gouvernement (État), intégrant 5129 ménages (les données de l'ENNVM de 1998-99, HCP-Maroc) et 34 secteurs du TES de la base comptable 1998. Touhami a conclu qu'il y a une légère diminution de la pauvreté. La *"faiblesse des impacts obtenus s'explique, en partie, par le fait que les droits de douane ne sont réduits que partiellement durant la période 1998-2005, conformément à l'accord."* De plus, la *"baisse étant beaucoup plus forte pour les produits industriels qu'agricoles."* L'analyse microéconomique conduite par l'auteur a révélé que "*deux tiers des ménages ressortent gagnants en matière de bien-être sur le plan national.*" Cette

[20] Voir Decaluwé, Dumont et Savard (1999).

proportion atteint "*les trois quarts en milieu rural. Les pertes et les gains sont plus forts en valeurs absolues pour les plus riches, mais, en termes relatifs, la répartition est assez uniforme.* »

En général, les MEGC de micro simulation ne sont pas dans un stade développement suffisant pour délivrer des leçons considérées comme robustes, car le développement "*d'un modèle de micro simulation d'équilibre général se heurtait à la capacité de calcul des ordinateurs, parce que l'algorithme de résolution de l'équilibre est itératif, exigeant une masse des calculs prodigieuse dès lors la fiction de l'agent représentatif est abandonnée [...]*" (Legendre, 2005). Des progrès restent à faire à ce niveau !

5- Modèles RBS et modèles MEGIS

Depuis plus d'un quart de siècle (surtout après la dépression des années trente et la crise des années quatre-vingt-dix au Japon), le domaine de la modélisation macroéconomique a subi un renouveau méthodologique en conduisant à l'apparition des modèles d'équilibre général intertemporel stochastique (MEGIS ou en anglais DSGE). Il existe aujourd'hui un consensus sur l'idée que les DSGE peuvent offrir aux débats économiques un cadre d'analyse plus efficace.

Le succès de MEGIS est expliqué par deux raisons essentielles. ***La première***, ils offrent une modélisation parcimonieuse et rigoureuse de la dynamique économique et des anticipations. ***La deuxième***, ils permettent, grâce à leur taille réduite, de bien isoler les mécanismes à l'œuvre dans leur fonctionnement. Autrement dit, son approche est basée sur un développement et une évaluation quantitativement des modèles structurels d'équilibre où les préférences, la technologie, les contraintes et les institutions sont entièrement et simplement spécifiées avant les années quatre-vingt, les modèles posaient plusieurs problèmes dans la présentation de la réalité de l'économie notamment les difficultés reliées à expliquer son comportement, comme la présence simultanée de taux élevés de chômage et d'inflation.

Pour assurer aux modèles contemporains la capacité d'analyser le plus complètement possible la complexe réalité économique, les modélisateurs ont incorporé plusieurs centaines d'équations et de variables. Or, "*la taille imposante qui en résultait rendait très difficile une analyse économique et économétrique des mécanismes et secteurs par lesquels un choc donné se propage à l'ensemble de l'économie artificielle représentée par le modèle. D'autre part, bien que toutes les décisions doivent être liées entre elles, les modèles étaient construits par secteur (consommation, investissement, etc.), sans que ceux-ci forment véritablement un tout équivalent. Ainsi, pour améliorer le pouvoir prédictif des modèles, ils sont modifiés en ajoutant des variables dans un secteur donné sans tenir compte des liens entre les secteurs. Le faible ancrage de ces modèles dans la théorie microéconomique causait un problème majeur dans les exercices de simulation et de prévision."*

Dans un article paru en 1976, Robert Lucas affirmait que ce type d'exercices n'était absolument pas valide puisque la structure même des équations du modèle était susceptible d'être affectée par une modification des variables explicatives (voir la "critique de Lucas"). D'après lui, les économistes réalisaient continuellement une erreur de première espèce puisqu'ils supposaient à tort que les équations étaient stables c'est-à-dire que les comportements des SI ne changent pas quand se modifie la circonstance, actuelle ou anticipée, à laquelle ces derniers sont confrontés. Il fallait donc mettre au point un modèle capable de prendre en compte les comportements rationnels des SI.

Pour la première fois, la nouvelle méthodologie est exposée par Kydland et Prescott dans un article paru en 1982, donnant ainsi naissance au courant des "modèles de cycles réels"[21] dans lesquels les fluctuations économiques résultaient uniquement des choix optimaux opérés par les ménages et les entreprises dans un environnement heurté par des chocs aléatoires.

Dans une présentation simplifiée, Kydland et Prescott (1982) font intervenir dans leur modèle seulement deux types d'agents (les ménages et les entreprises) et un seul type de choc en proposant une structure de concurrence parfaite associée à une flexibilité totale des prix. Ils ont proposé les comportements suivants :

➢ Le ménage cherche à maximiser son utilité. Pour en faire, il doit choisir, à chaque période, le nombre d'heures de travail qu'il va consentir et la manière dont il va répartir son revenu entre la consommation et l'épargne. Il parvient à ses choix en tenant compte du fait que son épargne a un effet sur sa consommation future, mais aussi du fait que cet effet dépend des taux d'intérêt futurs, faisant ainsi intervenir ses anticipations. Ces dernières sont rationnelles, c'est-à-dire les agents sont des observateurs avertis de la scène économique. Ils prennent leurs décisions avec l'ensemble de l'information dont ils disposent et ne peuvent être surpris que par des événements inattendus.

➢ L'entreprise maximise son profit en décidant du volume d'heures du travail nécessaire et des investissements nécessaires à effectuer, compte tenu de la trajectoire anticipée des salaires et du taux de rendement du capital. Les seuls chocs affectant cette petite économie sont ceux qui touchent la productivité des facteurs de production. En effet, ces chocs d'offre sont à l'origine, d'une part, de périodes où ils sont relativement moins coûteux pour une entreprise de produire à un salaire donné et, d'autre part, de périodes où ils sont relativement plus coûteux de produire. À la surprise générale, ce

[21] Pour une représentation détaillée du modèle canonique de RBS, voir par exemple Bonnet et Duchêne (1998).

modèle pouvait reproduire avec succès plusieurs caractéristiques importantes des fluctuations économiques.

Dans cette conception, les mesures prises par le gouvernement ont un peu ou pas d'effet, notamment sur le bien-être des SI. Par exemple, la politique monétaire n'aurait aucun effet sur l'économie. Toutefois, ces conclusions allaient à l'encontre de l'opinion de nombreux économistes.

Le socle théorique des RBC apparaît proche de la perspective néoclassique puisqu'il s'agit de construire des modèles d'équilibre général dans une économie sans rigidité. Il se rapproche également du programme de Lucas, car les RBC reprennent l'idée qu'il est intéressant de disposer de petits modèles, aisément simulables. Selon le projet initial, les modèles macroéconomiques doivent être capables de reproduire les principaux faits stylisés, sans qu'il soit nécessaire d'introduire des défauts de coordination, d'une rigidité des prix (à l'instar des néokeynésiens) ou encore des chocs monétaires. Deux articles sont considérés comme fondateurs de ce courant Kydland et Prescott (1982) et De Long et Plosser (1983).

King, Plosser et Rebelo (1988) ont donné une représentation détaillée du modèle "canonique" des RBC. Ils se sont démarqués des néoclassiques traditionnelles en étudiant spécifiquement les fluctuations et, néanmoins, du modèle de Lucas où la source des fluctuations réside dans les variations aléatoires et non anticipées du stock de monnaie.

Depuis les années 1990, les modèles issus de la méthodologie de Kydland et Prescott (1982) ont fait la preuve qu'ils pouvaient s'accommoder de points de vue différents sur l'origine des fluctuations économiques. Les nouveaux modèles étaient dotés, en plus des chocs de technologie, d'éléments représentant un éventail d'autres sources de fluctuations, provenant du côté de la demande, de dépenses publiques, de préférences des agents ou de termes de l'échange. En effet, certains économistes ont incorporé dans la structure de leurs modèles les caractéristiques keynésiennes, telles que les rigidités nominales à l'échelle des décisions individuelles.

Toutes ces évolutions qui ont amené la littérature à délaisser petit à petit l'expression RBC pour celle de DSEG ou MEGIS pour décrire cette nouvelle méthodologie dont le mouvement le plus représentatif en macroéconomie est celui de la "Nouvelle Synthèse" décrite par Goodfriend et King (1997) :

"The New Neoclassical Synthesis was advertised as an engine of analysis which offered a Keynesian view of the determination of national income - business cycles arising from changes in aggregate demand because of wage and price stickiness - and neoclassical principles to guide microeconomics analysis."

Goodfriend et King (1997) montrent que ce mouvement représente la synthèse entre l'analyse keynésienne du court terme et l'analyse néoclassique du long terme telle que proposée par Hicks et Samuelson. Le principe de base est que la modélisation de l'activité économique (à l'échelle d'un pays) doit surgir d'une série de problèmes microéconomiques (à l'échelle des individus) qui, une fois résolus, sont agrégés pour former la réalité macroéconomique décrite par le modèle.

D'abord, chaque modèle DSGE consiste à faire un exposé précis des choix qui s'offrent aux différents acteurs économiques mis en scène dans le modèle, des préférences de ces acteurs, de l'horizon de planification qu'ils retiennent et, finalement, de la spécification de l'incertitude à laquelle ils font face. Pour cela, les SI doivent se faire une opinion sur la trajectoire probable qu'emprunteront ces variables. Tenant compte de ces différents paramètres, les agents individuels (ménages et entreprises) élaborent des règles de décision. Ces règles de décision individuelles sont ensuite agrégées, et ce sont ces agrégations qui représentent les implications du modèle une fois que l'équilibre des différents marchés est assuré.

Le modèle le plus représentatif des MEGIS est celui proposé par Christiano, Eichenbaum et Evans (2005) qui a été repris et estimé sur données européennes par Smets et Wouters (2003). Il comprend une série d'éléments, qui le rendent performant comme les rigidités nominales ou réelles sur les prix et les salaires, telles que la formation des habitudes, le taux d'utilisation du capital ou les coûts d'ajustement sur l'investissement. D'autres chercheurs ont essayé de reprendre le modèle de Christiano, Eichenbaum et Evans (2005) ou de Smets et Wouters (2003). On peut présenter certains d'entre eux comme les travaux de Moyen et Sahuc (2007), Adjemian et Cahn (2007), Bénassy (2002), Adjemian et Cahn (2006 et 2007), Collard et Fève (2006) et Adjemian et Pelgrin (2008). Dans ce qui suit une brève présentation de leurs fondements et de leurs principaux résultats trouvés.

1. Moyen et Sahuc (2007) ont proposé une évaluation empirique du choix des hypothèses retenues dans le MEGIS canonique de Christiano, Eichenbaum et Evans (2005) en augmentant ce modèle par la complémentarité stratégique proposé par Kimball (1995). Le but est d'identifier, à l'aide du critère de vraisemblance marginale et de l'inspection des moments d'ordre deux, la contribution des différentes rigidités aux bonnes performances d'un modèle d'équilibre général de taille moyenne. Les principaux résultats concernant les rigidités nominales sont que "*la combinaison de prix rigides indexés et salaires rigides est indispensable à une bonne qualité de l'ajustement du modèle aux données. Concernant les rigidités réelles, seules les hypothèses de formation d'habitude sur la consommation et de coûts d'ajustement sur l'investissement sont nécessaires. Cette dernière étant cruciale pour la reproduction des dynamiques aussi bien réelles que nominales. Enfin, il a montré que l'introduction d'une complémentarité stratégique (rigidité à la Kimball) permet de retrouver le degré de rigidités nominales plus proche de celui observé sur données microéconomiques.*"

2. Adjemian et Cahn (2007) ont utilisé un modèle d'équilibre général intertemporel pour analyser les effets d'une modification permanente et annoncée d'une politique fiscale future, en particulier les effets d'une politique consistant à augmenter le taux de TVA dans la zone euro, ceteris paribus. La démarche poursuivie par ces deux auteurs est composée de trois étapes :

- Dans un premier temps, ils ont posé un modèle DSGE en économie fermée sur la zone euro. Par de nombreux aspects, il se rapproche du modèle développé par Smets et Wouters (2003) : rigidités nominales à la Calvo (1983) sur la formation des prix et des salaires, rigidités réelles telles que des coûts d'ajustement sur le capital et sur le niveau d'utilisation des capacités de production, ainsi que des formations d'habitudes sur la consommation. De plus, ils ont ajouté des chocs fiscaux au modèle original afin de tenir compte des effets de modifications des prélèvements obligatoires.
- La deuxième étape consiste à caractériser l'incertitude relative au modèle en construisant la densité jointe de ses paramètres par l'adoption d'une approche bayésienne.
- La dernière étape consiste à traduire la densité postérieure des paramètres en une incertitude sur les variantes.

Adjemian et Cahn (2007) ont illustré "*un regard bayésien sur les DSGE qui peut se révéler pertinent pour l'analyse de politiques économiques. L'estimation bayésienne d'un modèle DSGE a permis de rendre compte de l'incertitude sur les variantes construites à partir d'une version à anticipation parfaite du même modèle.*"

3. Bénassy (2002) a montré que l'introduction de rigidités nominales dans les *DSGE* permet d'améliorer considérablement les capacités de ces modèles à reproduire les évolutions dynamiques des économies réelles. Il a montré, à travers quelques modèles simples résolus « à la main », comment les modèles à rigidités nominales permettent de résoudre certains problèmes rencontrés par les modèles RBC traditionnels par la construction d'un modèle dynamique. Et, il en a étudié successivement sous les hypothèses suivantes :

i) équilibre walrasien ;
ii) contrats de salaires à une période ;
iii) contrats de salaires multipériodiques, et
iv) contrats multipériodiques de salaires et de prix.

À chaque étape, une solution analytique du modèle a été proposée. Les résultats de son étude se résument comme suit :

i) le modèle walrasien produit une persistance négligeable dans la réponse de l'output aux chocs monétaires. Par ailleurs, des corrélations importantes entre l'output et le salaire réel, les prix ou l'inflation sont loin de leurs valeurs empiriques ;

ii) l'introduction de contrats à une période permet d'améliorer les corrélations, mais n'apporte pas une solution au problème de la persistance ;

iii) des contrats de salaires multipériodiques permettent d'obtenir une réponse persistante et en cloche de l'output aux chocs monétaires ;

iv) la combinaison de contrats de salaires et de prix permet d'obtenir, pour des valeurs raisonnables des durées moyennes des contrats, une réponse persistante et en cloche de l'output et de l'inflation aux chocs monétaires.

Bénassy (2002) signale que ces résultats ont été obtenus en utilisant uniquement des rigidités nominales alors que l'adjonction de rigidités «réelles» permettrait d'arriver encore plus près des statistiques observées dans la réalité.

4. L'étude Adjemian et Cahn (2006 et 2007) s'inscrit dans le cadre d'un programme de travail développé pour le compte de la Banque de France. Ils ont présenté une revue de la littérature pour mieux comprendre l'évaluation des prix d'actifs dans un modèle d'équilibre général dynamique et stochastique. En plus, ils ont proposé : une analyse intégrée des rentabilités d'actifs et des fluctuations économiques. Leur but ultime est d'identifier les mécanismes à prendre en considération dans un modèle DSGE afin que celui-ci soit en mesure d'expliquer les dynamiques des prix d'actifs tout en préservant ses performances sur les faits stylisés des fluctuations économiques.

L'analyse d'Adjemian et Cahn fait ressortir le rôle central de l'interaction entre les formations d'habitudes et un mécanisme particulier de gains en capital. Pour ce dernier, plusieurs options de modélisation sont possibles. En adoptant, l'optique de Jermann (1998) (les gains sont engendrés par des coûts d'ajustement sur le capital physique) montre qu'il est possible de reproduire une prime de risque des actions significative. Cependant, en étendant l'ensemble des faits étudiés au marché du travail, le pouvoir explicatif du modèle se détériore significativement. De tels résultats posent absolument la question de l'adéquation de la structure monosectorielle du modèle de Jermann. Il semble en effet impossible d'obtenir conjointement des prédictions correctes sur les volatilités relatives des principales variables macroéconomiques, les comouvements de l'emploi avec le produit et un taux sans risque et une prime de risque compatible avec les données observées.

Partant de là, Adjemian et Cahn ont exploré deux pistes permettant d'éviter les précédentes limites. ***La première*** suppose que les heures travaillées sont choisies avant que ne soit connu le choc de productivité. ***La seconde*** adopte une structure bisectorielle, avec une mobilité limitée des facteurs de production (le capital et le travail) entre secteurs. Ces modifications entraînent une nette amélioration par rapport au modèle de référence. La qualité explicative du modèle concerne aussi bien les rentabilités d'actifs que les fluctuations économiques.

Par ailleurs, les MEGIS ou DSGE présentent des avantages par rapport aux modèles macro-économétriques. D'une part, leur construction repose sur un cadre théorique cohérent fondé sur le comportement optimisateur des agents, ce qui n'est pas le cas des modèles économétriques. D'autre part, tournés vers le passé, les modèles macro-économétriques ne permettent pas de tenir compte de l'impact des anticipations des agents sur l'économie.

5. Fabrice Collard et Patrick Fève (2006) ont présenté une comparaison entre les modèles vectoriels autorégressifs (VAR) et les modèles d'équilibre général intertemporel stochastique (DSGE). Pour faire un choix entre ces deux modèles, ils ont examiné différents modèles dynamiques concurrents : un modèle VAR, un modèle DSGE sans frictions, un modèle DSGE avec coûts d'ajustement sur l'investissement et un modèle DSGE avec persistance des habitudes de loisir. Ces modèles sont estimés par une méthode maximum de vraisemblance sur données américaines incluant le taux de croissance de la productivité horaire et les heures travaillées durant la période 1959:I (le premier trimestre)- 2003:IV (le quatrième trimestre).

Les résultats des estimations montrent que le modèle sans friction est rejeté au profit d'un modèle intégrant des coûts à l'ajustement ou un mécanisme de persistance des habitudes. De plus, les deux modèles avec frictions fournissent une log-vraisemblance très proche de celle du modèle VAR. Divers statistiques et critères de choix de modèles concurrents viennent confirmer ces résultats. Il apparaît même que ces modèles DSGE dominent dans certains cas le modèle VAR, notamment pour la prévision hors échantillon. Ces résultats empiriques suggèrent que les modèles DSGE doivent être préférés aux modèles VAR, notamment lorsqu'il s'agit d'identifier les chocs structurels et leurs effets sur la dynamique agrégée.

Les travaux récents en macroéconométrie appliquée ont montré que les modèles DSGE de grande taille incluant des frictions réelles et nominales présentaient des qualités prédictives satisfaisantes, dominant celles des modèles VAR (Smets et Wouters, 2003). Ils ont montré que les modèles réels de taille réduite incluant un degré minimal de frictions réelles pouvaient concurrencer les modèles VAR pour la prévision de certaines variables agrégées (la productivité horaire du travail et les heures travaillées).

De plus, Fabrice Collard et Patrick Fève ont montré, en particulier, qu'une modélisation structurelle intégrant un phénomène de persistance des habitudes de loisir permet de prévoir au moins aussi bien qu'un modèle VAR incluant pourtant une dynamique plus fournie. Au-delà, le modèle DSGE autorise une véritable interprétation structurelle des chocs et de la dynamique qu'ils engendrent, ce que ne permet pas toujours le modèle VAR.

6. Portier (2007) a proposé une présentation des travaux d'analyse d'épisodes économiques historiques à l'aide de DGSE, mettant en perspective les méthodes et enjeux d'une telle démarche. Pour cela, il a présenté les principaux éléments de la méthode, survolant les travaux relevant de cette démarche et discutant d'un épisode particulier, les années trente aux États-Unis et en France. Il a constaté qu'un modèle de type DGSE peut se résumer à une série de variables exogènes "les chocs" et un ensemble de mécanismes de propagation de ces impulsions. Analyser un épisode historique à l'aide d'un modèle DGSE implique :

– Construire une base de données qui permet de mesurer les contreparties observables des variables du modèle en cohérence avec celui-ci ;

– Utiliser certaines équations du modèle (éventuellement toutes) comme un cadre comptable pour mesurer les chocs ayant affecté l'économie, et

– Simuler le modèle en le perturbant avec les séries mesurées de chocs et comparer ses prédictions avec les séries observées.

Portier (2007) a conclu que "*le modèle impose énormément de structure aux données et en permet une lecture interprétative*" puisque l'analyse est structurelle. "*Un épisode historique est bien sûr rarement réductible aux conséquences d'un choc sur un petit modèle. Mais il est utile de savoir qu'une explication donnée a des performances explicatives d'un ordre de grandeur inférieur à une explication alternative. L'interprétation de l'épisode n'en reste pas moins, par nature, conditionnelle au modèle utilisé et l'exercice n'est pas, en tant que tel, un test du modèle. D'où l'importance d'utiliser un type de modélisation qui a par ailleurs fait ses preuves. Les progrès récents dans le développement et la validation de petits modèles d'équilibre général dynamique sont en ce sens porteurs de promesses quant à la portée de tels exercices rétrospectifs.*"

7. Adjemian et Pelgrin (2008) ont constaté que la qualité d'ajustement du modèle considéré par Smets et Wouters (une extension du modèle de Christiano, Eichenbaum et Evans (2005)) est comparable, voire meilleure, à celle d'un modèle VAR. Le modèle DSGE peut particulièrement fournir des prévisions, in sample ou out of sample, qui sont équivalent ou surpassent les prévisions d'un modèle VAR.

Selon Adjemian et Pelgrin (2008), un modèle DSGE ne peut être estimé autrement qu'en recourant à une approche bayésienne. Les données ne sont pas, généralement, assez informatives pour identifier avec précision la totalité des paramètres structurels d'un modèle DSGE. L'approche bayésienne fournit un protocole objectif pour compléter l'information apportée par l'échantillon avec une information a priori sur les paramètres structurels. En pratique, l'apport de cette information a priori sur les paramètres revient à déformer, dans certaines directions, la fonction de vraisemblance associée au modèle. Ces auteurs ont présenté l'approche bayésienne en l'appliquant aux modèles VAR pour montrer comment obtenir la distribution jointe postérieure en complétant la vraisemblance par la densité a priori. Ils ont constaté que, dans le cas du modèle VAR, il est possible d'obtenir une expression analytique pour la distribution postérieure. Ils ont considéré alors deux situations polaires :

(i) le cas où l'économètre ne dispose pas d'information a priori sur les paramètres. Dans ce cas, la distribution postérieure est centrée sur l'estimateur du maximum de vraisemblance, et

(ii) le cas où l'économètre dispose d'une information a priori sur les paramètres. Dans ce cas, la distribution postérieure est centrée sur un mélange (convexe) de l'estimateur du maximum de vraisemblance et de l'espérance a priori. L'espérance a posteriori est d'autant plus proche de l'estimateur du maximum de vraisemblance que l'échantillon est informatif relative aux croyances a priori.

L'intérêt de l'estimation bayésienne d'un modèle VAR est qu'en augmentant l'information (c'est-à-dire implicitement la taille de l'échantillon) avec des croyances a priori, la précision de l'estimation accentue. Cette précision est généralement faible dans les modèles VAR à cause du nombre important de paramètres à estimer.

Encore, Adjemian et Pelgrin (2008) ont montré en quoi l'approche bayésienne des DSGE est plus complexe que celle des modèles VAR. L'explication est présentée par l'impossibilité d'obtenir une expression analytique pour la distribution postérieure des paramètres d'un modèle DSGE. Deux raisons expliquent cette impossibilité :

(i) un modèle fondé sur des comportements individuels est généralement non linéaire dans les paramètres structurels objet de l'estimation, et

(ii) il n'existe qu'un sous-ensemble des variables endogènes du modèle ce qui fait donc appel à un filtre de Kalman pour obtenir des estimations des variables latentes et évaluer la vraisemblance.

De plus, ils ont présenté une comparaison, voire une opposition entre les modèles VAR et DSGE. Une modélisation VAR, relativement à la modélisation DSGE, a l'avantage de n'imposer qu'un nombre limité de contraintes (la liste des variables, le nombre de retards ou la spécification de la partie déterministe). Le coût de cet avantage est lié à la faible précision des estimations. Avec la modélisation DSGE, l'introduction implicite de l'information, en imposant plus de structure sur les données, peut éventuellement améliorer les performances relatives du DSGE. Le problème est la nature déterministe de cette information : si les restrictions du DSGE sont sans rapport avec la forme du processus générateur des données, elles dégraderont les performances relatives du DSGE.

Adjemian et Pelgrin (2008) ont montré qu'il est possible d'utiliser l'information structurelle (le DSGE) pour définir l'information a priori sur le modèle VAR. Le poids de l'information structurelle, ou la croyance a priori, est endogène, et elle est choisi de façon à maximiser les performances en prévision in sample du modèle BVAR (pour Bayesian VAR), en posant des restrictions stochastiques sur le modèle empirique qui ne seront effectivement utilisées que dans la mesure où elles sont pertinentes. Les VAR et DSGE sont complémentaires, l'approche bayésienne offre la possibilité de les mélanger en ne gardant que le meilleur de chaque modélisation.

6- D'autres applications empiriques des MEGC

La présentation de tous les travaux empiriques réalisés à l'aide de MEGC est une tâche difficile et complexe qui peut être l'objectif d'un autre ouvrage pour les comparer et tirer des éventuelles améliorations. C'est pourquoi cette section présentera certains modèles ayant des caractéristiques et spécificités, comme les recherches de Bouët et al. (2001), Decaluwé et al. (2003), Müller (2004), Hérault (2004) et Fida et Decaluwé (2007).

1. Bouët et al. (2001) ont essayé d'évaluer les différences internationales dans le degré de libéralisation commerciale, en utilisant les indices de restrictivité commerciale (Trade Restrictiveness Indexes) développés par Anderson, Bannister et Neary. Cette évaluation est effectuée à l'aide d'un MEGC original, mettant l'accent sur la protection dans le secteur agricole, et en calculant deux indicateurs : le TRI ou welfare -équivalent à la structure protectionniste existante et le MTRI ou import -équivalent.

Le modèle de Bouët et al. (2001) envisage les relations commerciales d'un pays avec le reste du monde comme un *"single country trade model"*, indiquant ainsi que si le pays ne permet pas d'intégrer les régimes douaniers préférentiels, il incorpore cependant les principales sources de distorsions de prix. Le modèle est appliqué à six pays : l'Australie, le Brésil, le Japon, le Maroc, l'Union européenne et les États-Unis. Ces auteurs l'ont développé selon deux variantes :

- La première source de variation d'hypothèse est le type de concurrence. Ils ont intégré, d'une part, "*une hypothèse de concurrence pure et parfaite avec une hypothèse de type Armington*" et d'autre part, ils ont introduit "*la concurrence monopolistique avec une hypothèse de type Armington-SDS dans certains secteurs comme l'agroalimentaire et l'industrie sauf l'industrie du textile-habillement et l'industrie de bois papier*" ;
- La deuxième source de variation d'hypothèse est *l'existence ou non pour "le pays d'un pouvoir de marché mondial. Dans certains secteurs, les pays ont la possibilité d'influencer les prix mondiaux (à l'exportation et/ou à l'importation)."* L'hypothèse de grand pays est ainsi envisagée pour l'Union européenne, les États-Unis et le Japon.

Bouët et al. (2001) ont construit un modèle concurrentiel sans pouvoir de marché mondial, puis avec l'hypothèse d'imperfection de la concurrence, et ensuite avec l'hypothèse de pouvoir du marché mondial. La particularité de cette étude c'est qu'elle a permis de faire une étude comparative entre certains pays développés et autres non développés en modifiant simplement certaines hypothèses. Les chercheurs (es) ont tiré deux remarques principales de la mesure de la protection en ce qui concerne le bien-être domestique.

- "*D'une part, la comparaison internationale du TRI fait apparaître de grandes différences entre les pays, et*
- *D'autre part, pour certains pays, le niveau du TRI est considérablement affecté par l'introduction de la concurrence imparfaite et/ou par l'adoption d'une hypothèse du grand pays.*"

Autrement dit, ils ont constaté que sous l'hypothèse du petit pays et lorsque tous les secteurs sont en concurrence parfaite, l'Australie se démarque par un très faible niveau de son TRI (moins de 2%). Au contraire, la distorsion de bien-être due aux politiques protectionnistes est particulièrement élevée dans les autres pays : le TRI dépasse 20% au Japon et en Europe, presque 40% au Maroc et intermédiaires aux États-Unis et au Brésil.

2. Decaluwé et al. (2003) ont construit, pour le compte du ministère des Finances du Québec, un MEGC statique et multisectoriel qui tient compte des caractéristiques et des spécificités du Québec. Ce modèle est birégional, modélisant non seulement l'économie du Québec, mais aussi celle du reste du Canada d'une façon explicite en tenant compte de leurs relations mutuelles avec le reste du monde.

Bien que le modèle s'inspire des approches traditionnelles de modélisation en équilibre général, sa structure est beaucoup plus complexe puisqu'il prend en considération la dimension birégionale de l'économie ainsi que de son caractère d'économie fédérée. Cette structure a permis d'analyser et d'étudier non seulement les effets directs des politiques fédérales et provinciales, mais aussi de leurs effets indirects c'est-à-dire les effets de ces mêmes politiques sur le reste du Canada, et inversement. Il s'agit ainsi d'un modèle de grande envergure, très détaillé et gourmand en données. Il distingue dans chacune des deux régions "*56 secteurs productifs, 48 catégories de dépenses personnelles de consommation, 121 produits et 11 types de main-d'œuvre.*" De plus, les auteurs ont classifié les ménages en 150 types de ménages au Québec et 155 au reste du Canada. Cette classification des ménages permet d'évaluer les impacts sociaux des politiques sociales, selon l'approche de l'agent représentatif.

Le modèle de Decaluwé et al. (2003) a été mis à la disposition du Ministère des Finances du Québec pour mieux comprendre les implications des politiques économiques et fiscales ; ce qui lui permettra la prise des décisions éclairées et ciblées.

3. Tobias Müller (2004) a essayé d'analyser les effets des différentes propositions de réforme du système de sécurité sociale en Suisse, afin de réduire la pauvreté et d'améliorer les incitations économiques pour les travailleurs à bas salaires. La spécificité de cette étude c'est qu'il a fait une interaction entre le modèle de microsimulation (comprenant le modèle fiscal et le modèle économétrique de l'offre de travail) et le MEGC[22].

---

[22] Voir Müller (2004) pour une description détaillée de cette interaction.

Le modèle de Müller fonctionne comme suit : "*d'une part, les recettes fiscales calculées par le modèle fiscal sont prises en compte dans la contrainte budgétaire de l'État du MEGC et d'autre part, l'offre de travail, obtenue par le modèle de microsimulation, est confrontée à la demande travail (désagrégée par niveau de formation) du modèle d'EGC.*" À travers ces deux canaux de transmission, une réforme conduite à l'établissement d'un nouvel équilibre général sur les marchés des biens et services et le marché du travail.

À partir de ce modèle, Tobias Müller (2004) a constaté que le revenu de participation, comme réforme du système de sécurité sociale, a toutes les vertus pour réduire la pauvreté, l'inégalité et le chômage en augmentant le revenu moyen des salaires. Cette réforme réussit ainsi l'exploit d'accroître à la fois l'équité et l'efficacité économique à condition qu'elle soit accompagnée par un certain nombre de mesures.

4. Hérault (2004) a évalué à l'aide d'un MEGC appliqué au cas de l'Afrique du Sud les effets des politiques de libéralisation commerciale sur la croissance économique, les dynamiques sectorielles et les revenus des ménages. La particularité de ce modèle c'est qu'il s'inscrit dans "*la lignée structuraliste néoclassique de Dervis, de Melo et Robinson (1982), mais il incorpore les avancées apportées par l'International Food Policy Research Institute (IFPRI).*" Celles-ci comprennent, en particulier, la prise en compte "*des coûts de transaction*, ainsi que *la séparation entre activités de production et produits*," ce qui permet à une activité de produire plusieurs biens et à un bien d'être produit par plusieurs activités. La structure de base du modèle est celle du modèle standard de l'IFPRI développé par Lofgren et al. (2001) qui a été aussi appliqué par Thurlow et van Seventer (2002) sur l'économie sud-africaine. C'est ce dernier modèle qui est repris et adapté par Hérault (2004).

Le modèle Hérault comporte 43 secteurs, 4 facteurs de production, 14 ménages représentatifs, 10 régions du monde (pour le commerce extérieur) et tient compte de certaines imperfections des marchés comme le marché du travail avec l'existence du chômage. Il a pour *finalité "d'intégrer dans un modèle micro-macro une approche dite «top-down» dont laquelle les effets microéconomiques des diverses politiques étudiées sont générés par le modèle micro et non par le MEGC.*" C'est pourquoi il a représenté quatorze ménages représentatifs dans le MEGC classés selon le niveau de revenu. L'auteur a simulé deux types de politiques : l'accord de libre-échange signé en 1999 avec l'Union européenne et une suppression unilatérale de tous les droits de douane selon les différents types de bouclage (Keynes 1, Keynes 2, néoclassique, et Johansen).

Les résultats obtenus suggèrent que la libéralisation commerciale a un impact positif, mais limité sur l'économie sud-africaine : la croissance économique engendrée ne dépasse que presque 1% et la croissance en volume des exportations ou des importations ne dépasse que significativement 2%. Hérault (2004) a montré que ses conclusions sont du reste concordantes avec beaucoup d'autres analyses en équilibre général portant sur les effets des politiques d'ouverture dans les PED : *l'impact est positif, mais de faible amplitude.*

5. Fida et Decaluwé (2007) ont analysé l'impact de la migration sur le chômage marocain. Ils ont considéré le Maroc comme le creuset typique d'un PED, subissant la combinaison de flux migratoires : l'émigration rurale et urbaine vers des pays de l'Union européenne, la migration interne des campagnes vers les villes et finalement les immigrants subsahariens qui sont installés définitivement au Maroc ou en transit vers l'Europe.

Pour pouvoir y analyser, Fida et Decaluwé ont construit un MEGC qui est considéré comme "*la seule méthode permettant d'endogèneiser les déterminants principaux des flux migratoires et ainsi être en mesure de capter les effets simultanés directs des trois types de flux migratoires précités sur le marché du travail urbain, en particulier le chômage urbain, et leurs effets directs et indirects sur le reste de l'économie.*" Ce modèle est inspiré de celui décrit dans Decaluwé et al. (2001) et élargi par Cockburn et al. (2006). Sa structure de base a été profondément modifiée pour décrire adéquatement "*le fonctionnement du marché du travail et les déterminants des flux migratoires tant internes qu'externes.*" Brièvement, ce modèle contient :

- 34 branches d'activités monoproductrices réparties entre deux grands secteurs : le secteur rural (agriculture et pêche) et le secteur urbain (industrie, services marchands et non marchands) ;
- deux facteurs de production : un facteur travail, composite des différentes catégories socioprofessionnelles rurales et urbaines, mobile entre les branches rurales et urbaines et un facteur capital spécial à chacune d'elles ;
- cinq agents : les ménages ruraux, les ménages urbains, les entreprises, l'État et le reste du monde ;
- une distinction au sein du secteur rural entre l'agriculture vivrière et l'agriculture de rente.

De plus, vu la complémentarité relative du capital et du travail au sein de la valeur ajoutée publique, cette dernière est modélisée moyennant une fonction de Leontief différemment de la valeur ajoutée privée représentée par une CES. Pour l'offre de travail, elle est endogène sur chacun de ses segments en tenant compte, d'une part, du chômage urbain par catégorie socioprofessionnelle où les chômeurs ne peuvent pas changer de profession et d'autre part, en impliquant que les élasticités croisées d'offre de travail sont nulles. Dans ce modèle, les auteurs ont introduit un nouveau bloc d'équations relatif à l'émigration rurale et urbaine, à la migration des campagnes vers les villes et à l'entrée des immigrants subsahariens en supposant l'existence des coûts associés à ces mouvements migratoires. Les principaux résultats tirés de ce modèle sont les suivants :

- Chacun des flux migratoires a des effets différents sur le marché du travail urbain et dépend de la catégorie socioprofessionnelle à laquelle appartient le migrant en précisant que l'émigration urbaine réduit le taux de chômage urbain et augmente le salaire.
- L'immigration subsaharienne et la migration interne augmentent le taux de chômage urbain et réduisent le salaire. Si ces flux coexistent, l'effet sur le taux de chômage urbain et sur le salaire est ambigu.

Bien qu'il est impossible de présenter la totalité ou juste la majorité des travaux sur les différentes approches du MEGC, les recherches présentées ci-dessus nous permettent de montrer que la prise en compte des hypothèses de plus en plus réalistes, reflétant la structure économique des pays comme la concurrence imparfaite, les variables monétaires et financières, l'inclusion de contraintes politiques et socio-économiques et la variable temps, peuvent jouer un rôle très important dans l'analyse économique et l'élaboration des politiques. Ces hypothèses ont permis certainement de dépasser le cadre théorique caricatural des modèles de premières générations. Mais, de nombreux progrès restent à faire surtout dans le cas de l'analyse des économies des PED.

Après les travaux d'Arrow et Debreu, les économistes ont utilisé le MEGC pour étudier les différents chocs (internes et/ou externes) que l'économie peut connaître, utilisant les nouvelles théories économiques. En effet, l'intendance vers laquelle se dirige la modélisation d'équilibre général calculable est vaste et de plus en plus claire comme souligné Schubert (1993) en déclarant que "*de nombreuses perspectives sont ouvertes, qui devraient permettre de construire des modèles toujours mieux adaptés au traitement des problèmes de politique économique posée. La voie de recherche est sans aucun doute féconde.*"

Malgré les avantages relatifs à l'application des MEGC dans les études politiques économiques et sociales, ces modèles appréhendent des faiblesses et des limites, c'est pourquoi les résultats obtenus doivent être pris avec précautions par les décideurs(es) politiques et les chercheurs(es).

Section 3. MEGC : Étapes de construction, limites et avantages

Parmi les utilisations des MEGC est l'analyse de la politique économique d'un pays ou d'une région en incluant les activités, les facteurs ou les institutions de production. Ils essayent par conséquent d'inclure l'ensemble des marchés, les SI et les autres composantes de la macroéconomique ou la microéconomique, par exemple : les taxes, les investissements, les épargnes, la balance des paiements et le budget du gouvernement.

Autrement dit, les MEGC permettent d'analyser l'économie dans son ensemble, en secteurs ou branches d'activités, SI ou marchés, afin d'apprécier explicitement les conséquences à la fois directes et indirectes des politiques économiques envisagées. Ceci est particulièrement important pour les réformes politiques susceptibles, d'une part, de jouer un rôle important dans le changement structurel de l'économie et d'autre part, d'avoir des impacts importants sur les secteurs de production, le bien-être social, les recettes de l'État ou la croissance économique.

Malgré la complexité et la diversité des hypothèses retenues par le MEGC, les modélisateurs suivent généralement les mêmes étapes dans son élaboration. Ils peuvent rencontrer des difficultés liées à la nature structurante du MEGC. Mais ces limites n'éclipsent pas ses avantages dans l'analyse des politiques économiques.

1- Étapes d'élaboration d'un MEGC

Après une spécification des comportements des SI et une détermination des secteurs ou des branches d'activités, le MEGC décrit les règles d'équilibre des différents marchés dans une économie. Il est basé sur la matrice de la comptabilité sociale (MCS), ce qui mesure son volume de complexité, à savoir que la taille de modèle dépend du degré de fragmentation des activités, des facteurs de production et des secteurs institutionnels (ménages, entreprises, État, partenaires ou régions économiques). La construction d'un MEGC nécessite généralement six étapes, **Figure** 2.

Figure 2. Étapes de la construction d'un MEGC

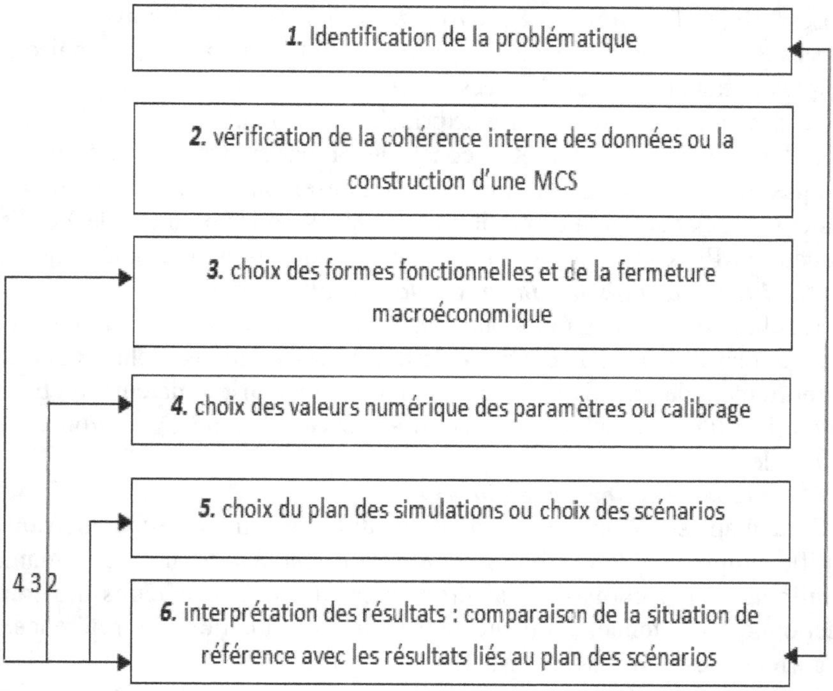

1. Re-vérification de la relation de pertinence entre le choc choisi et les questions posées.
2. Modification de la nature et de l'intensité du choc de simulation en vue des résultats de simulation.
3. Modification des valeurs numériques des paramètres en vue des résultats de simulation
4. Modification des formes fonctionnelles en vue des résultats de simulation.

Source : Élaborer à partir de Decaluwé et al. (2001)

Le modélisateur doit suivre chaque étape avec efficacité et précaution selon la spécificité et l'objectif de chacune d'elle :

☞ ***Étape de l'identification de la problématique (étape 1)***

Il est impérativement obligatoire de bien identifier et encadrer la problématique du modèle. Autrement dit, il faut bien préciser les questions dont lesquelles le modèle doit les satisfaire. Le modélisateur doit identifier et poser les "bonnes" questions, puisque la nature de ces questions détermine notamment :

- le type de données statistiques à collecter ;
- le degré de désagrégation du modèle ;
- le choix des formes fonctionnelles exprimant des relations technologiques ou de comportement, et
- la manière dont sera élaboré le plan des simulations.

☞ ***Étape de la construction de la MCS (étape 2)***

Les MEGC font *un usage intensif des données*. Il peut y avoir plusieurs sources des données à collecter, à partir particulièrement la combinaison des comptes nationaux et des données d'enquêtes. Ces données, relatives à une année déterminée, peuvent être exprimées en volume et/ou en valeur. En effet, les MEGC peuvent être construits à partir des données allant de quelques mois à un an ou la moyenne d'un ensemble des données relatives à plusieurs années selon la disponibilité des MCS ou les données déjà utilisées d'un autre MEGC pour les tester sur une autre question ou problématique.[23]

☞ ***Étape de choix des formes fonctionnelles (étape 3)***

Le choix des formes fonctionnelles doit être effectué en se basant sur des observations des faits. Il définit notamment les relations technologiques et comportementales relatives aux producteurs, aux consommateurs, à l'État, au secteur institutionnel à but non lucratif au service des ménages et/ou au reste du monde.

☞ ***Étape de calibrage (étape 4)***

Cette étape se distingue essentiellement de l'estimation économétrique. Il signifie simplement la résolution à *l'envers du modèle*. D'une autre manière, le calibrage ou le choix des valeurs numériques des paramètres des formes fonctionnelles retenues doivent reproduire la situation de référence, en l'occurrence les chiffres de la MCS.

Parfois, le MEGC ne parvient pas à reproduire la situation initiale. Il peut difficilement être considéré comme un outil valable pour étudier les chocs envisagés dans l'économie. Le calibrage peut être considéré comme une opération complexe. Son degré de complexité est largement assujetti aux formes fonctionnelles précisées à l'étape précédente.

☞ ***Étape de la simulation (étape 5)***

Cette étape consiste, d'abord, à établir un plan des simulations ou à effectuer un choix des scénarios c'est-à-dire de sélectionner les variables ou les paramètres à modifier dans le but de traiter plus convenablement la problématique identifiée à la première étape, puis de résoudre le modèle avec les logiciels EXCEL, MATLAB ou GAMS avec les nouvelles valeurs numériques choisies à l'étape précédente (étape 4) et enfin, d'en comparer avec la situation de référence.

☞ ***Étape de l'interprétation des résultats de la simulation (étape 6)***

Cette étape consiste à faire des comparaisons entre la situation de référence et la (les) nouvelle(s) situation(s) (les simulations). Au terme de cette étape, l'exercice de modélisation en équilibre général calculable peut être considéré comme achevé. Mais, le modélisateur peut retourner le modèle en vue d'obtenir d'autres résultats ou modifier certains paramètres

---

[23] Par exemple, Lanchovichina et al. (2001) ont utilisé les données d'un modèle construit par le projet «Global Trade and Analysis Project », pour l'examen de l'impact du NAFTA (ALENA) sur le bien-être des ménages au Mexique.

ou changer son choix des formes fonctionnelles. C'est ainsi, il peut revenir à (voir **Figure** 2) :

- L'étape 5 (étape de la simulation), pour changer le choix du plan des simulations, afin de modifier la nature ou l'intensité des chocs retenus, ou à
- L'étape 3 (étape des choix des formes fonctionnelles), pour modifier certaines formes fonctionnelles, ou à
- L'étape 4 (étape de calibrage), pour changer certaines valeurs numériques des variables ou des paramètres.

Les six étapes de l'élaboration d'un MEGC doivent être prises avec vigilances pour que les résultats atteints soient plus réalistes et opérationnels.

2- Nature de difficultés rencontrées par le modélisateur

Dans la pratique, le modélisateur rencontre un certain nombre des difficultés telles que celles qui sont liées

- au choix de la base de données (la collecte des données, l'élaboration de la MCS) ;
- aux calibrages des paramètres et des élasticités, ce qui nécessite dans la plupart des cas à faire des études de sensibilité, et
- aux choix des algorithmes de résolution pendant la phase de la résolution du modèle.

a- Problèmes liés aux bases des données

Après l'identification de la problématique et la délimitation des champs d'étude et d'analyse, le modélisateur collecte les données qui les placent dans un cadre comptable cohérent qui est généralement la MCS,[24] mais les problèmes que lui se pose particulièrement sont ceux liés au choix des données (ou l'année de référence) et au choix de l'unité (ou la séparation des données entre volume et prix (valeur) pour correspondre au modèle théorique).

☞ ***L'importance du choix de l'année de référence***

Le choix de l'année de référence est une étape importante pendant la collecte des données. Certains modélisateurs utilisent les moyennes sur plusieurs années. Or, ce choix pose problème à deux niveaux :

- Lorsqu'il s'agit d'une année dite anormale. Celle-ci correspond à l'année (ou exercice comptable) où il avait des changements politiques ou socio-économiques ou épidémiques ou climatiques qui faussent ou influencent négativement ou positivement certaines données (Roberts (1994) ; Bouzahzah (2001)).

[24] Le chapitre suivant sera consacré à l'étude des différentes étapes d'élaboration de la MCS et les différents problèmes rencontrés lors de son élaboration.

- Lorsqu'une année n'est pas convenable pour être admise comme une année de référence, car elle coïncide, par exemple, avec une période d'un choc exogène (sécheresse, épidémie...) ou à une période qui n'intéresse pas le modélisateur.

☞ ***Le choix de l'unité***

Les données collectées sont disponibles en valeur. Or, il est nécessaire de faire une séparation des données entre volume et prix. Pour résoudre un tel problème, plusieurs méthodes ont été utilisées. Certains modélisateurs choisissent les unités physiques des biens et des facteurs, de telle manière que les prix soient égaux à l'unité. C'est une ***simple convention*** entre les modélisateurs. Cette convention a été initiée par Harberger (1959 et 1962) et largement suivie depuis lors.

François et Shiells (1994) ont montré que si cette manière de procéder (la simple convention) n'est pas dommageable dans le cas des modèles agrégés ou des MEGC appliqués au commerce à un seul pays, elle peut fausser sérieusement les résultats dans le cas de MEGC à plusieurs pays.

En effet, adopter la convention en déclarant que tous les prix dans la banque de données initiale pour tous les secteurs et pour tous les pays sont homogènes et égaux à l'unité, c'est revenir à supposer que les barrières douanières et non douanières soient les seules sources de divergence entre les prix dans les différents pays. Or, lorsqu'il s'agit notamment de biens à faible degré d'échange, des différentiels importants et persistants entre les valeurs des parités de pouvoir d'achat (PPA) de certains biens. Il y a également des écarts des prix relatifs des biens échangeables et non échangeables entre pays. De plus, la non-prise en compte les différences entre les prix conduits à des distorsions des niveaux relatifs et absolus des offres et des demandes sectorielles.

b- Problèmes liés aux choix des valeurs numériques

L'étape de calibrage, comme déjà susmentionnée, se base essentiellement sur le choix des valeurs numériques des paramètres et des élasticités des formes fonctionnelles choisis par le modélisateur. Or, leurs valeurs ne peuvent pas être toutes calibrées à partir d'une seule observation (une année de référence). Pour cette raison, certains modélisateurs les 'empruntent' ou les déterminent à partir de la littérature économétrique ou des études effectuées sur des pays ayant des caractéristiques économiques communes. Et parfois, ils les fixent d'une manière arbitraire.

Les valeurs calibrées ou empruntées du modèle constituent une incertitude et un risque pour ses résultats (Touhami, 1994), c'est la raison pour laquelle ce problème constitue la critique la plus profonde adressée aux MEGC. Pour en faire, l'analyse de sensibilité des résultats de simulations (liée à l'incertitude sur les paramètres libres) s'avère nécessaire. À cet effet,

Touhami et Dufour (1998) recensent cinq types de tests de sensibilité qui peuvent être appliqués :

- l'approche de Pagan et Shanon (1985) ;
- l'analyse de sensibilité limitée, l'analyse de sensibilité systématique conditionnelle de Harrison et Kimbell (1985) ;
- l'analyse de la sensibilité inconditionnelle de Bernheim et al. (1989), et
- l'approche « bayessienne » de Harrison et Vinod (1995).

c- Problèmes liés aux choix des algorithmes de résolution

Les méthodes de résolution utilisées pour les MEGC statiques et les MEGC dynamiques sont très différentes. Pour les modèles statiques, les algorithmes de résolution sont essentiellement la méthode Johansen, les algorithmes de Newton et de Gauss-Seidel et le théorème de point fixe. Pour les modèles dynamiques, les méthodes de résolution peuvent être regroupées en deux catégories : les méthodes séquentielles du TIR et les méthodes globales de relaxation.

Le modélisateur doit accorder une intention particulière au choix des algorithmes de résolution puisque les résultats obtenus seront certainement sensibles à son choix.

3- Limites et avantages de l'utilisation du MEGC

Depuis les années soixante-dix, les MEGC ont connu un succès important pour les pays développés (PD) et les pays en développement PED.

Dans le cas d'une étude sur la question des effets de libéralisation commerciale sur les PED, Hérault (2003) a montré que le MEGC semble *le seul capable de tirer au clair cette question.* Or, à côté des avantages qui peuvent apporter ces modèles aux études des politiques économiques, il y a un certain nombre des limites liées. En plus des difficultés présentées dans la section précédente, l'application du modèle est limitée par les choix des variables et des élasticités.

a- Avantages tirés de l'application du MEGC dans les études économiques

Il faut distinguer entre les avantages liés à l'application des MEGC statiques de ceux qui sont dynamiques. Les avantages des modèles statiques peuvent se résumer comme suit :

- ***l'intégration systématique du comportement de tous les acteurs en rendant compte des interdépendances et des effets de feed-back :***

Les MEGC statiques se basent sur des instruments microéconomiques remontés aux arbitrages individuels qui sont à l'origine des phénomènes macroéconomiques, spécifiant directement les programmes de maximisation des agents " représentatifs" : le consommateur maximise sa fonction d'utilité, le producteur maximise son profit, et ainsi de suite. Dans ce cadre, certains paramètres de la fonction de consommation ou de la fonction de production sont calculés ou bien choisis à partir d'un ensemble de valeurs pertinentes "calibrage", moins exigeant en données statistiques.

- ***la désagrégation des secteurs et des SI :***

Un MEGC statique est un ensemble des comportements d'une économie sous des formes fonctionnelles, *prenant ainsi en compte non seulement les effets directs et immédiats qui relient les variables*, mais encore les effets indirects, de rétroaction, qui émanent du reste de l'économie dans le cadre du bouclage, ce qui permet de mesurer, par exemple, l'effet de la libéralisation commerciale sur la répartition des revenus entre les SI et les secteurs d'activités.

- ***la plupart des modèles statiques utilisent une seule année pour le calibrage :***

Contrairement aux modèles économétriques, le MEGC statique se limite pratiquement à renseigner sur une année de référence. Il se base ainsi sur les données illustrées de la MCS d'un seul exercice comptable. Cette matrice retrace, à partir du TEE, du TES ou du TRE de la comptabilité nationale, les flux économiques entre secteurs et agents pour une année donnée.

Grâce aux algorithmes informatiques développés dans les années 1970 à la suite notamment aux travaux de Scarf, le MEG est devenu calculable, passant par un "calibrage" préalable du modèle c'est-à-dire le choix déterministe des paramètres et leur mise en cohérence sur l'année de base de la MCS. De ce fait, le MEGC a permis d'analyser quantitativement certains problèmes de politique économique peu ou mal traités par les autres outils de modélisation faute des données. Ce problème se manifeste en particulier chez les PVD où ce modèle a apporté des avantages considérables, puisqu'il ne nécessite pas des séries longues qui sont parfois rares ou inexistantes.

- ***les hypothèses du MEGC permettent de prendre en compte les nouvelles théories économiques :***

Les MEGC ont l'intérêt *"d'assurer la connexion "en temps réel" entre certaines théories récentes de la microéconomie (les anticipations, la concurrence imparfaite, les générations imbriquées, l'équilibre intertemporel, etc.) et les problèmes concrets que posent les politiques de développement, en "testant" ces politiques sur des économies archétypes."*[25]

Quant aux MEGC dynamiques, ils ont surmonté certaines limites des modèles statiques en ajoutant aux études des politiques économiques d'autres avantages notamment :

- ***la prise en compte de la dimension temporelle :***

Le MEGC dynamique permet de comprendre, par exemple, la réaction des comportements individuels à la suite aux modifications de l'environnement économique et social ou l'effet de la libéralisation sur

---

[25] Pour plus de précision, voir DIAL N° 3 - juin 1995 « Les modèles d'équilibre général, outils d'évaluation des politiques économiques dans les pays en développement ».

l'accumulation du capital et la croissance économique. Autrement dit, il permet de prendre en compte l'analyse des politiques économiques dans un horizon temporel plus étendu.

- ***l'endogénisation de l'investissement :***

Le MEGC dynamique considère l'investissement comme l'un des principaux canaux de transmission des chocs. Par contre dans un modèle statique, il est simplement une composante de la demande.

- ***L'introduction des évolutions démographiques :***

Le MEGC dynamique peut tenir compte des hypothèses d'évolution démographique. Il peut mettre l'accent sur les effets des politiques économiques et sociales sur, par exemple, le marché du travail à travers le taux de natalité et le taux de croissance de la population.

- ***la possibilité de comparer le sentier d'évolution de l'économie simulée à celui observé :***

Il existe deux types de modèles dynamiques :

- les modèles *séquentiels* qui formalisent *une succession d'équilibres temporaires statiques reliés entre eux par l'actualisation d'un certain nombre de variables* (stocks de facteurs, prix, anticipations adaptatives...) ;
- les modèles d'équilibre *intertemporel* (inspirés notamment des modèles de " cycles réels ") où *les programmes des agents microéconomiques portent sur plusieurs périodes de l'horizon de simulation.*

Les MEGC dynamiques peuvent permettre une rétraopolation et un calibrage (appelé "calibrage dynamique") sur des séries historiques, même s'ils laissent souvent apparaître des écarts importants entre les trajectoires simulées et celles qui sont observées.

b- Limites du MEGC

Malgré les différents avantages des MEGC statiques ou dynamiques suscités, il existe un certain nombre des difficultés et des inconvénients liés à leurs applications.

- ***les MEGC, statiques ou dynamiques, ne sont pas des substituts aux modèles macro-économétriques (ou plus particulièrement aux modèles VAR) en matière de prévision :***

Les MEGC ne permettent pas de retracer le passé ni de prévoir l'avenir. Ils permettent seulement de mesurer les conséquences des choix alternatifs (des simulations). À cet égard, l'analyse économétrique et l'analyse en équilibre général calculable sont différentes, mais liées : la première constitue la principale méthode d'évaluation des différentes théories économiques, par contre la deuxième est la principale méthode d'évaluation des effets de la politique économique. Elles sont liées dans le sens où les MEGC peuvent recourir à l'analyse économétrique pour estimer certains paramètres ou certaines élasticités.

- ***Les résultats des MEGC sont fortement sensibles d'une part aux formes fonctionnelles et aux valeurs des paramètres qui caractérisent les comportements microéconomiques et d'autre part, aux modes de bouclage macroéconomiques :***[26]

La construction d'un MEGC, statique ou dynamique, nécessite des formes fonctionnelles en respectant un ensemble d'hypothèses, alors cela peut faire apparaître des résultats moins satisfaisants aux attentes des modélisateurs. La même remarque est soulevée pour la façon de déterminer les valeurs des paramètres du modèle.

Hérault (2003) a montré, cité par Round et Walley (2002), que "*certaines hypothèses retenues jouent un rôle primordial*" pour influencer substantiellement les résultats comme *la mobilité des facteurs de production* (la mobilité intersectorielle, intranationale ou internationale du capital et de la main-d'œuvre) "*qui permet une plus large diffusion des effets de la libéralisation, tandis que leur immobilité en concentre les gains et les pertes. Et, il en est de même en ce qui concerne les valeurs retenues pour les élasticités des offres et des demandes (notamment pour ce qui est des exportations et des importations) et les élasticités de substitution dans les fonctions de production et de consommation.*

Par ailleurs, les faiblesses liées à l'application du MEGC dynamique dans les PED résident notamment dans l'adoption de *l'état régulier*, qui correspond à l'état où l'économie en question est sur son sentier de croissance équilibrée. Mais, la plupart des modèles intertemporels existants étudient cette question en supposant que l'économie est effectivement en état régulier. À cet effet, si cette "*hypothèse peut paraître réaliste pour les pays développés, elle ne l'est certainement pas pour les pays en développement ou en transition*" : les stocks de capital sont souvent en deçà du niveau d'état régulier. Par conséquent, un choc important subi par l'économie peut accélérer ou ralentir le rythme d'accumulation qui permet d'atteindre ce niveau.

François, Nordstrom et Shiells (1999) ont considéré que le traitement des pays en développement dans les modèles appliqués comme étant en état régulier est une hypothèse clairement invalide, ce qui montre le coefficient négatif du revenu initial par tête dans les estimations de croissance sur coupes transversales. Ces auteurs ont montré aussi que des réformes peuvent modifier transitoirement le taux de croissance, notamment pour les pays éloignés de leurs niveaux de revenu d'état régulier. Ils préconisent, par conséquent, de dépasser cette hypothèse dans les modèles calculables en s'intéressant au sentier de transition.

---

[26] Le chapitre 3 de cet ouvrage traitera les différents types de bouclage macroéconomique.

- ***La plupart des MEGC ne prennent pas en compte la sphère financière :***

La sphère financière n'est que très peu prise en compte dans les MEGC. Hérault (2003) a déclaré que "*devant les difficultés rencontrées pour incorporer les flux financiers, autres que les seuls investissements directs étrangers, les économistes se trouvent contraints de poser l'hypothèse de la non-mobilité des capitaux. Pourtant, cela paraît fort loin de la réalité et il serait très intéressant de voir en quoi les résultats seraient modifiés à la suite au relâchement de cette hypothèse.*"

Malgré toutes ces limites/ faiblesses, les MEGC restent les plus adéquats pour analyser d'une part, les impacts des politiques économiques, en particulier pour les PED où les séries longues sont manquantes ou non fiables, et d'autre part, ils permettent de donner une vue d'ensemble des canaux par lesquels passe la mise en œuvre d'une politique économique ou sociale.

Dans tous les cas, les résultats tirés de ces modèles doivent être pris avec vigilances, car, sans aucun doute, une même politique comme l'ALE avec l'UE et les pays méditerranéens n'aura pas les mêmes impacts sur l'économie marocaine, algérienne, tunisienne ou égyptienne si on change par exemple une forme fonctionnelle du modèle.

Chapitre 2. Écran comptable du modèle : La matrice de la comptabilité sociale

Le présent chapitre a pour objectif de définir, décrire et élaborer la matrice de la comptabilité sociale (MCS) marocaine de base 2003 (MCSMar03).

Son élaboration constitue une étape importante dans la constitution du MEGC appliqué ici à l'analyse de l'impact de l'accord d'association avec l'UE sur l'économie marocaine comme un exercice d'illustration dans cet ouvrage.

La MCSMar03 est une source des données du modèle, ne représentant que la sphère réelle de l'économie marocaine pour l'année comptable 2003.

La MCSMar03 est une matrice macroéconomique dont les données sont obtenues de la direction de la statistique (HCP-Maroc) et du Ministère de Commerce extérieur. Des modifications ont été portées à la matrice d'origine surtout au niveau de la désagrégation du secteur institutionnel du reste de monde, ce qui implique que la matrice de base (d'origine) est déséquilibrée, nécessitant le passage par l'étape de l'équilibrage de la matrice.

Ce présent chapitre a pour objectif de :

- Définir et déterminer les critères et les méthodes d'équilibrage d'une MCS ;
- Présenter une structure générale ou la présentation théorique de la MCS ;
- Déterminer les différentes étapes de la construction de la MCSMar03 adéquate à notre exemple d'application.

Section 1. MCS : définition, critères de détermination et méthodes d'équilibrage

C'est grâce aux travaux de Stone sur les comptes sociaux que la structure de la MCS s'est formée et développée par la suite, elle n'est plus considérée comme un simple tableau de Leontief relatif aux échanges interactivités, appelé aussi la matrice de comptabilité nationale (ou sociale) de Stone.[27]

Stone (1961) a constaté que la MCS a deux principaux objectifs. Le premier est d'organiser les informations concernant la structure économique et sociale d'un pays donné, et le second est d'analyser la manière dont

[27] Pour plus de détail sur l'évolution de la constitution de la MCS, voir Decaluwé et al. (2001).

l'économie fonctionne en vue de prédire les effets des mesures de politique économique.

1- Définition de la MCS

La MCS est une étape fondamentale dans la construction d'un MEGC, représentant sa source principale des données. Elle peut être définie comme une spécification linéaire multisectorielle qui retrace l'ensemble des relations et des flux réalisés dans un système économique pour une période déterminée (généralement une année).

Sur le plan comptable, la MCS se présente sous la forme d'un tableau carré à double entrée. Pour une période déterminée, elle enregistre les flux comptables (ou les transactions) des recettes et des dépenses de l'économie étudiée, tels que la production, le revenu et la demande. Autrement dit, la MCS englobe à la fois un tableau des ressources et emplois (TRE),[28] un tableau économique d'ensemble (TEE) et, éventuellement, un tableau des opérations financières (TOF). Ce dernier tableau peut être utilisé quand le modélisateur s'intéresse à inclure la sphère financière dans la construction de son MEGC. À cet effet, chaque catégorie de produit, des secteurs institutionnels et des branches d'activités correspondent à une entrée en ligne et en colonne, à savoir que :

- chaque ligne répertorie l'origine des ressources (indice *i*), et
- chaque colonne répertorie l'utilisation (les emplois) de ces ressources.

Les colonnes et les lignes de la MCS donnent un ensemble de comptes à partie double qui garantit l'identité comptable : *tout emploi d'une branche, d'un facteur de production ou d'un agent économique correspond à une ressource pour une autre branche, un autre facteur ou un autre agent et la somme des ressources étant égale pour chacun d'entre eux, comme pour l'économie nationale, à la somme des emplois.* Cette règle fondamentale implique que la MCS doit garantir une cohérence interne, i.e. le total des recettes de chaque compte doit être égal au total des dépenses et qui doit être vérifiée au niveau de chaque opération économique. Formellement, elle s'écrit comme suit :

$$\sum_j t_{kj} = \sum_i t_{ik}, \forall \text{ le compte k dans la MCS}$$

2- Intérêts et difficultés de la MCS

Les domaines d'analyse du MEGC sont devenus de plus en plus vastes et complexes,[29] mais grâce au progrès dans le domaine de la MCS, le travail de modélisateur est devenu relativement facile et faisable. Autrement dit, les analyses des politiques économiques et sociales sont devenues de plus en

---

[28] Appelé aussi dans l'ancien système de la comptabilité nationale le tableau entrées-sorties (TES).

[29] Comme illustrés dans le chapitre précédent.

plus tolérables par les modélisateurs, en particulier pour le cas des PED. Parallèlement, sa construction est entravée par un certain nombre de problèmes/ difficultés et des limites.

a. Intérêts liés à la construction d'une MCS

La construction de la MCS n'est pas une fin en soi. Elle est construite pour répondre à plusieurs objectifs dont notamment au moins trois objectifs apparaissent plus importants.

⇒ ***Objectif 1. La MCS forme un système reliant les différents comptes de l'économie :***

La MCS permet de décrire et de synthétiser les transactions qui ont lieu, durant une période donnée, entre les SI et les institutions économiques à l'échelle des facteurs de production, des biens et services et des actifs réels ou financiers. Une telle description permet d'avoir une vue plus concrète de circuits économiques d'un pays ou d'une région, et de connaître avec précision les éléments constitutifs des agrégats macroéconomiques et/ou microéconomiques.

⇒ ***Objectif 2. La MCS est la base de l'opération de calibrage du modèle :***

La MCS, une fois construite, sert de base des données surtout pour les MEGC pour analyser les effets des politiques économiques et sociales. Sur cette base, certains paramètres et valeurs du modèle sont calibrés, puisque l'opération de la calibration n'est rien d'autre que la production de mêmes valeurs de la MCS c'est-à-dire la production de la situation de référence.

La MCS permet de calculer des multiplicateurs d'impact qui donnent, dans une hypothèse de fixité des prix, l'effet de certains chocs exogènes sur les niveaux des recettes et des dépenses sectorielles et globales.

⇒ ***Objectif 3. La MCS est considérée comme une géométrie variable :***

La MCS est souple dans le sens où elle autorise la désagrégation de ses comptes selon le besoin du modélisateur, comme la désagrégation des comptes de facteurs de production ou des SI ou des activités de production[30]. Autrement dit, l'objet de l'étude détermine la forme et la structure de la MCS. À titre d'exemple, l'analyse des effets de la politique de la libéralisation sur la redistribution des revenus et la pauvreté, nécessitant une MCS désagrégée au niveau des ménages ou l'analyse de cette même politique sur l'emploi, ce qui sollicite, par exemple, la désagrégation de facteur travail.

b. Difficultés liées à la construction d'une MCS

---

[30] Dans notre exemple, on a désagrégé le compte de reste du monde.

La construction d'une MCS pose plusieurs difficultés qui sont classées généralement en deux catégories, à savoir :

- ***Le premier est relatif à sa conception de façon à répondre aux problématiques posées :***

Le niveau du détail à retenir (la désagrégation) dans la MCS ne peut être déterminé que par une analyse suffisamment poussée du contexte institutionnel, économique et social du pays, i.e. le modélisateur doit décider des facteurs de production à retenir ou les SI à considérer et/ou les branches de production à garder.

Dans la plupart des cas, la construction de la MCS pose un problème au niveau de la désagrégation des facteurs de production surtout pour les PED suite à la rareté des données et/ou l'insuffisance des informations disponibles. Par exemple, il est difficile de désagréger le facteur travail en catégories qualifié et non qualifié ou en milieu de résidence ou en branches d'activités ; ou bien désagréger le facteur capital par type comme l'énergie, l'eau, la terre ou généralement les ressources naturelles renouvelables et non renouvelables.

- ***Le second est relatif au remplissage de la MCS :***

Le remplissage d'une MCS est une étape essentielle et délicate, du fait qu'il sollicite l'utilisation de plusieurs sources des données parfois non cohérentes et non homogènes. Il s'agit, alors, d'une collecte de données dont l'effort dépend de la circulation de l'information et de l'état d'avancement des statistiques dans un pays.

Généralement, la construction de la MCS pose le problème de sa cohérence interne, ce qui nécessite son ajustement qui se fait souvent par deux méthodes : la méthode RAS (Schubert, 1993) et la méthode d'Entropie Croisée (Haykel, 2004) ; Dubé et Dupéré, 2004).

Pour le cas du Maroc, plusieurs sources de données sont sollicitées, à savoir les données provenant de la Direction de Statistique, des départements des Ministères de l'Économie et des Finances et du Commerce extérieur, de l'Agriculture, de l'Office des Changes et du Bank Al Maghreb. Il est nécessaire, d'une part, de remplir la MCS avec vigilance afin que son utilisation soit efficace et donne des résultats fiables et d'autre part, de rééquilibrer la MCS élaborée par le modélisateur lui-même pour résoudre le problème de l'incohérence interne.

3- Méthodes d'équilibrage de la matrice de la comptabilité sociale

Dans le cas d'incohérence interne de la MCS, le modélisateur doit utiliser une méthode d'équilibrage qui offre la possibilité de résoudre ce genre de problème. Parmi les meilleures méthodes, il y a la méthode RAS et la méthode d'Entropie-Croisée.

a- Présentation théorique de la méthode RAS

La méthode RAS est une méthode d'inférence statistique, développée initialement par Richard Stone en 1961. Cette méthode est largement utilisée pour équilibrer la MCS lorsqu'il y a *des divergences entre les différentes sources de données utilisées* (Bahan et al., 2003).

Pour utiliser la méthode RAS (voir la section a de **l'annexe** 3), il suffit de "*spécifier des totaux de contrôle pour chaque ligne et colonne de la matrice à équilibrer. Ensuite, par itération, les valeurs à l'intérieur de la matrice sont ajustées proportionnellement jusqu'à ce que l'égalité entre la somme des lignes et des colonnes de la matrice et les totaux de contrôle spécifiés soit obtenue ; la convergence est, donc, assurée*"(Benabdallah et Bouamghar, 2005). L'avantage de cette méthode est qu'elle est *simple et qu'elle requiert peu d'information c'est-à-dire si les totaux de contrôle sont cohérents, la convergence est assurée.*[31]

Dans certains cas, la convergence vers l'équilibre n'est pas assurée, i.e. la méthode RAS ne peut pas donner des résultats satisfaisants et l'information supplémentaire disponible permet d'établir des contraintes sur les valeurs internes de la matrice à équilibrer (Bahan et al., 2003). Dans ce cas, c'est mieux d'utiliser la méthode minimisation de l'apport d'information ou la méthode d'entropie croisée (El-Said et Robinson, 2000 ; Salem, 2004 ; Dubé et Dupéré, 2004).

b- Présentation théorique de la méthode d'Entropie-Croisée

La méthode d'«Entropie-Croisée» est basée sur la théorie de l'information (voir la section b de l'annexe 3), développée notamment par Shannon (1948), Shannon et Weaver (1975) et Theil (1967 ; 1971).

La technique d'Entropie-Croisée consiste à résoudre les problèmes sous déterminés, utilisant seulement toutes les informations disponibles du problème correspondant c'est-à-dire que la procédure d'estimation ne doit ni ignorer les informations disponibles ni ajouter de fausses informations. Cette méthode peut ajouter plusieurs contraintes et même de fixer certaines valeurs de la matrice initiale. Mais, plus le nombre de contraintes est élevé, plus le processus de convergence risque d'être long, c'est la limite principale de son utilisation.

L'étape de la construction de la MCS est une étape importante, et en même temps délicate pour les modélisateurs. Elle nécessite une attention particulière pour la rendre plus pratique et reflète réellement l'état économique d'un pays ou d'une région. Pour cette raison, il est nécessaire que le modélisateur doive maîtriser l'une des méthodes d'équilibrage de la

[31] Pour un exemple illustratif, voir Benabdallah et Boumghar (2005).

MCS pour garder sa cohérence interne, et pour rester fidèle aux informations et aux données collectées.

Section 2. Architecture générale de la MCSMar03

Le principe de la MCS est relativement simple. Il s'agit d'un tableau carré, enregistrant les flux comptables de recettes et dépenses d'une économie à une période donnée. Les recettes sont enregistrées en ligne et les dépenses en colonnes. Le flux comptable non nul, élément général de la MCS, se trouve à l'intersection d'une ligne et d'une colonne (Decaluwé et al., 2001).

La MCS est constituée généralement de quatre principaux comptes : *le compte de production, le compte de consommation, le compte d'accumulation et le compte d'échanges*. Ils sont présentés sous une forme matricielle.

Quant à la structure de la MCS, elle dépend d'une grande mesure de la problématique proposée par le modélisateur et la disponibilité des données statistiques. À cet effet, il existe plusieurs formes de MCS selon le besoin des chercheurs (ses), mais, en général, elles ont des formes communes.

1- Critères de détermination de la structure d'une MCS

La structure d'une MCS est déterminée par le projet de recherche théorique et empirique, ainsi par la disponibilité des données statistiques. Il existe, en général, deux types de matrices : MCS macroéconomique et MCS microéconomique qui peuvent être établis à l'échelle régionale ou à l'échelle nationale ou autres.

a- Projet théorique et empirique du modélisateur

Decaluwé et Grais (1983) ont défendu l'idée que le critère fondamental de la désagrégation de la MCS dépend de besoins de modélisation en équilibre général, *si un produit ou facteur est transigé à des prix différents*, par exemple, *"dans des marchés différents, il y a lieu d'ouvrir autant de comptes qu'il y a de marchés"* (Decaluwé et al., 2001).

Le nombre des comptes de la MCS est lié au choix de sa désagrégation des comptes, à la problématique traitée par le modélisateur et/ou aux caractéristiques de l'économie étudiée.

b- Disponibilité des données statistiques et méthodes de leurs traitements

Il y a plusieurs sources des données pour l'élaboration d'une MCS, dont celles qui sont relatives aux comptes et tableaux suivants.

☞ *Comptes nationaux* : ils donnent les principaux agrégats de l'économie étudiée, tels que : le PIB, la consommation privée, la consommation publique, l'investissement, les importations et les exportations ;

☞ *Tableaux des échanges interindustriels* (ou TES) : ils offrent le détail des relations d'achats et de ventes entre les branches d'activités et ventilent le PIB entre les valeurs ajoutées de ces branches ;

☞ *Enquêtes* : Elles peuvent être sur la consommation et les dépenses des ménages. Elles constituent la source principale pour la ventilation de la dépense privée (comme les dépenses des ménages) entre différentes catégories de ménages ;

☞ *Autres comptes publics ou privés* : ils peuvent être des comptes de l'administration centrale comme la banque centrale, les offices et les ministères ou des comptes des associations et des organismes nationaux et internationaux.

2- Architecture générale de la MCSMar03

La MCSMar03 nécessaire pour la construction du MEGC comme un exercice d'application dans cet ouvrage est une matrice qui représente l'économie réelle et ouverte, celle du Maroc sur la base des données 2003. Ainsi donc, elle est une matrice qui n'enregistre que les flux réels (la sphère financière n'est pas tenue en compte) et les flux des échanges extérieurs avec l'UE et le RdM.

Tableau 2. Architecture générale de la MCSMar03

Recettes →		Facteurs		Agents Economiques					Branches d'activités	Produits composites	Produits exportés	Acc.	Total
Dépenses ↓		MO	Capital	Mén.	Ent.	Etat	UE15	RDM	S1 … Sn	Pdc1 … Pdcn	Pdx1 … Pdxn		
Fac.	MO								SM1				Salaire
	Capital												Revenu du capital
Agents économiques	Mén.												Revenu des agents économiques
	Ent.				SM3								
	Etat		SM2						SM4	SM5			
	UE15												Paiements des échanges extérieurs
	RDM												
Branches d'activités	S1 . . Sn									SM6	SM7		Production au Coût des facteurs (CF)
Produits composites	Pdc1 . . Pdcn				SM8				SM9			SM10	Utilisations des biens
Produits exportés	Pdx1 . . Pdxn						SM11						Exportations
Accumulation						SM12							Epargne nationale et étrangère
Total		Salaires versés à l'économie	Revenus du capital payés à l'économie	Dépenses courantes des agents économiques, épargnes comprises			Recettes des échanges extérieurs		Prot. au CF	Res. au PM	Ex. aux prix FOB	Invt.	

Source : Élaborer par l'auteure

La lecture matricielle de la MCSMar03 se présente de la manière suivante :

♦ ***La sous-matrice de la rémunération des facteurs de production est une intersection (une relation mutuelle) entre les facteurs de production et les branches d'activités :***

SM1 = [lignes (MO, K), colonnes (branches d'activités {S1,...,Sn})]

Cette sous-matrice présente la rémunération des facteurs de production qui sont utilisés dans les branches d'activités, notamment le facteur travail (MO) et le facteur capital (K).

Les variables d'ajustements et de régulation sur les marchés des facteurs sont les salaires et les taux d'intérêt. Leurs rôles de régulateur doivent tenir compte d'un certain nombre d'hypothèses relatives notamment aux comportements des demandeurs et des offreurs.[32]

♦ ***La sous-matrice des revenus des SI est une intersection entre les SI et les facteurs de production :***

SM2 = [lignes (SI), colonnes (facteurs de production)]

Cette sous-matrice présente la distribution de la rémunération des facteurs de production :

- Le salaire payé aux ménages et/ou aux résidents à l'étranger comme une rémunération de leurs forces du travail en tant que salariés dans le secteur privé ou fonctionnaires dans les secteurs publics ou semi-publics ou autres ;
- le revenu de capital payé aux ménages, aux entreprises, à l'État et/ou au reste du monde sous forme d'intérêts, dividendes, loyers ou autres.

♦ ***La sous-matrice des transferts entre SI et une relation réciproque entre les SI :***

SM3=[lignes (SI), colonnes (SI)]

Cette sous-matrice enregistre l'ensemble des opérations des transferts effectuées entre les SI au titre de l'année comptable 2003, à savoir :

- Les transferts nets versés par l'État aux ménages, aux entreprises et au reste du monde sous forme des aides et des allocations familiales, des cotisations salariales, des paiements des dettes ou toutes autres formes ;
- Les transferts interménages (les dons ou autres) ou interétatiques (les subventions accordées par le gouvernement aux collectivités locales ou entreprises publiques ou semi-publiques ou autres) ;
- Les transferts versés par les entreprises et les ménages à l'État et/ou au RdM qui sont constitués principalement par les impôts directs (l'IS et l'IR), des dividendes, des intérêts, etc. ;
- Les transferts versés par le reste du monde (RdM) aux ménages, aux entreprises et à l'État sous formes généralement des aides et dons.

[32] On va revenir à ce point lors de la présentation des formes fonctionnelles du modèle.

♦ ***La sous-matrice des impôts indirects est une intersection entre l'administration publique (État) et les branches d'activités :***

SM4 = [lignes (État), colonnes (branches d'activités (S1,…,Sn})]

Cette sous-matrice contient généralement les impôts indirects payés par chaque branche d'activité à l'État. Ces impôts sont constitués principalement de la taxe sur la valeur ajoutée, mais ils sont portés nets des subventions versées par l'État à ces branches.

♦ ***La sous-matrice des importations est une intersection entre les branches d'activités et les SI concernés par l'échange extérieur :***

SM5 = [lignes (État, RdM), colonnes (produits composites {Pdc1,…,Pdcn})]

Cette sous-matrice enregistre les importations des biens et services en provenance du RdM plus les droits et taxes qui leur sont imposés. Il faut bien souligner que les variables d'ajustement sur ce marché extérieur seront les prix réels adéquats à chaque branche d'activité.[33]

♦ ***La sous-matrice de la production des biens et services vendue sur le marché intérieur est une intersection entre les branches d'activités et celles concernées par les échanges extérieurs :***

SM6 = [lignes (branches d'activités {S1,…, Sn}), colonnes (produis composites {Pdc1,…, Pdcn})]

Cette sous-matrice présente la production des différentes branches d'activités vendue sur le marché domestique. Elle correspond à la différence entre la production nationale et les exportations.

♦ ***La sous-matrice des exportations est une relation croisée entre les mêmes branches d'activités concernées par les échanges extérieurs :***

SM7 = [lignes (Produits exportés {Pdx1,…, Pdxn}), colonnes (produits exportés {Pdx1,…, Pdxn})]

Cette sous-matrice présente la production des biens et services écoulée sur le marché extérieur. Dans cet exercice d'illustration, le marché extérieur représente le marché de l'Union européen et/ou le marché du RdM selon la nature des produits exportés.

♦ ***La sous-matrice de la consommation finale est une intersection entre les produits concernés par le commerce international et les SI (ménages et État) :***

SM8 = [lignes (produis composites {Pdc1,…, Pdcn}), colonnes (ménages, État)]

Cette sous-matrice présente la composante la plus importante de la demande finale des ménages et des dépenses publiques, à savoir : les achats effectués par les ménages pour satisfaire leurs besoins de consommation et les dépenses publiques.

---

[33] On va revenir à ce point lors de la détermination des formes fonctionnelles des échanges extérieurs.

♦ ***La sous-matrice de la consommation intermédiaire est une relation intersectorielle de l'ensemble des branches d'activités :***

SM9 = [lignes (produis composites {Pdc1,..., Pdcn}), colonnes (branches d'activités {S1,..., Sn})]

Cette sous-matrice enregistre l'utilisation de chaque produit composite vendu sur le marché intérieur en tant que consommation intermédiaire.

♦ ***La sous-matrice de l'accumulation est une relation d'accumulation entre les branches d'activités et la formation brute du capital (FBC) :***

SM10 = [lignes (produis composites {Pdc1,..., Pdcn}), colonnes (accumulation)]

Cette sous-matrice définit l'ensemble des composantes de la formation de capital et la variation des stocks, donnant, par la suite, le total de l'investissement de la nation.

♦ ***La sous-matrice des exportations est une intersection entre les produits concernés par l'exportation et le SI de RdM :***

SM11 = [lignes (produis exportés {Pdx1,..., Pdxn}), colonnes (RdM)]

Cette sous-matrice n'est rien d'autre que la contrepartie de la sous-matrice SM7.

♦ ***La sous-matrice des épargnes est intersection entre les produits concernés par l'échange extérieur et la FBC :***

SM12 = [lignes (produis composites {Pdc1,..., Pdcn}), colonnes (accumulation)]

Cette sous-matrice présente le détail de la structure de l'épargne globale, i.e. les différentes composantes de l'épargne : l'épargne des ménages, l'épargne des entreprises (profits non distribués après imposition) et l'épargne de l'État (le solde compte courant), ajoutant aussi le solde du compte courant de la balance des paiements extérieurs. De ce fait, les deux sous-matrices SM10 et SM12 analysent la situation de marché d'épargne et d'investissements dont les variables d'ajustements sont les prix réels.

➔*Ceci termine la lecture globale de l'architecture de la MCS marocaine base 2003 qui sera la source des données pour le modèle présenté dans cet ouvrage.*

La structure de la MCS présentée ci-dessus est de nature macroéconomique. Cependant, elle n'ajoute *aucune "information supplémentaire nécessaire à la réalisation de l'équilibre général, mais elle permet de passer de l'équilibre en prix relatifs à un équilibre général en terme nominal" (*Alain Zantman, 1995). Elle est comme un système qui *"prends une autre signification lorsque les contraintes d'équilibres sont formulées au niveau macroéconomique (égalité de l'épargne et de l'investissement dans une économie fermée, ou équilibre de la balance des* *paiements dans une économie ouverte), et non plus microéconomique (égalité de l'offre et de la demande sur chaque marché)."*

Section 3. Sources des données de la MCSMar03

La MCS utilisée dans cet exercice d'application ne présente que la sphère réelle de l'économie marocaine ouverte sur l'extérieur. Elle présente ainsi les transactions courantes sur les produits en excluant les transactions financières.

La disponibilité des données pour l'année 2003, l'existence d'un TES marocain pour la même année et l'ancienneté du TES 1990 estimé par le centre de développement de l'organisation de coopération et de développement économique (OCDE) justifie le choix pour l'année 2003 comme année de base pour la construction d'une MCS pour l'économie marocaine.

Cependant, la diversité des sources de données utilisées exige des efforts de la part du modélisateur spécialement en matière de traitement des données pour adapter la matrice initiale[34] (la matrice construite à partir des données de la Direction de Statistique, HCP, Maroc) aux hypothèses maintenues à l'étape 1 de la construction du MEGC.

Pour faciliter la lecture de la MCSMar03, il faut noter que tout nombre écrit en caractères **gras** dans le texte apparaît dans cette matrice soit comme un total de ligne et de la colonne correspondante soit à l'intersection d'une ligne (i) et d'une colonne (j), (une cellule a_{ij})

1- Comptes de la MCSMar03

La MCSMar03 est une matrice d'observation élaborée selon les nomenclatures utilisées dans la production des comptes nationaux de base 2003 et selon le système de comptabilité nationale de 1993 (SCN 1993). Elle comporte quatre-vingt-dix-sept (97) comptes en lignes et quatre-vingt-dix-sept (97) comptes en colonnes. Avant de présenter ses différents comptes, il est très utile de présenter d'une manière agrégée la MCS initiale.

[34] La matrice de la comptabilité sociale 2003 est téléchargeable sur le site officiel de HCP-Maroc. www.hcp.ma

Tableau 3. MCS agrégée sous la base des données 2003, en millions de DH

		Facteurs		Agents économiques				Branches d'activités	Produits destinés au marché local	Produits exportés	Accum	Total-ligne
		MO	Cap.	Mén.	Ent.	Etat	RDM					
Facteurs	MO							153882				**153882**
	Cap.							269923				**269923**
Agents économiques	Mén.	153803	163620	6982	21658	19907	39242					**405212**
	Ent.	0	90229	15344	25366	14345	3955					**149239**
	Etat	0	1583	43690	26991	6758	2316	3756	49460			**134554**
	RDM	79	14491	704	203	563			149155			**165195**
Branches d'activités									613758	134920		**748678**
Produits destinés au marché local				273501		86470		321117			131285	**812373**
Produits exportés							134920					**134920**
Accum				64991	75021	6511	-15238					**131285**
Total-colonne		**153882**	**269923**	**405212**	**149239**	**134554**	**165195**	**748678**	**812373**	**134920**	**131285**	

Source : Élaborer à partir des données de la Direction de la Statistique (HCP-Maroc), MCS 2003

Le travail du modélisateur consiste dans cette étape à développer une matrice susceptible de répondre à la problématique de son MEGC. À cet effet, puisque l'objectif de l'exercice d'application consiste à évaluer l'impact de l'accord de libre-échange sur l'économie marocaine, il est souhaitable de désagréger le compte du reste de monde et le compte des branches d'activités pour obtenir la MCSMas03.

Les comptes de la MCSMar03 sont les suivants :

- ***Les comptes des facteurs de production (numérotés de 1 à 2) :***
  1. Travail ;
  2. Capital.
- ***Les comptes des SI ou des institutions (numérotés de 3 à 7) :***
  3. Ménages ;
  4. Entreprises ;
  5. État ;
  6. Les 15 pays de l'Union européenne ou RUE15
  7. Le reste de l'UE, ce compte représente les échanges extérieurs avec les pays hors les 15 pays de l'UE.

♦ ***Les comptes des branches d'activités (numérotés de 8 à 38)***

Le MEGC construit ici a pour objectif d'analyser l'impact de l'accord d'association sur l'économie marocaine, notamment son impact sur la production des branches d'activités, c'est la raison pour laquelle la MCSMar03 a été désagrégée en 31 comptes.

Tableau 4. Liste des produits ou des branches d'activités de la MCSMar03

Code la nomenclature de la comptabilité nationale (NCN)		**Notations**
A00	Agriculture, sylviculture, chasse, exploitation forestière	AGRI
B05	Pêche, aquaculture	PECHE
C00	Extractions	EXTRA
D15	Industrie alimentaire	INALIM
D16	Industrie du tabac	INTAB
D17+D18	Industrie textile et industrie de l'habillement et des fourrures	INTEB
D19	Industrie du cuir et de la chaussure	INCUIR
D20	Travail du bois et fabrication d'articles en bois	FBOIS
D21	Industrie du papier et du carton	INPAC
D22	Edition, imprimerie et reproduction	IMPRIM
D23	Raffinage de pétrole et autres produits d'énergie	RAFFI
D24	Industrie chimique	INCHIM
D25	Industrie du caoutchouc et des plastiques	INCAOPL
D26	Fabrication d'autres produits minéraux non métalliques	FPNMET
D27	Métallurgie	METALLU
D28	Travail des métaux	TMET
D29	Fabrication de machines et d'équipements	FMACH
D30+D31+ D32+D33	Fabrication de machines de bureau et informatique, fabrication d'équipements de radio, télévision et fabrication d'instruments médicaux, de précision	FABMEI
D34	Industrie automobile	IAUT
D35	Fabrication d'autres matériels de transport	FAMTR
D36+D37	Fabrication de meubles. industries diverses	FMIDI
E00	Production et distribution d'électricité, d'eau	PDEE
F45	Construction	CONST
G00	Commerce et réparation	COREP
H55	Hôtels et restaurants	HTLRES
I01+I02	Transports postes et télécommunications	TPTT
J00	Activités financières et assurances	ACFA
K00	Immobilier, location et services rendus aux entreprises	IMLSRE
L75	Administration publique générale et sécurité sociale	APGSS
MN0	Éducation, santé et action sociale	ESAS
OP0	Autres services non financiers	ASNF

Source : Élaborer par l'auteure

♦ ***Les comptes des produits composites (numérotés de 39 à 69) :***
Ils sont constitués de 31 secteurs ou branches d'activités.

♦ ***Les comptes des produits exportés (numérotés de 70 à 96) :***
Ils sont constitués de 27 secteurs ou branches d'activités qui représentent l'ensemble des branches d'activités moins les branches d'activités non destinées à l'exportation, à savoir :

- CONST : la construction ;
- COREP : le commerce et la réparation ;
- APGSS : l'administration publique générale et sécurité ;
- ESAS : l'éducation, santé et action sociale.

♦ ***Les comptes d'accumulation (numéroté 97) :***
- Accumulation (épargne, investissement)

2- Étapes de traitement des données

Pour passer d'une matrice initiale basée sur les données provenant de la Direction de la Statistique (HCP-Maroc) à la MCSMar03, un certain nombre de calculs et des traitements des données ont été faits :

♦ ***Au niveau de la valeur ajoutée des branches d'activités :***
Dans la construction de la MCSMar03, la branche fictive a été disparue des données du facteur capital. Pour cette raison, il a été nécessaire de calculer les données du facteur capital en incluant la branche fictive, afin d'éviter une surestimation du PIB au coût des facteurs.

Il faut noter que le secteur de l'administration publique générale et sécurité (APGS) est supposé n'utiliser que le facteur travail où l'État est le seul producteur et le seul offreur de ce service. Donc, la branche APGSS est non concernée par la branche fictive.

Tableau 5. Facteur travail et facteur capital, en millions de DH

	(1) Facteur Travail LD0 (intersection des lignes de 9 à 42)	**(2) Facteur capital KD0**	**(3) Branche fictive UF0**	**(4) =(2)/ total du revenu capital (en%)**	**(5)= (3) x (4)**	**(2)+(5) Kd0 (intersection des lignes de à 42)**
AGRI	**4479**	64274	-16128	22,47%	-3624	**60650**
PECHE	**2172**	2893		1,01%	-163	**2730**
EXTRA	**2132**	4915		1,72%	-277	**4638**
INALIM	**4764**	11321		3,96%	-638	**10683**
INTAB	**403**	1012		0,35%	-57	**955**
INTEB	**6792**	8285		2,90%	-467	**7818**
INCUIR	**609**	967		0,34%	-55	**912**
FBOIS	**474**	565		0,20%	-32	**533**
INPAC	**639**	826		0,29%	-47	**779**
IMPRIM	**528**	581		0,20%	-33	**548**

RAFFI	**279**	209		0,07%	-12	**197**
NCHIM	**3959**	3564		1,25%	-201	**3363**
NCAOPL	**620**	342		0,12%	-19	**323**
'PNMET	**1519**	4390		1,53%	-248	**4142**
ETALLU	**515**	3821		1,34%	-215	**3606**
TMET	**1610**	2566		0,90%	-145	**2421**
'MACH	**463**	206		0,07%	-12	**194**
'ABMEI	**2110**	4152		1,45%	-234	**3918**
IAUT	**599**	743		0,26%	-42	**701**
'AMTR	**158**	136		0,05%	-8	**128**
FMIDI	**650**	2596		0,91%	-146	**2450**
PDEE	**3570**	9421		3,29%	-531	**8890**
CONST	**6592**	17460		6,10%	-984	**16476**
COREP	**11979**	40284		14,08%	-2271	**38013**
TLRES	**2244**	7585		2,65%	-428	**7157**
TPTT	**9215**	21348		7,46%	-1204	**20144**
ACFA	**6967**	15106		5,28%	-852	**14254**
MLSRE	**4353**	44793		15,66%	-2525	**42268**
APGSS	**36489**					**0**
ESAS	**34939**	6691		2,34%	-377	**6314**
ASNF	**2060**	4999		1,75%	-282	**4717**
Total	**153882**	286051		100,00%	-16128	**269923**

Source : Élaborer à partir des données de la MCS de 2003, HCP-Maroc.

♦ ***Au niveau de revenus et des transferts des SI :***

Pour le compte du RdM, il est supposé que les transferts soient totalement versés à l'UE à 15 pays et reçus d'eux, du fait que ceux liés aux autres pays (hors les pays de l'UE à 15 pays) sont négligeables.

Tableau 6. Ressources et emplois de l'UE15, en millions de DH

		LD0	**KD0**	**Mén.**	**Ent.**	**État**	**Total**	
Ressources du RdM								
Revenu de la propriété	**Dividendes**		4799				4799	14491
	Revenus tirés des quasi-sociétés		16				16	
	Intérêts		6217			0	6217	
	Revenus étrangers réinvestis		77				77	
	Loyers nets des terres et redevances		3382				3382	
	Cotisations effectives à charge des employeurs	79					79	

	Autres transferts courants			704	203	563	1470	
Total des ressources autres que les importations		**79**	**14491**	**704**	**203**	**563**	**16040**	
Emploi du RdM								
Revenu de la propriété	**Dividendes**				102		102	
	Revenus tirés des quasi-sociétés				2		2	4533
	Intérêts				3212	234	3446	
	Revenus étrangers réinvestis				243	740	983	
	Prestations sociales			3597			3597	
	Autres transferts courants			35645	396	1342	37383	
Total des emplois autres que les importations		----	----	**39242**	**3955**	**2316**	**45513**	

Source : Élaborer à partir des données de la MCS de 2003, HCP-Maroc.

Quant aux autres comptes des revenus et des transferts des autres SI (ménages, entreprises et État), aucun calcul n'a été fait à l'exception de certaines modifications apportées à quelques données (voir les tableaux de 7 à 9).

☞ Le revenu et les transferts versés ou reçus des ménages :

Tableau 7. Ressources et emplois des ménages, en millions de DH

	LD0	KD0	Mén.	Ent.	État	Total
Ressources des ménages						
Revenu généré brut	153 803(*)	163620				317 42
Dividendes				1671		1 671
Intérêts				882	584	1 466
Revenus de la propriété attribués aux assurés				2568		2 568
Loyers nets des terres et redevances			834	414	2	1 250
Prestations sociales				6966	16214	23 18
Autres transferts courants			6148	8182	3107	17 43
Ajustement p.var.drt.mén.F.pen				975		
Total des ressources	**153 803**	**163 620**	**6 982**	**21 658**	**19 907**	**364 99**
Emploi des ménages						
Intérêts				6355		6355
Loyers nets des terres et redevances			834			834
Impôts courants sur le revenu					20167	20167
Cotisations effectives à charge des employeurs				4452	20526	24978
Contributions sociales imputées				1938	2680	4618

Autres transferts courants			6148	2599	317	9768
Total des emplois	----	----	**6982**	**15344**	**43690**	**66720**

(*) La rémunération salariale des ménages est obtenue en soustrayant de la somme de la rémunération de l'économie nationale (153882) celle du RdM (79).

Source : Élaborer à partir des données de la MCS de 2003, HCP-Maroc.

☞ Le revenu et les transferts versés ou reçus des entreprises :

Tableau 8. Ressources et emplois des entreprises, en millions de DH

	LD0	KD0	Mén.	Ent.	État	Total
Ressources des entreprises						
EBE		90229(2)				101413(1)
Dividendes				7139		7 139
Intérêts			6355	15084	14221	35 660
Revenus de la propriété attribués aux assurés				482		482
Loyers nets des terres et redevances				51		51
Cotisations sociales			6390			6 390
Autres transferts courants			2599	2610	124	5 333
Total des ressources		**90 229**	**15 344**	**25 366**	**14 345**	**156 468**
Emploi des entreprises						
Dividendes			1671	7139	1859	**10669**
Revenus tirés des quasi-sociétés					2579	**2579**
Intérêts			882	15084	4363	**20329**
Revenus de la propriété attribués aux assurés			2568	482		**3050**
Loyers nets des terres et redevances			414	51	732	**1197**
Impôts courants sur le revenu					13975	**13975**
Prestations sociales			6966			**6966**
Autres transferts courants			8182	2610	3483	**14275**
Utilisation du revenu			975			
Total des emplois	----	----	**21658**	**25366**	**26991**	**73040**

(1) le revenu du capital des entreprises est corrigé d'ajustement SIFIM afin d'éviter la surestimation d'EBE.

(2) Le revenu du capital des entreprises est obtenu en soustrayant du revenu total des entreprises (101413), le revenu du capital versé à l'UE15 (11184).

Source : Élaborer à partir des données de la MCS de 2003, HCP-Maroc.

☞ Le revenu et les transferts versés ou reçus de l'État :

Tableau 9. Ressources et emplois de l'État, en millions de DH

	LD0	KD0	Mén.	Ent.	État	Total
Ressources de l'État						
Revenu généré brut		1583(*)				4890
Dividendes				1859		1 859
Revenus tirés des quasi-sociétés				2579		2 579
Intérêts				4363	211	4 574
Loyers nets des terres et redevances				732		732
Impôts courants sur le revenu			20167	13975		34 142
cotisations sociales			23206			23 206
Autres transferts courants			317	3483	6547	10 347
Total des ressources		**1 583**	**43 690**	**26 991**	**6 758**	**82 329**
Emploi de l'État						
Intérêts			584	14221	211	**15016**
Loyers nets des terres et redevances			2			**2**
Prestations sociales			13534			**13534**
Prestations d'assurance directe des employeurs			2680			**2680**
Autres transferts courants			3107	124	6547	**9778**
Total des emplois	---	---	**19907**	**14345**	**6758**	**41010**
(*) le revenu du capital de l'État est obtenu en soustrayant du revenu total de l'État (4890) le revenu du capital versé à l'UE15 (3307).						

Source : Élaborer à partir des données de la MCS de 2003, HCP-Maroc.

♦ ***Au niveau des dépenses des ménages et de l'État :***

Dans la construction de la MCSMar03, la consommation finale des ménages a été corrigée pour faire disparaître la correction territoriale dont son montant a été ventilé entre les différents produits composites. Par contre, aucun calcul n'a été fait pour la consommation publique.

Tableau 10. Consommation finale des ménages et de l'État, en millions de DH

	(1) Consommation de l'État	(2) Consommation des Ménages CM0	(3) TR0	(4) = (2)/Total de la CM0 en %	(5)= (3)x(4)	CM0= (2)+(5
AGRI	**1217**	46458	-26752	15,47%	-4139	**42319**
PECHE	**0**	3031		1,01%	-270	**2761**
EXTRA	**0**	259		0,09%	-23	**236**
INALIM	**0**	70189		23,38%	-6254	**63935**
INTAB	**0**	8566		2,85%	-763	**7803**
INTEB	**0**	15209		5,07%	-1355	**13854**
INCUIR	**0**	3332		1,11%	-297	**3035**
FBOIS	**0**	144		0,05%	-13	**131**
INPAC	**0**	626		0,21%	-56	**570**
IMPRIM	**0**	2174		0,72%	-194	**1980**
RAFFI	**0**	11738		3,91%	-1046	**10692**

INCHIM	**639**	12687		4,23%	-1130	**11557**
NCAOPL	**0**	575		0,19%	-51	**524**
FPNMET	**0**	1328		0,44%	-118	**1210**
IETALLU	**0**	0		0,00%	0	**0**
TMET	**0**	1197		0,40%	-107	**1090**
FMACH	**0**	691		0,23%	-62	**629**
FABMEI	**0**	5267		1,75%	-469	**4798**
IAUT	**0**	4572		1,52%	-407	**4165**
FAMTR	**0**	500		0,17%	-45	**455**
FMIDI	**0**	4749		1,58%	-423	**4326**
PDEE	**0**	8362		2,78%	-745	**7617**
CONST	**0**	2381		0,79%	-212	**2169**
COREP	**0**	2694		0,90%	-240	**2454**
HTLRES	**0**	16807		5,60%	-1497	**15310**
TPTT	**0**	25651		8,54%	-2285	**23366**
ACFA	**0**	2892		0,96%	-258	**2634**
IMLSRE	**0**	27057		9,01%	-2411	**24646**
APGSS	**49631**	1716		0,57%	-153	**1563**
ESAS	**34983**	9661		3,22%	-861	**8800**
ASNF	**0**	9740		3,24%	-868	**8872**
Total	**86 470**	300 253		100,00%	-26752	**273501**

Source : Élaborer à partir des données de la MCS de 2003, HCP-Maroc.

♦ ***Au niveau des échanges extérieurs :***

Quant aux échanges extérieurs, deux étapes dans les calculs ont été faites :

Dans la première étape, les importations et les exportations du RdM sont corrigées, faisant disparaître la correction territoriale (TR0) des produits échangeables hors les services en la ventilant entre les différents produits exportés et importés. Ainsi, les résultats de cette correction sont reportés au tableau suivant.

Tableau 11. Correction des données agrégées des échanges extérieurs, en millions de DH

	Ex (1)	**M (2)**	**(3)=(1) /Total de l'Ex**	**(4)=(2) /Total de l'M**	**TR0 de l'Ex (5)= (31571) x(3)**	**TR0 de l'M (6)= (-5871) x(4)**	**Ex0 (7)= (1)+(5)**	**M0 (8)= (2)+(6)**
AGRI	5119	9192	6,1%	6,6%	1911	-390	**7030**	**8802**
PECHE	2114	58	2,5%	0,0%	789	-2	**2903**	**56**
EXTRA	4573	12654	5,4%	9,2%	1707	-537	**6280**	**12117**
INALIM	11074	6913	13,1%	5,0%	4134	-294	**15208**	**6619**
INTAB	3	501	0,0%	0,4%	1	-21	**4**	**480**
INTEX	28764	18657	34,0%	13,5%	10737	-792	**39501**	**17865**
INCUIR	2449	1276	2,9%	0,9%	914	-54	**3363**	**1222**

FBOIS	524	2114	0,6%	1,5%	196	-90	**720**	**2024**
INPAC	677	2451	0,8%	1,8%	253	-104	**930**	**2347**
IMPRIM	38	732	0,0%	0,5%	14	-31	**52**	**701**
RAFFI	1268	10814	1,5%	7,8%	473	-459	**1741**	**10355**
INCHIM	10847	14933	12,8%	10,8%	4049	-634	**14896**	**14299**
INCAOPL	343	3748	0,4%	2,7%	128	-159	**471**	**3589**
FPNMET	662	1420	0,8%	1,0%	247	-60	**909**	**1360**
METALLU	2081	7322	2,5%	5,3%	777	-311	**2858**	**7011**
TMET	408	2805	0,5%	2,0%	152	-119	**560**	**2686**
FMACH	232	13359	0,3%	9,7%	87	-567	**319**	**12792**
FMBINF	12007	16549	14,2%	12,0%	4482	-703	**16489**	**15846**
IAUT	492	6818	0,6%	4,9%	184	-290	**676**	**6528**
FAMTR	122	3736	0,1%	2,7%	46	-159	**168**	**3577**
FMIDI	526	1843	0,6%	1,3%	196	-78	**722**	**1765**
PDEE	258	357	0,3%	0,3%	96	-15	**354**	**342**
HTLRES	626	1446					**626**	**1446**
TPTT	11478	10955					**11478**	**10955**
ACFA	337	345					**337**	**345**
IMLSRE	6314	3825					**6314**	**3825**
ASNF	13	203					**13**	**203**
Total	103349	155026	100,00%	100,00%	31571	-5871	**134920**	**14915**

Source : Élaborer à partir des données de la MCS de 2003, HCP-Maroc.

Dans la deuxième étape 2, les données des échanges extérieurs sont désagrégées entre deux destinations : les 15 pays de l'UE (UE15) et le reste de l'UE (RUE). Ainsi, une fois on a corrigé les données des échanges extérieurs, on procède à leur désagrégation entre l'UE15 et le reste de l'UE.

Tableau 12. Désagrégation des données des échanges extérieurs, en millions de DH

	Ex (1)	**M (2)**	**Ex destinée**		**M en provenance**	
			à l'UE15	**au RUE15**	**de l'UE**	**du RUE15**
AGRI	7030	8802	**5280**	**1750**	**2987**	**5814**
PECHE	2903	56	**2625**	**278**	**47**	**8**
EXTRA	6280	12117	**2278**	**4002**	**535**	**11582**
INALIM	15208	6619	**9022**	**6186**	**2436**	**4183**
INTAB	4	480	**0**	**4**	**22**	**458**
INTEB	39501	17865	**37768**	**1732**	**15071**	**2794**
INCUIR	3363	1222	**3189**	**174**	**1000**	**222**
FBOIS	720	2024	**678**	**41**	**1273**	**751**
INPAC	930	2347	**446**	**483**	**1796**	**551**
IMPRIM	52	701	**35**	**17**	**580**	**121**
RAFFI	1741	10355	**690**	**1052**	**5446**	**4909**
INCHIM	14896	14299	**5536**	**9360**	**9562**	**4737**
INCAOPL	471	3589	**307**	**164**	**2661**	**928**
FPNMET	909	1360	**697**	**212**	**972**	**387**
METALLU	2858	7011	**1499**	**1359**	**4084**	**2928**
TMET	560	2686	**384**	**176**	**1978**	**707**

FMACH	319	12792	**207**	**111**	**10359**	**2432**
FABMEI	16489	15846	**15705**	**784**	**9402**	**6445**
IAUT	676	6528	**569**	**106**	**4331**	**2197**
FAMTR	168	3577	**77**	**90**	**1952**	**1625**
FMIDI	722	1765	**631**	**91**	**1257**	**507**
PDEE	354	342	**337**	**18**	**342**	**0**
CONST	626	1446	**0**	**0**	**0**	**0**
COREP	11478	10955	**0**	**0**	**0**	**0**
HTLRES	337	345	**0**	**0**	**0**	**0**
IMLSRE	6314	3825	**3946**	**2368**	**3148**	**677**
ASNF	13	203	**5**	**8**	**146**	**57**
Total	**134920**	**149155**	**91912**	**30567**	**81389**	**55020**
			122479		**136409**	

Source : Élaborer à partir des données de la MCS de 2003, HCP-Maroc.

♦ ***L'investissement :***

L'investissement en 2003 s'élève à 131285 millions de DH, représentant la somme de la formation brute du capital fixe et des variations des stocks. Il a été aussi ventilé entre les différents produits en respectant le principe comptable de la MCS puisque l'investissement est supposé être la variable d'ajustement de la MCSMar03.

Tableau 13. Ajustement de la MCSMar03 par l'investissement, en millions de DH

	Somme [1] CM+CG+DI (1)	**Somme [2] VA+ II/Prd+CI (2)**	**Ex (3)**	**Somme [3] (AII-Sub) +TDI+M (4)**	**D[4] (5)= (2)-(3)**	**Invest (6)= (5)+(4) -(1)**
AGRI	99 198	90251	7030	11215	**83 221**	**-4762**
PECHE	5 962	6750	2903	246	**3 847**	**-1870**
EXTRA	20 031	10947	6280	13242	**4 667**	**-2122**
INALIM	88 931	83145	15208	8982	**67 937**	**-12012**
INTAB	7 803	1878	4	5977	**1 874**	**48**
INTEB	36 565	42264	39501	20251	**2 763**	**-13551**
INCUIR	4 492	4239	3363	1771	**876**	**-1845**
FBOIS	5 661	3377	720	2293	**2 658**	**-710**
INPAC	8 370	5161	930	2550	**4 232**	**-1589**
IMPRIM	3 329	2488	52	750	**2 436**	**-143**
RAFFI	33 141	9922	1741	19580	**8 181**	**-5380**
INCHIM	32 504	21706	14896	16076	**6 810**	**-9617**
NCAOPL	8 042	4264	471	4105	**3 793**	**-144**
FPNMET	15 957	12783	909	1860	**11 874**	**-2223**
IETALLU	15 711	9220	2858	7516	**6 362**	**-1833**
TMET	10 287	11355	560	3217	**10 794**	**3724**
FMACH	5 228	2105	319	13475	**1 786**	**10032**
FABMEI	17 317	18338	16489	17204	**1 849**	**1737**
IAUT	7 108	4459	676	8260	**3 783**	**4936**
FAMTR	1 260	528	168	3701	**361**	**2802**

FMIDI	5 377	4876	722	2477	**4 153**	**1253**
PDEE	19 591	18223	354	1447	**17 869**	**-276**
CONST	2 976	59046		7155	**59 046**	**63225**
COREP	5 831	68070		643	**68 070**	**62882**
HTLRES	18 445	16510	626	3460	**15 884**	**900**
TPTT	34 977	49184	11478	15130	**37 706**	**17860**
ACFA	10 523	27905	337	1874	**27 568**	**18919**
IMLSRE	50 267	50770	6314	6564	**44 456**	**752**
APGSS	51 194	52990		52	**52 990**	**1848**
ESAS	44 216	44119		322	**44 119**	**225**
ASNF	10 794	8050	13	978	**8037**	**-1779**
Total	681 088	744 923	134 920	202 371	610 003	**131 286**

(1) c'est la somme de la consommation des ménages (CM), de la consommation de l'Éta
(CG) et de la demande intermédiaire (DI) ;
(2) c'est la somme de la valeur ajoutée (VA) et de la consommation intermédiaire (CI) ;
(3) c'est la somme des autres impôts sur les produits moins les subventions (AII-Sub), de
impôts sur les importations (TDI) et de l'importation (M) ;
(4) la production domestique (D).

Source : Élaborer à partir des données de la MCS de 2003, HCP-Maroc.

➔***Ceci termine les différents traitements ayant faits pour l'élaboration de la MCSMar03. Sa version complète après ajustement par l'investissement est donnée en* annexe *4.*[35]**

La figure 3 résume les différents flux réels de l'économie marocaine en termes agrégés. Il permet de lire, décrire et comprendre les différentes relations existantes entre les différentes composantes de SI, et que ces relations ont été transformées en relations comptables dans la MCSMar03.

Il est normal que la matrice élaborée à partir de la matrice initiale soit une matrice non équilibrée après les différents calculs, ajustements et désagrégation des comptes effectués pour répondre à la problématique de l'exercice d'application. Pour cette raison, il s'est avéré nécessaire de faire son ajustement par l'investissement en utilisant la méthode d'entropie croisée pour garantir le principe de la cohérence interne de la MCS.

[35] Pour faciliter la lecture de la MCSMar03, elle a été présentée sous forme des sous-matrices SM_k (k=1, 2, …, 12) à l'égard de la présentation agrégée de la MCS du tableau 1.

Figure 3. Circuit des différents flux réels de l'économie marocaine

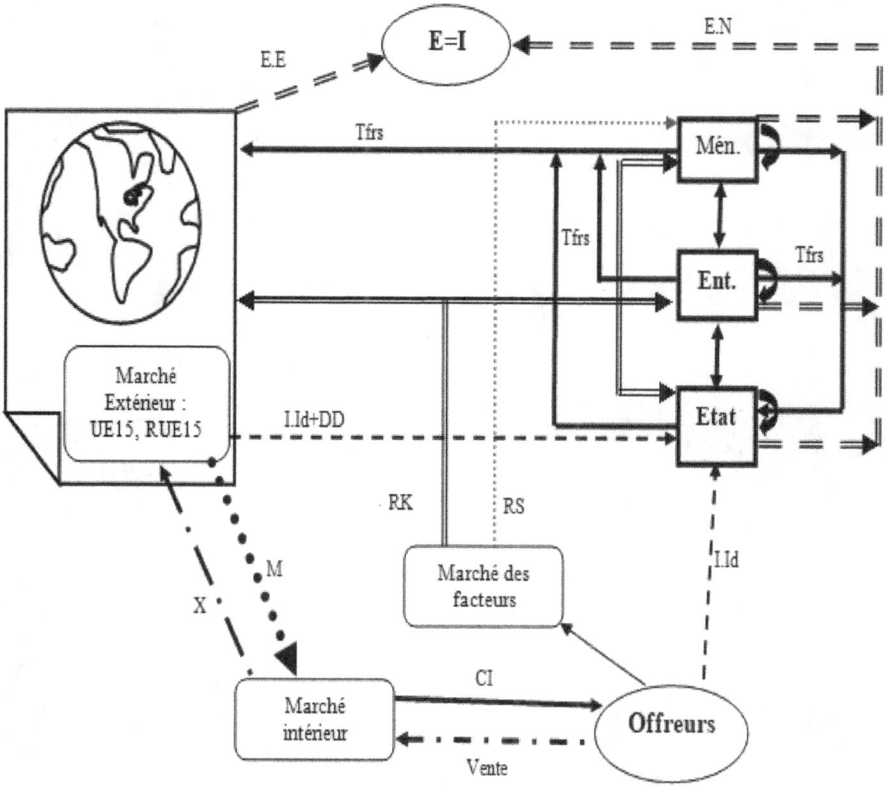

Transferts (les entreprises et les ménages payent aussi les impôts directs à l'Etat) (Tfrs)
Rémunération du capital (RK)
Impôt indirect (I.Id) et Droit de douane (DD)
Importation (M)
Exportation (X)
Vente des biens et services (Vent.)
Consommation intermédiaire (CI)
Rémunération du salaire (RS)
Epargne nationale (EN) et étrangère (EE)

Source : Élaborer par l'auteure

Chapitre 3. Construction d'un MEGC appliqué à l'économie marocaine

Depuis les années quatre-vingt, l'économie marocaine s'est focalisée de plus en plus sur la libéralisation et l'ouverture économique en signant des accords de partenariats avec différents pays notamment avec l'UE. Cet accord demeure le plus important accord de libre-échange pour le Maroc puisque le vieux continent reste le principal partenaire économique spécialement la France et l'Espagne.

La création d'une zone de libre-échange vise à changer les objectifs de relations entre les pays de la méditerranée (contractants) et les pays de l'Union européenne. Toutefois, les conséquences d'un tel accord restent généralement floues et indéterminées spécialement sur l'économie marocaine. La structure de cette dernière est fragile, rentière et dépendante aux alias climatiques et aux changements politiques et économiques mondiaux, notamment des pays européens.

En tenant compte du contexte marocain et ses défis, l'exercice d'application proposé dans cet ouvrage consiste à élaborer un MEGC capable d'évaluer l'impact de l'accord de l'association avec l'Union européenne à 15 pays sur l'économie marocaine. Bien que cet impact soit difficile à cerner sur les différents niveaux économiques du pays, il sera analysé en étudiant son impact sur :

- les échanges extérieurs ;
- l'allocation des facteurs ;
- la production sectorielle ;
- les revenus et les épargnes des SI (ménages, entreprises et gouvernement), et
- l'investissement de chacun des secteurs.

Le modèle MEGCMar03 est inspiré du modèle de Decaluwé et al. (2001) et de Salem (2004).

Section 1. Formes fonctionnelles du MEGCMar03

La structure du modèle s'est inspirée des approches traditionnelles du MEGC. Il s'agit ainsi d'un modèle réel, statique et multisectoriel appliqué sur un petit pays ouvert (Maroc) sur l'économie mondiale (MEGCMar03). Certaines équations et caractéristiques du modèle apparaissent dans la structure de la MCSMar03, telles que : les branches d'activités et les SI ; et d'autres sont basées sur les hypothèses et les intuitions de modélisateur.

Les formes fonctionnelles du modèle sont présentées en sept blocs pour faciliter, d'une part, l'écriture et la présentation des équations du modèle et d'autre part l'interprétation des différentes hypothèses retenues. Il faut noter que le développement de certaines équations du MEGCMar03 est présenté dans les **annexes** de 5 à 8 pour aider le lecteur à consulter les détails de ce développement, et pour simplifier la lecture des équations présentées dans ce chapitre.

1- Bloc d'équation de la production

Il est supposé que l'économie tient compte deux types de services : le service marchand et le service non marchand ; ce qui implique que la production de chaque service a une logique dans son utilisation des facteurs de production et ses objectifs pour satisfaire les besoins (**Figure** 4).

Figure 4. Structure de production d'un secteur

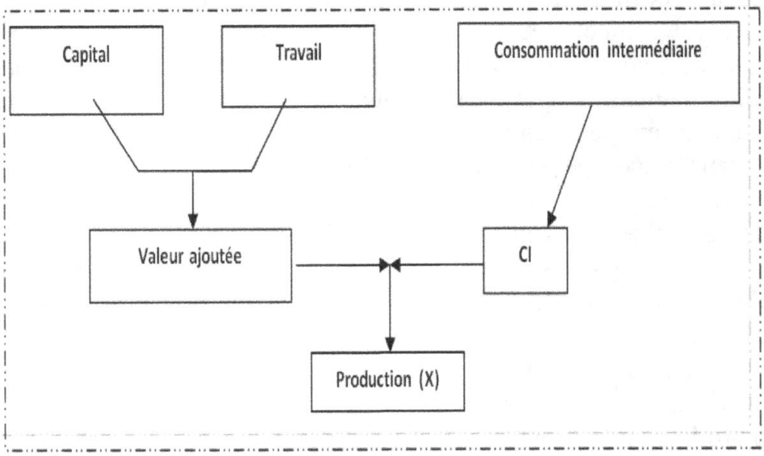

Source : Élaborer par l'auteure

➲ à l'exception de l'activité des services non marchands, la fonction de production est de type CES (Constant Elasticity of Substitution) puisqu'elle permet de mieux répondre grâce à ses caractéristiques aux objectifs du MEGCMar03 (voir la section a de **l'annexe** 5).

La fonction de production CES est écrite sous la forme suivante :

$$VA_{tr} = A_{tr}\left[\alpha_{tr}^{VA} KD_{tr}^{-\rho_{tr}^{VA}} + (1-\alpha_{tr}^{VA}) LD_{tr}^{-\rho_{tr}^{VA}}\right]^{\frac{1}{\rho_{tr}^{VA}}} \qquad \textbf{(1)}$$

Où $\rho_{tr}^{VA} = \frac{\left(1-\sigma_{tr}^{VA}\right)}{\sigma_{tr}^{VA}}$

Avec : tr[36] = {30 secteurs ou branches d'activités} ; VA_{tr} VA_{tr} représente la valeur ajoutée de la branche d'activité tr en volume ; KD_{tr} est la demande

[36] L'ensemble tr couvre les secteurs ou les branches d'activités i moins le service non marchand APGSS : tr={i-(APGSS)}où i présente l'ensemble des secteurs du modèle :

du capital de la branche d'activité tr en volume ; LD_{tr} est la demande travail de la branche d'activité tr en volume ; σ_{tr}^{VA} est l'élasticité de substitution dans la valeur ajoutée ; ρ_{tr}^{VA} est le paramètre de substitution dans la valeur ajoutée ; α_{tr}^{VA} est le paramètre de distribution[37] avec $(0 < \alpha_{tr}^{VA} < 1)$, et A_{tr} représente le coefficient d'échelle de la fonction de CES : c'est une constante de niveau de la valeur de la branche d'activité tr ($A_{tr} > 0$)) et.

➲L'activité de l'État se limite essentiellement à :

– Percevoir les taxes directes et indirectes y compris les droits de douane ;
– Effectuer des transferts aux SI (les ménages, les entreprises et le RdM) ;
– Fournir les services non marchands.

Par hypothèse, L'État ne maximise ni profit ni utilité. Il utilise un seul facteur de production (le facteur travail). À cet effet, la valeur ajoutée des services non marchands (la branche d'administration publique générale et sécurité sociale "APGSS") est fonction seulement de la demande travail. La fonction de la valeur ajoutée de cette branche s'écrit de la façon suivante :

$$VA_{ntr} = LD_{ntr} \qquad \textbf{(2)}$$

Avec : ntr = {"APGSS"}, VA_{ntr} symbolise la valeur ajoutée de services non marchands ntr en volume et L_{ntr}^{D} est la demande travail par les services non marchands ntr en volume.

➲À court terme, la valeur ajoutée et les intrants intermédiaires sont supposés être parfaitement complémentaires au niveau des activités de production. Cette hypothèse est traduite mathématiquement par la fonction de Leontief (voir la section b de **l'annexe** 5).

Selon les caractéristiques de cette fonction, l'élasticité de substitution technique est nulle et la combinaison entre la valeur ajoutée et les intrants intermédiaires est faite selon des proportions fixes. Ainsi donc, la production des branches d'activités peut être représentée comme suit :

$$XS_i = \min\left[\frac{CI}{io_i}, \frac{VA_i}{v_i}\right] \qquad \textbf{(3)}$$

Où $CI_i = io_i XS_i$ et $VA_i = v_i XS_i$ **(4)**

Avec : i = 31 secteurs ou produis, XS_i représente la production de la branche d'activité i en volume ; VA_i est la valeur ajoutée de la branche d'activité i en volume ; CI_i est la consommation intermédiaire totale de la branche i en volume ; v_i et io_i représentent les coefficients techniques de la fonction Leontief ($0<v_i<1$, $0<io_i<1$ et $io_i+v_i=1$), respectivement.

---

i={AGRI, PECHE, EXTRA, INALIM, INTAB, INTEB, INCUIR, FBOIS, INPAC, IMPRIM, RAFFI, INCHIM, INCAOPL, FPNMET, METALLU, TMET, FMACH, FABMEI, IAUT, FAMTR, FMIDI, PDEE, CONST, COREP, HTLRES, TPTT, ACFA, IMLSRE, APGSS, ESAS, ASNF}.

[37] α_{tr}^{VA} et $(1-\alpha_{tr}^{VA})$ représentent, respectivement, les parts du capital et de la main d'œuvre dans les coûts de production.

➲Le choix d'une parfaite complémentarité à Leontief entre les intrants intermédiaires indique que les parts de chaque bien dans la consommation intermédiaire sont fixes ; ce qui implique que la demande la branche i en intrant intermédiaire s'écrit :

$$DI_{tr,i} = aij_{tr,i} CI_i \qquad \textbf{(5)}$$

Avec : i = 31 secteurs ou branches d'activités, tr = 30 secteurs ou branches d'activités, CI_i est la consommation intermédiaire totale de la branche d'activité i en volume, $DI_{tr,i}$ est la demande intermédiaire pour le produit tr de la branche d'activité i en volume et $aij_{tr,i}$ représente le volume d'intrants intermédiaire tr par unité de la demande intermédiaire de la branche d'activité i ($0<aij_{ij}<1$).

➲Au niveau de l'économie, la demande intermédiaire totale en intrant tr s'écrit :

$$DIT_{tr} = \sum_i aij_{tr,i} CI_i \quad \text{ou} \quad DIT_{tr} = \sum_i DI_{tr,i} \qquad \textbf{(6)}$$

Avec : DIT_{tr} est la demande intermédiaire totale pour le produit tr en volume.

➲Dans ce modèle, l'analyse est faite à court terme ce qui implique que le facteur capital est immobile entre les secteurs de production, alors que le facteur travail est parfaitement mobile. Il est supposé aussi qu'il n'y a pas une distinction entre le travail qualifié et celui non qualifié. Par conséquent, la demande de la main-d'œuvre de la branche d'activité tr est le résultat du programme de la maximisation de profit (voir la section a de **l'annexe** 6). Elle est représentée par l'équation suivante :

$$LD_{tr} = VA_r \left[\frac{Pv_{tr}(1-\alpha_{tr}^{VA})}{sA_{tr}^{\rho_{tr}^{VA}}} \right]^{\frac{1}{1+\rho_{tr}^{VA}}} \qquad \textbf{(7)}$$

Avec : Pv_{tr} est le prix de la valeur ajoutée dans la branche d'activité tr ; S représente le taux de salaire, α_{tr}^{VA} représente le paramètre de distribution et ρ_{tr}^{VA} représente le paramètre de substitution dans la valeur ajoutée (type CES).

➲ Pour l'équation de la demande de la main-d'œuvre de services non marchands ntr, elle s'écrit comme suit (voir la section b de **l'annexe** 6.) :

$$LD_{ntr} = \frac{P_{ntr} XS_{ntr} - \sum_{tr} Pc_{tr} DI_{tr,ntr}}{s} \qquad \textbf{(8)}$$

Avec : ntr ={"APGSS" }, LD_{ntr} est la demande travail des services non marchands ntr en volume ; $DI_{tr,ntr}$ est la demande intermédiaire des services non marchands en produit tr en volume ; XS_{ntr} est la production de services non marchands ntr en volume ; Pc_{tr} est le prix du marché du produit composite tr et P_{ntr} est le prix au producteur de services non marchands ntr.

2- Bloc d'équation de revenus et d'épargnes des ménages et des entreprises

Le comportement de chaque agent économique ou secteur institutionnel est traduit mathématiquement dans les équations du modèle, ce qui implique qu'il est nécessaire pour le modélisateur de bien préciser les hypothèses de base qui jouent un rôle important dans le cadrage de ce comportement.

a- Les équations de revenu et d'épargne des ménages

➲Pour le revenu des ménages (YM) dans une analyse à court terme, il est supposé qu'il provient essentiellement de :

- la rémunération salariale : le taux de salaire est supposé fixe et de même niveau entre tous les secteurs d'activités ;
- la part du revenu du capital : le taux de rendement de capital est supposé différent d'un secteur à un autre ;
- les transferts en provenance des entreprises et de l'État ;
- les transferts nets en provenance de l'Union européenne. Il est supposé que les transferts versés ou reçus de reste de l'UE sont négligeables.

Formellement, le revenu des ménages s'écrit comme suit :

$$YM = YLM + RKM + (TEM \cdot adj) + (TGM \cdot pindex) + (e * TUEM)$$

$$où \qquad RKM = \lambda_M \sum_{tr} r_{tr} KD_{tr} \qquad et \quad YLM = s \sum_i LD_i - WUE \qquad \textbf{(9)}$$

Avec : i = 31 secteurs ou branches d'activités, tr = 30 secteurs ou branches d'activités ; *YM* est le revenu des ménages ; *S* représente le taux de salaire ; λ_M est la part de la rémunération du capital versée aux ménages $(0 \leq \lambda_M \leq 1)$, et r_{tr} est le rendement du capital de la branche d'activité tr.

Ainsi, *YLM* représente la rémunération salariale versée aux ménages ; *RKM* est le revenu du capital versé aux ménages ;[38] KD_{tr} est la demande du capital de la branche d'activité tr en volume ; *TEM* est les transferts des entreprises aux ménages ; *TGM* est les transferts de l'État aux ménages ; *TUEM* est les transferts reçus de l'UE par les ménages ; *WUE* est la rémunération salariale reçue de RdM ; *pindex* est le prix pondéré de la valeur ajoutée, et *adj* représente le facteur d'ajustement des transferts.

➲ À partir des données de la MCSMar03, le revenu des ménages est alloué à :

(i) à la consommation de biens et des services ;
(ii) à l'épargne après paiement des impôts à l'État, et

[38] Le ménage représentatif reçoit une part sur les profits des entreprises à la suite au caractère familial d'une partie des entreprises marocaines.

(iii) aux versements des transferts aux entreprises, à l'UE-15 et à l'État (les transferts versés par les ménages à l'État sont constitués en majorité par les impôts directs sur le revenu).

Le revenu disponible des ménages peut être formulé de la manière suivante :

$$YDM = YM - TME - TMG - TMUE \quad \textbf{(10)}$$

Avec : YDM est le revenu disponible des ménages ; YM est le revenu des ménages ; TME est les transferts des ménages aux entreprises ; TMG est les transferts des ménages à l'État et $TMUE$ est les transferts des ménages à l'UE15.

➲Le MEGCMar03 est considéré comme un modèle statique ; ce qui implique que l'épargne des ménages est une proportion marginale fixe du revenu disponible (qui est égale à la propension moyenne), c'est-à-dire :

$$SM = \psi YDM \quad \textbf{(11)}$$

Avec : SM est l'épargne des ménages et Ψ représente la propension marginale ou moyenne à épargner des ménages.

b- Les équations du revenu et d'épargne des entreprises

➲Le revenu des entreprises est composé du revenu du capital et des transferts provenant des ménages, de l'État et de l'UE à 15 pays. Formellement, ce revenu s'écrit comme suit :

$$YE = RKE + (e * TUEE) + TME + TGE$$

Où $RKE = \lambda_E \sum_{tr} r_{tr} KD_{tr}$ **(12)**

Avec : YE est le revenu des entreprises ; RKE est la part des revenus du capital reçue par les entreprises ; λ_E représente la part de la rémunération du capital versée aux entreprises, $(0 \leq \lambda_E \leq 1)$ et r_{tr} représente le rendement du capital de la branche d'activité tr.

Ainsi KD_{tr} est la demande du capital de la branche d'activité tr en volume ; e représente le taux de change, $TUEE$ est les transferts courants de l'UE aux entreprises ; TME est les transferts des ménages aux entreprises et TGE est les transferts de l'État aux entreprises.

➲L'épargne des entreprises est considérée comme un résidu (le modèle est statique) après le paiement des impôts à l'État, et le versement des transferts aux SI (les ménages, l'État et l'UE15) :

$$SE = YE - TEM - TEG - TEUE \quad \textbf{(13)}$$

Avec : YE est le revenu du capital des entreprises en valeur ; SE représente l'épargne des entreprises ; TEM est les transferts des entreprises aux ménages en volume ; TEG est les transferts des entreprises à l'État en volume et $TEUE$ est les transferts des entreprises à l'UE15 en volume.

3- Bloc d'équation des recettes et de l'épargne de l'État

➲Le revenu de l'État est composé des éléments suivants :

– les transferts provenant des ménages, des entreprises et de l'UE15 : Les transferts provenant des ménages et des entreprises sont en majorité constitués par des impôts directs sur les revenus et des impôts sur les sociétés, respectivement ;

– le revenu du capital : l'État reçoit ce revenu à cause de sa participation au capital des entreprises ;

– les recettes fiscales indirectes : elles sont constituées principalement des taxes indirectes payées par les activités (TVA, DTI…) moins les subventions sur la production.

Formellement, ce revenu est défini comme suit :

$YG = RKG + TIXREV + TMREV + TDREV + (e * TUEG)$

Où $RKG = \lambda_G \sum_{tr} r_{tr} KD_{tr}$ **(14)**

Avec : tr = 30 secteurs ou branches d'activités, *YG* est les recettes courantes de l'État en valeur ; *RKG* est la part des revenus du capital reçue par le gouvernement ; λ_G représente la part de la rémunération du capital versée au gouvernement, $(0 \leq \lambda_G \leq 1)$ et r_{tr} représente le rendement du capital de la branche d'activité tr.

KD_{tr} est la demande du capital de la branche d'activité tr en volume ; *'e* symbolise le taux de change ; *TIXREV* est la recette totale provenant de la taxation indirecte ; *TMREV* est la recette totale tarifaire sur les importations ; *TDREV* est la recette totale directe sur les revenus des ménages et des entreprises et *TUEG* est les transferts en provenance de l'UE à 15 pays.

➲ Quant aux équations des recettes de l'État, il y a trois catégories des équations relatives à la nature de l'impôt/ la taxe : les impôts directs et indirects et les recettes tarifaires sur les importations

- Pour les impôts directs sur le revenu des ménages et des entreprises :

$TDREV = TEG + TMG$ **(15)**

où, *TEG* sont les transferts versés par les entreprises à l'État :

$TEG = \tau_E YE$ **(16)**

Et, TMG est les transferts versés par les ménages à l'État :

$TMG = \tau_M M$ **(17)**

τ_E est la part des transferts versés par les entreprises à l'État, et τ_M est la part des transferts versés par les ménages à l'État.

- Pour les impôts indirects (nets) grevant la production (en valeur) de la branche d'activité i, ils sont représentés par l'équation suivante :

$$TIXREV = \sum_{tfd}\left[itxr_{tfd}(1+adjntx)D_{tfd}Pl_{tfd}\right]+$$

$$\sum_{rd}\left[\begin{array}{l} itxr_{rd}(1+adjntx)D_{rd}Pl_{rd} \\ +itxr_{rd}(1+adjntx)\mathrm{Pmr1\_RUE15}_{rd}Mr\_RUE15_{rd}PWM_{rd}e(1+tm\_RUE15_{rd}) \\ +itxr_{rd}(1+adjntx)\mathrm{Pmr1\_RRUE}_{rd}Mr\_RRUE_{rd}PWM_{rd}e(1+tm\_RRUE_{rd}) \end{array}\right]+ \quad \textbf{(18)}$$

$$\sum_{trd}\left[itxr_{trd}(1+adjntx)D_{trd}Pl_{trd}+itxr_{trd}(1+adjntx)Pm_{trd}M_{trd}PWM_{rd}e(1+tm_{trd})\right]$$

rd = (23 secteurs ou produits),

trd = (4 secteurs ou produits),

nfd = {"CONST", "COREP", "APGSS", "ESAS"})

fd ={i-nfd}[39]

Avec :

TIXREV est la recette totale provenant de la taxation indirecte ;

D_i est la demande en produit domestique i en volume ;

tm_{fd} représente le taux de taxation douanière (net) à l'importation de produits fd ;

$itxr_i$ est le taux de taxe indirecte sur le produit i ;

e symbolise le taux de change ;

PWM_{fd} est le prix mondial à l'importation de produits fd ;

Pl_{tr} est le prix de producteur du produit tr pour la vente sur le marché intérieur ;

Mr_{rd} est l'importation de produits rd selon la destination et *adjntx représente le f*acteur d'ajustement des impôts indirects.

- Pour les recettes tarifaires sur les importations, elles sont présentées par l'équation suivante :

$$TMREV = \sum_{rd,r} tm1_{rd,r}M^{1r}_{rd,r} \qquad \textbf{(19)}$$

Et, les recettes tarifaires par destination et par produit rd se présentent par la formule suivante :

$$TMREV_{rd,r} = tm1_{rd,r}M^{1r}_{rd,r} \qquad \textbf{(20)}$$

Avec : r= régions économiques (r1=UE15 et r2=RUE15) ; rd = (24 secteurs ou produits échangeables par destination), et trd= (3 secteurs ou produits échangeables, mais non désagrégés par destination).

Ainsi $tm1_{rd,r}$ est le taux de taxation douanière à l'importation de produits rd selon la destination ; $M^{1r}_{rd,r}$ est l'importation de produits rd selon la

[39] fd représente les 27 secteurs ou les produits échangeables, fd={I-(CONST, COREP, APGSS, ESAS)}, nfd représente 4 secteurs ou produits non échangeables, nfd={CONST, COREP, APGSS, ESAS}, rd représente les 24 secteurs ou produits échangeables selon la destination (le RUE15 et le RRUE), rd={fd-(HTLRES, TPTT, ACFA)} et trd représente 3 secteurs des services échangeables, mais non désagrégés par destination, trd={HTLRES, TPTT, ACFA}.

destination ; *TMREV* est la recette totale tarifaire sur les importations du produit fd et $TMREV_{rd,r}$ est la recette totale tarifaire sur les importations du produit rd selon la destination.

➲En outre, l'épargne de l'État (*SG)* est obtenue en soustrayant du revenu de l'État *(YG*) la consommation des administrations publiques (*CG*)[40] et les transferts versés aux autres SI (ménages (*TGM*), entreprises (*TGE*) et UE15 (TGUE)). Formellement, elle s'écrit comme suit :

$$SG = YG - CG - (TGM \cdot Pindex) - TGE - TGUE \qquad \textbf{(21)}$$

Avec : *Pindex* représente le prix pondéré de la valeur ajoutée.

4- Bloc d'équation de la demande finale intérieure

➲Le comportement des consommateurs est supposé se présenter par une fonction d'utilité Cobb-Douglas à rendements constants :

$$U = \prod_i C_i^{\wp_i}, \wp_i \succ 0 \quad et \quad \sum_i \wp_r = 1 \qquad \textbf{(22)}$$

Avec : $C_i^{\wp_i}$ est la consommation des ménages en produit i en volume et $\wp_i$ est la part de budget de consommation des ménages allouée à la consommation des différents produits i.

Le MEGCMar03 est un modèle statique, impliquant que les élasticités de substitution entre les biens sont constantes et unitaires. Donc, la condition de premier ordre de la maximisation de la fonction 22 sous la contrainte budgétaire (**Annexe** 7), donne le résultat suivant :

$$CM_i = \frac{\wp_M YDM}{Pc_i} \qquad \textbf{(23)}$$

Et, la consommation totale des ménages en produit i se présente de la manière suivante :

$$CTM = \sum_i CM_i \qquad \textbf{(24)}$$

Avec : *YDM* est le revenu disponible des ménages ; *Pc* est *le prix* du marché du produit composite tr ; $\wp_{tr}$ est la part de la consommation des ménages du produit tr dans le revenu disponible des ménages ; CM_i est la consommation des ménages en produit i (en volume) et *CTM* est la consommation totale des ménages.

La relation 23 montre qu'une augmentation du revenu implique une augmentation dans la même proportion de toutes les quantités consommées en tenant compte que la propension marginale à épargner reste constante à court terme. En plus, le paramètre $\wp_i$ est facile à calculer dans cette forme de la fonction d'utilité, puisque les valeurs initiales des autres variables sont connues à partir des données de la MCSMar03.

---

[40] Les transferts sont supposés être répartis entre les différentes administrations publiques en proportion fixe

➲Dans ce modèle, l'État et les ménages sont les seuls demandeurs des produits "AGRI", "INCHIM", "APGSS" et "ESAS". Cependant, l'État est le principal acheteur de "APGSS" et "ESAS" puisqu'il consomme la grande partie de leurs productions d'après les données de la MCSMar03.

La quantité de produits consommée par l'État est calculée comme le rapport de la consommation totale au prix respectif du bien pondéré par la part du bien tnd dans la consommation totale de l'État. Donc, la consommation publique par produit tnd à la forme suivante :

$$CG_{tnd} = \frac{\wp_G CGT}{Pc_{tnd}} \qquad \textbf{(25)}$$

Avec : tnd= {"AGRI", "INCHIM", "APGSS", "ESAS"} ; CGT est la consommation publique en terme réel ; Pc est le prix du marché du produit composite tnd ; $\wp_G$ est la part de la consommation publique de produit tnd dans la consommation totale publique et CG_{tnd} est la consommation publique en produit tnd.

➲La demande d'investissement en différents produits i est donnée par l'équation suivante :

$$(VS_i + FBCF_i) = \frac{\mu_i TINVS}{Pc_i} \qquad \textbf{(26)}$$

Avec : VS_i est la variation des stocks du produit i en volume ; $FBCF_i$ est la formation brute du capital fixe du produit i en volume ; $TINVS$ est l'investissement total du pays en valeur ; Pc_i est le prix du marché du produit composite i et μ_i représente la part (en valeur) du produit i dans l'investissement total $\sum_i \mu_i = 1 \quad et \quad 0 \leq \mu_i \prec 1$.

Dans ce modèle statique, l'investissement n'a aucun rôle dans la détermination du niveau de la production et il ne dépend pas de stock de capital puisque le temps n'a aucun effet dans le processus d'accumulation de capital (le modèle est statique).

➲La demande totale d'investissement réel s'écrit :

$$TINV\_r = \frac{TINVS}{PINV} \qquad \textbf{(27)}$$

Avec : $TINV\_r$ est l'investissement total en terme réel, et $PINV$ est l'indice des prix à l'investissement.

5- Bloc d'équation du commerce extérieur

➲ Le MEGCMar03 est supposé porter sur une petite économie ouverte où la production totale a deux destinations : le marché domestique (la demande intérieure) et le marché extérieur (la demande extérieure). Ce dernier marché est composé de deux clients ou fournisseurs l'UE à 15 pays (RUE15) et le reste de l'UE à 15 (RRUE). La production nationale est constituée, ainsi, par deux types de biens :

- les biens échangeables, ce sont les produits ou les services fournis par les branches d'activités fd ;

- les biens non échangeables, ce sont les produits ou les services fournis par les branches d'activités nfd.

Dans cet ordre d'idée, le producteur marocain tente de maximiser sa recette totale compte tenu des opportunités offertes sur le marché local et celles sur le marché extérieur de l'UE15 et/ou de RUE15. Ces opportunités sont synthétisées par le rapport des prix sur les deux marchés (le prix à l'exportation et le prix sur le marché marocain).

La fonction de type CET peut traduire, formellement, ce comportement et ces hypothèses de la manière suivante :

$$XS_{fd} = B_{fd}^{E}\left[\beta_{fd}^{E} EX_{fd}^{\kappa_{fd}^{E}} + (1-\beta_{fd}^{E}) D_{fd}^{\kappa_{fd}^{E}}\right]^{\frac{1}{\kappa_{fd}^{E}}} \qquad \textbf{(28)}$$

Avec : XS_{fd} est la production de la branche fd en volume ; B_{fd}^{E} est le coefficient d'échelle (c'est une constante de niveau de la fonction de transformation commerciale du produit fd (>0)) ; β_{fd}^{E} représente le paramètre distributif relatif au volume exporté avec $0<\beta_{fd}^{E}<1$; EX_{fd} est les exportations de produits fd en volume ; κ_{fd}^{E} représente le paramètre de transformation et D_{fd} est la demande pour le produit intérieur fd en volume.

Dans l'équation 28 le paramètre de transformation κ_{fd}^{E} est précisé par l'équation suivante :

$$\kappa_{fd}^{E} = \frac{1+\tau_{fd}^{E}}{\tau_{fd}^{E}} \text{ avec } -\infty<\kappa_{fd}^{E}<-1 \text{ et } -\infty<\tau_{fd}^{E}<1,$$

(voir la section a de **l'annexe** 8)

Cette élasticité présente des valeurs élevées (faibles) dans le cas des biens homogènes (des biens fortement différenciés).

➲ Du point de vue du producteur, le lien optimal entre le volume offert sur le marché intérieur et celui offert sur le marché extérieur est représenté par la formule suivante (voir la section a de **l'annexe** 8) :

$$\frac{EX_{fd}}{D_{fd}} = \left[\left(\frac{PE_{fd}}{PL_{fd}}\right)\left(\frac{1-\beta_{fd}^{E}}{\beta_{fd}^{E}}\right)\right]^{\tau_{fd}^{E}} \quad \text{où } \tau_{fd}^{E} = \frac{1}{\kappa_{fd}^{E}-1} \qquad \textbf{(29)}$$

Avec : D_{fd} est la demande pour le produit intérieur fd en volume ; PE_{fd} est le prix payé à l'exportateur du produit fd ; PL_{fd} est le prix à la production du produit fd pour la vente sur le marché intérieur ; β_{fd}^{E} est le paramètre distributif relatif au volume exporté ; τ_{fd}^{E} représente l'élasticité de transformation commerciale et EX_{fd} est les exportations de produits fd en volume.

➲ D'un autre côté, la demande consommation pour chacun des biens échangeables (les biens composites) se répartit entre les biens importés de l'UE15 ou du RUE15 et les biens produits localement.

Il faut souligner que les biens composites sont supposés imparfaitement substituable (hypothèse d'Armington de différentiation des biens selon leur origine), ce qui traduit le choix de la fonction CES (Élasticité de Substitution Constante). Cette fonction permet de présenter la demande de chaque bien échangeable comme un agrégat des produits domestiques (D_{fd}) et importés (M_{fd}) (voir la section b de **l'annexe** 8) :

$$Q_{fd} = A_{fd}^{M}\left[\alpha_{fd}^{M} M_{fd}^{-\rho_{fd}^{M}} + \left(1-\alpha_{fd}^{M}\right) D_{fd}^{-\rho_{fd}^{M}}\right]^{\frac{1}{\rho_{fd}^{M}}} \qquad \textbf{(30)}$$

Avec : fd = 27 secteurs ou produits ; Q_{fd} est la demande pour le produit composite fd en volume ; A_{fd}^{M} est le coefficient d'échelle ; M_{fd} est l'importation de produits fd en volume ; D_{fd} est la demande pour le produit intérieur fd en volume ; α_{fd}^{M} présente le paramètre distributif relatif au volume importé où $0 < \alpha_{tr}^{M} < 1$ et ρ_{fd}^{M} présente le paramètre de substitution (($-1 < \rho_{fd}^{M} < \infty$) avec $0 < \sigma_{fd}^{M} < \infty$ et $\sigma_{fd}^{M} = \frac{1}{1+\rho_{fd}^{M}}$, avec σ_{fd}^{M} est l'élasticité de substitution commerciale du produit composite).

➲ Comme pour le comportement du producteur, le consommateur minimise ses dépenses sous la contrainte d'un niveau donné de la demande intérieure composite par produit, impliquant que la fonction de la demande d'importations en volume du produit fd dépend du prix relatif des biens importés et biens domestiques (voir la section b de **l'annexe** 8) :

$$\frac{M_{fd}}{D_{fd}} = \left[\left(\frac{PD_{fd}}{PM_{fd}}\right)\left(\frac{\alpha_{fd}^{M}}{1-\alpha_{fd}^{M}}\right)\right]^{\sigma_{fd}^{M}} \quad \text{où } \sigma_{fd}^{M} = \frac{1}{1+\rho_{fd}^{M}} \qquad \textbf{(31)}$$

Avec : M_{fd} est l'importation de produits fd en volume ; PD_{fd} est le prix du marché de chaque produit local fd vendu sur le marché intérieur ; PM_{fd} est le prix intérieur (du marché) de chaque produit importé fd ; α_{fd}^{M} représente le paramètre distributif relatif au volume importé ; σ_{fd}^{M} représente l'élasticité de substitution commerciale de la fonction CES et D_{fd} est la demande pour les produits intérieurs fd en volume.

Parmi les hypothèses de ce modèle, le compte de l'extérieur est désagrégé en deux comptes : le sous-compte de l'UE15 et l'autre du RUE15 pour seulement 24 biens industriels (hors les services), ce qui montre que les équations des échanges extérieurs seront désagrégées au niveau des importations et au niveau des exportations.

- Au niveau des exportations

➲ La fonction des exportations se présente sous la forme d'une fonction composite des exportations destinées à l'UE15 et le RUE15. Elle est, aussi, une fonction du type CET1 (voir la section c de **l'annexe** 8) :

$$EX_{rd}^{r} = D_{rd}^{Er}\left[\beta_{rd,r}^{Er}\left[EX_{rd,r1}^{1r}\right]^{\kappa_{rd}^{Er}} + \left(1-\beta_{rd,r}^{Er}\right)\left[EX_{rd,r2}^{1r}\right]^{\kappa_{rd}^{Er}}\right]^{\frac{1}{\kappa_{rd}^{Er}}}$$

Où, $\kappa_{rd}^{Er} = \dfrac{1+\tau_{rd}^{Er}}{\tau_{rd}^{Er}}$ **(32)**

Avec : r = région économique (r1=UE15 et r2=RUE15) ; rd= 24 secteurs ou produits ; β_{rd}^{Er} représente le paramètre distributif relatif au volume exporté selon la région ; EX_{rd}^{r} est les exportations de produits rd selon la destination en volume ; $EX_{rd,r}^{1r}$ est les exportations de produits rd par région en volume, κ_{rd}^{Er} est le paramètre de transformation, τ_{rd}^{Er} est l'élasticité de transformation et D_{rd}^{Er} est une constante qui représente le coefficient d'échelle.

➲ Cependant, le ratio des quantités exportées par région (l'UE15 et le RUE15) est représenté en fonction des prix relatifs à l'exportation et de l'élasticité de transformation de la région :

$$\frac{EX_{rd,r1}^{1r}}{EX_{rd,r2}^{1r}} = \left[\left(\frac{PE_{rd,r1}^{r}}{PE_{rd,r2}^{r}}\right)\left(\frac{\beta_{rd,r2}^{Er}}{\beta_{rd,r1}^{Er}}\right)\right]^{\tau_{rd}^{Er}} \text{ où } \tau_{rd}^{Er} = \frac{1}{\kappa_{rd}^{Er}-1} \quad \textbf{(33)}$$

Avec : $PE_{rd,r}^{r}$ est les prix intérieurs des exportations rd par région ; β_{rd}^{Er} est le paramètre distributif relatif au volume exporté selon la région ; $EX_{rd,r}^{1r}$ est les exportations de produits rd par région en volume et κ_{rd}^{Er} représente le paramètre de transformation ($\kappa_{rd}^{Er} = \dfrac{1+\tau_{rd}^{Er}}{\tau_{rd}^{Er}}$ et τ_{tr}^{Er} représente l'élasticité de transformation).

➲L'exportation totale des biens et services fd est égale à :

$$EX_{fd} = EX_{rd}^{r} + EX_{trd} \quad \textbf{(34)}$$

Avec : EX_{rd}^{r} est les exportations de produits rd selon la destination en volume ; EX_{trd} est les exportations de produits trd en provenance du RdM en volume et EX_{fd} est les exportations de produits fd en volume.

- Au niveau des importations

➲ La fonction des importations se présente sous la forme d'une fonction composite des importations provenant de l'UE15 et du RUE15, c'est une fonction du type CES1 (voir la section d de **l'annexe** 8) :

$$M_{rd}^{r} = C_{rd}^{Mr}\left[\alpha_{rd,r}^{Mr}\left(M_{rd,r1}^{1r}\right)^{-\rho_{rd}^{Mr}} + \left(1-\alpha_{rd,r}^{Mr}\right)\left(M_{rd,r2}^{1r}\right)^{-\rho_{rd}^{Mr}}\right]^{\frac{1}{\rho_{dr}^{Mr}}}$$

Où, $\rho_{rd}^{Mr} = \dfrac{1-\sigma_{rd}^{Mr}}{\sigma_{rd}^{Mr}}$ **(35)**

Avec : M^{r}_{rd} est l'importation de produits rd selon la destination en volume ; $M^{1r}_{rd,r}$ est l'importation de produits rd par région en volume ; C^{Mr}_{rd} est le coefficient d'échelle ; $\alpha^{Mr}_{rd,r}$ est le paramètre distributif relatif au volume importé ($0<\alpha^{Mr}_{rd,r}<1$) ; ρ^{Mr}_{rd} est le paramètre de substitution ($-1<\rho^{Mr}_{rd}<\infty$) et σ^{Mr}_{rd} représente l'élasticité de substitution commerciale du produit composite.

➲ Le ratio des quantités importées provenant des deux régions est calculé en fonction des prix relatifs à l'importation et de l'élasticité de substitution :

$$\frac{M^{1r}_{rd,r1}}{M^{1r}_{rd,r2}}=\left[\left(\frac{PM^{r}_{rd,r2}}{PM^{r}_{rd,r1}}\right)\left(\frac{\alpha^{Mr}_{rd,r1}}{\alpha^{Mr}_{rd,r2}}\right)\right]^{\sigma^{Mr}_{rd}} \quad \text{où } \sigma^{Mr}_{rd}=\frac{1}{1+\rho^{Mr}_{rd}} \qquad \textbf{(36)}$$

Avec : rd = 24 secteurs ou produits ; *r1* est la région géographique UE15 ; *r2* est la région géographique RUE15 ; $M^{1r}_{rd,r}$ est l'importation de produits rd par région en volume ; $PM^{r}_{rd,r}$ est les prix intérieurs des produits importés rd par région ; $\alpha^{Mr}_{rd,r}$ est le paramètre distributif relatif aux volumes importés selon la région économique ($0<\alpha^{Mr}_{rd,r}<1$) et ρ^{Mr}_{rd} est le paramètre de substitution $-1<\rho^{Mr}_{rd}<\infty$.

➲ Les importations totales en produits fd se formalisent comme suit :

$$M_{fd}=M^{r}_{rd}+M_{trd}$$

Avec : M_{fd} est l'importation de produits fd en volume ; M^{r}_{rd} est l'importation de produits rd selon la destination en volume et M_{trd} représente l'importation de produits trd en provenance du RdM en volume.

La figure suivante présente le circuit de commercialisation d'un bien sur le marché intérieur et le marché extérieur.

Figure 5. Circuit de la commercialisation d'un produit donné

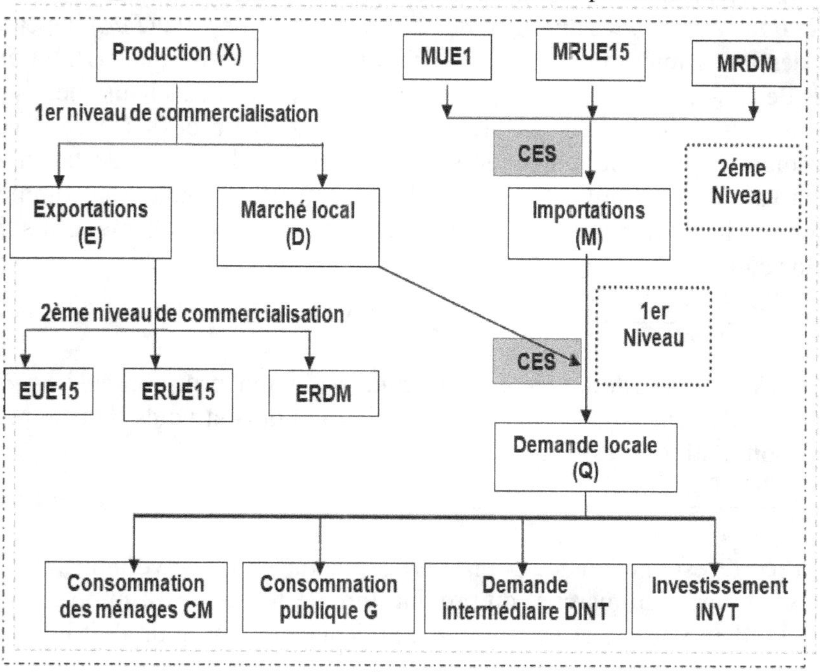

Source : Élaborer par l'auteure

6- Bloc d'équation des prix

➲ Le prix de la valeur ajoutée est représenté comme la différence entre la valeur des ventes et les achats de consommation. Son équation s'écrit de la manière suivante :

$$Pv_i = \frac{P_i XS_i - \sum_{tr} Pc_{tr} DI_{tr,i}}{VA_i} \quad \textbf{(37)}$$

Avec : Pv_i est le prix de la valeur ajoutée de la branche d'activité i ; P_i est le prix au producteur du produit i ; XS_i est la production de la branche d'activité i en volume ; Pc_{tr} est le prix du marché du produit composite tr ; $DI_{tr,i}$ est la demande intermédiaire de la branche d'activité i en produits tr en volume et VA_i représente la valeur ajoutée de la branche d'activité i en volume.

➲ Le rendement du facteur capital de la branche d'activité tr a été considéré comme spécifique et immobile. Il est égal à :

$$r_{tr} = \frac{Pv_{tr} VA_{tr} - sLD_{tr}}{KD_{tr}} \quad \textbf{(38)}$$

Avec : r_{tr} est le rendement du capital de la branche d'activité tr, et Pv_{tr} est le prix de la valeur ajoutée dans la branche d'activité tr.

➲ Pour le prix composite, il est calculé selon la nature des produits : les produits échangeables et les produits non échangeables.

(i) Pour le produit échangeable fd : son prix composite (Pc_{fd}) dépend du prix des biens importés (PM_{fd}), du prix des biens domestiques (PD_{fd}) et du poids de chacun d'eux dans le panier de consommation, sachant que les prix mondiaux sont exogènes car le Maroc est un petit pays (Price Taker). Autrement dit, le prix composite sur le marché local s'ajuste de façon à ce que la valeur de ce qui est consommé localement soit égale à la somme en valeur des biens importés et des biens domestiques. Formellement, il s'écrit comme suit :

$$Pc_{fd} = \frac{PD_{fd} D_{fd} + PM_{fd} M_{fd}}{Q_{fd}} \qquad \textbf{(39)}$$

(ii) Pour le produit non échangeable nfd : son prix composite (Pc_{nfd}) dépend seulement du prix domestique (PD_{nfd}) et de son poids dans le panier de consommation. Il est égal à :

$$Pc_{nfd} = \frac{PD_{nfd} D_{nfd}}{Q_{nfd}} \qquad \textbf{(40)}$$

Avec : Q_i est la demande pour le produit composite i en volume ; PM_{fd} est le prix intérieur (du marché) du produit importé fd ; M_{fd} est l'importation de produits fd en volume et D_i représente la demande pour le produit intérieur i en volume.

➲ Les prix du marché du produit domestique et du produit importé mentionnés dans l'équation précédente sont calculés comme suit :

(i) Le prix du marché du produit domestique i pour la vente sur le marché intérieur est égal à :

$$PD_i = (1 + itxr_i * (1 + adjntx) PL_i) \qquad \textbf{(41)}$$

Avec : PL_i est le prix au producteur du produit i pour la vente sur le marché intérieur ; $itxr_i$ est le taux de taxe indirecte sur le produit i ; PD_{tr} est le prix du marché du produit domestique i vendu sur le marché intérieur et *adjntx* représente le facteur d'ajustement des impôts indirects.

(ii) Le prix intérieur (du marché) du produit importé fd est égal à :

$$Pm_{fd} = (1 + itxr_{fd} * (1 + adjntx)) ePWM_{fd} (1 + tm_{fd}) \qquad \textbf{(42)}$$

Avec : PM_{fd} est le prix intérieur (du marché) du produit importé fd ; $itxr_{fd}$ est le taux de taxe indirecte sur le produit fd ; tm_{fd} est le taux de taxation douanière (net) à l'importation de produits fd, et PWM_{fd} représente le prix mondial à l'importation de produits fd.

➲ Pour le prix à la production, il est aussi calculé selon la nature des produits (échangeables et non échangeables).

(i) Pour les produits échangeables fd : son prix de production (P_{fd}) dépend du prix local (PL_{fd}), du prix exporté (PE_{fd}) et de son poids dans la production nationale :

$$P_{fd} = \frac{PL_{fd} D_{fd} + PE_{fd} EX_{fd}}{XS_{fd}} \qquad \textbf{(43)}$$

(ii) Pour les produits non échangeables nfd : son prix de production (P_{nfd}) dépend seulement du prix domestique (PL_{nfd}) et de son poids dans la production nationale :

$$P_{nfd} = \frac{PL_{nfd} D_{nfd}}{XS_{nfd}} \qquad \textbf{(44)}$$

Avec : EX_{fd} est les exportations de produits fd en volume ; XS_i est la production de la branche i en volume et D_i est la demande pour le produit intérieur i en volume.

➲ Pour le prix à l'exportation des produits fd, il se calcule de la manière suivante :

$$PE_{fd} = ePWE_{fd} \qquad \textbf{(45)}$$

Avec : PE_{fd} représente le prix payé à l'exportateur du produit fd, et PWE_{fd} est le prix mondial à l'exportation de fd.

➲ Pour des raisons comptables, l'indice des prix à l'investissement est calculé comme le rapport de l'investissement en valeur et la somme totale de la variation des stocks et de la formation brute du capital fixe en terme réel. Sa forme fonctionnelle s'écrit de la manière suivante :

$$PINV = \frac{TINVS}{\sum_i \left(VS_i + FBCF_i\right)} \qquad \textbf{(46)}$$

Avec : i=31 secteurs ou produits ; $PINV$ est l'indice des prix à l'investissement ; VS_i est la variation des stocks du produit i en volume ; $FRCF_i$ est la formation brute du capital fixe du produit i en volume et $TINVS$ est l'investissement total du pays en valeur.

➲ Puisque le MEGCMar03 est supposé être un modèle statique réel, la monnaie est neutre, impliquant que les quantités sont formulées par des fonctions homogènes de degré zéro '0' par rapport au vecteur prix. Cette hypothèse montre que les prix relatifs sont les déterminants. Or, tous les prix ne peuvent être déterminés par le modèle. Il est nécessaire de choisir un numéraire.

Le numéraire permet de fixer un indice général de prix qui se calcule selon la formulation suivante :

$$PINDEX = \sum_i \delta_i Pv_i \qquad \textbf{(47)}$$

Avec : *PINDEX* est l'indice du prix du PIB au coût des facteurs ; Pv_i est le prix de la valeur ajoutée dans la branche i et δ_i représente la part de la branche i dans la valeur ajoutée totale.

La figure suivante schématise la relation entre les différents prix dans cet exercice d'application.

Figure 6. Relation entre les prix dans le MEGCMar03

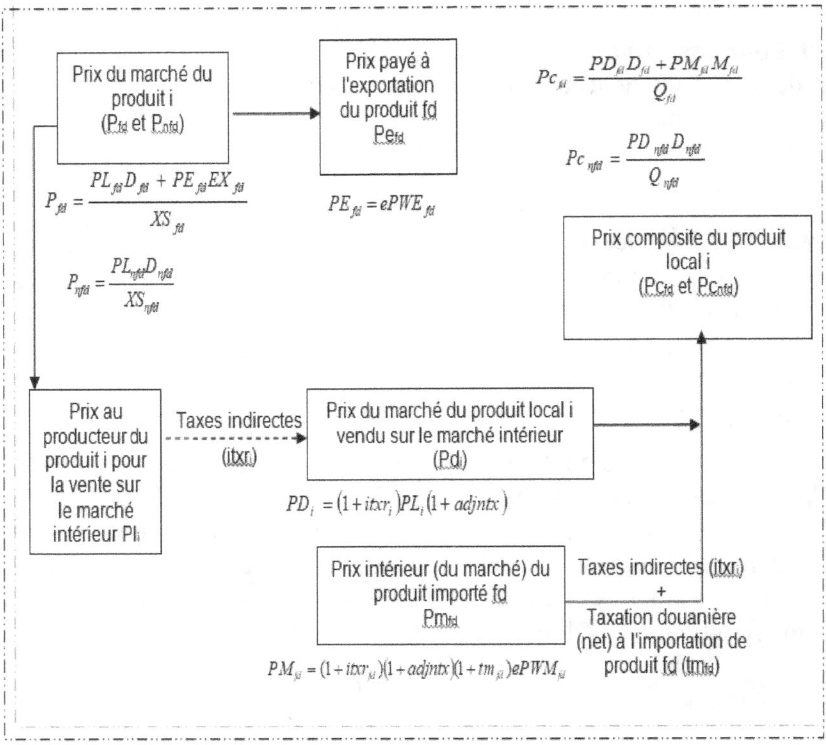

Source : Élaborer par l'auteure

7- Bloc d'équation des conditions d'équilibre

Le système représenté par l'ensemble des équations décrites ci-dessus a des contraintes qu'il doit les respecter pour atteindre l'équilibre général.

Les contraintes du modèle ne sont rien d'autre que les conditions d'équilibre : l'équilibre sur le marché extérieur, l'équilibre sur le marché des biens composites, l'équilibre sur le marché de travail, l'équilibre entre l'épargne et l'investissement et enfin, la condition de la loi de Walras.

➲ Au niveau du marché extérieur, l'équilibre correspond à l'égalité entre les ressources et les emplois par rapport à l'extérieur. Sa forme fonctionnelle est la suivante :

$$SR = \left[\sum_{fd} PWM_{fd} M_{fd} + [(TMUE + TEUE + TGUE) + WUE + RKUE] \right] - \left[\sum_{fd} PWE_{fd} EX_{fd} + TUEM + TUEE + TUEG{*}e \right] \qquad \textbf{(48)}$$

où $$RKUE = (1 - \lambda_M - \lambda_E - \lambda_G) \sum_{tr} r_{tr} KD_{tr}$$

et $$WUE = YL - s \sum_i LD_i$$

Avec : PWM_{fd} est le prix mondial à l'importation de produit fd et PWE_{fd} est le prix mondial à l'exportation de produit fd

➲ Au niveau du marché des biens composites, l'équilibre (en volume) est effectué entre l'offre et la demande de chaque bien. Il s'écrit sous la forme suivante :

$$Q_{nd} = DIT_{nd} + CM_{nd} + FBCF_{nd} + VS_{nd} \qquad \textbf{(49)}$$

Avec : nd=28 secteurs privés ; Q_{nd} est la demande pour le produit composite nd (en volume) ; DIT_{nd} est la demande intermédiaire pour le produit nd (en volume) ; $FBCF_{nd}$ est la formation brute du capital fixe pour le produit nd (en volume) ; VS_{nd} est la variation des stocks pour le produit nd (en volume) et CM_{nd} est la consommation des ménages en produit nd.

➲ Au niveau du marché du travail, ce modèle a retenu l'hypothèse de plein emploi de facteur travail (pas de chômage) c'est-à-dire :

$$LS = \sum_i LD_i \qquad \textbf{(50)}$$

Avec : LS est l'offre totale de la main-d'œuvre (en volume) et LD_i est la demande travail par la branche i (en volume).

➲ Pour le dernier marché, l'équilibre qui caractérise l'épargne et l'investissement se présente de la manière suivante :

$$TINVS = SM + SE + SG + eSR \qquad \textbf{(51)}$$

Avec : $TINVS$ est l'investissement total du pays (en volume) ; SM est l'épargne de ménages ; SE est l'épargne des entreprises ; SG est l'épargne de gouvernement ; SR est l'épargne étrangère (ou le déficit courant de la balance des paiements) et e représente le taux de change.

➲ Pour clôturer l'écriture du système, il est nécessaire d'ajouter une autre équation (selon la loi de Walras) qui vérifie l'équilibre sur le marché ("AGRI", "APGSS", "ESAS") :

$$\text{Leon} = Q_{tnd} - CM_{tnd} - CG_{tnd} - FBCF_{tnd} - VS_{tnd} - DIT_{tnd} \qquad \textbf{(52)}$$

Avec : Léon est la variable de contrôle de la loi de Walras ; Q_{tnd} est la demande pour les produits composites tnd (en volume) ; DIT_{tnd} est la demande intermédiaire pour les produits nd (en volume) ; $FBCF_{tnd}$ est la formation brute du capital fixe pour les produits tnd (en volume) ; VS_{tnd} est la variation des stocks pour les produits tnd (en volume) ; CM_{tnd} est la consommation des ménages en produits tnd et CG_{tnd} est la consommation publique en produit tnd.

Ceci termine la représentation formelle du MEGCMar03 [qui est un modèle réel, statique et multisectoriel basé sur les données macroéconomiques de 2003 (MCSMar03)].

La représentation formelle du modèle (**Annexe** 9) a été faite à travers les sept blocs à savoir bloc de la production, bloc des revenus et des épargnes des ménages et des entreprises, bloc des recettes et de l'épargne de l'État, bloc de la demande finale intérieure, bloc du commerce extérieur, bloc des prix et enfin un bloc qui représente les conditions d'équilibre.

Section 2. Bouclage macroéconomique du MEGCMar03

Le bouclage macroéconomique du modèle ou sa fermeture consiste à boucler le modèle de manière à exogéniser certaines variables pour pouvoir les simuler à partir des différents scénarios. Cette façon de procéder pour résoudre le modèle, n'est pas prise en compte par les SI au moment de leur décision même s'il influence les signaux envoyés (les prix) de manière à rendre leurs décisions compatibles avec la cohérence macroéconomique du modèle.

1- Règles du bouclage d'un MEGC

Dans la littérature économique, Suwa (1991) distingue quatre types de règles de bouclage du MEGC, telles que : la règle classique, la règle keynésienne, la règle kaldorienne, et la règle de Johansen.[41] Ces *règles de bouclage sont essentielles, car elles déterminent la manière dont l'économie va s'ajuster à la suite d'un choc exogène quelconque. Il est communément admis dans la littérature que ces règles ont une grande influence sur les résultats* (Suwa (1991) ; Hérault, 2004).

- ***La règle classique*** :

La valeur de l'investissement total de la nation est endogène ; elle s'ajuste au niveau de l'épargne disponible. L'investissement est une fonction de plein emploi des ressources et la répartition des revenus est déterminée uniquement du côté de l'offre, i.e. le système détermine la consommation ensuite l'épargne et enfin l'investissement ;

- ***La règle keynésienne*** :

L'hypothèse de marché du travail équilibré n'est plus retenue, i.e. l'offre de travail est déterminée de façon endogène dans le système. Cependant, l'idée de l'existence d'un réservoir de main-d'œuvre non utilisée ou potentiellement utilisée demeure l'un des domaines de possible.

[41] Pour plus de détail, voir aussi Hérault Nicolas (2004).

➢ ***La règle kaldorienne :***

Cette règle suppose que les facteurs ne soient pas payés à leur productivité marginale et l'équilibrage entre épargne et investissement passe par une redistribution des revenus influant sur le taux d'épargne.

➢ ***La règle de Johansen :***

La consommation publique devient une variable endogène, résultante que l'épargne s'ajuste à l'investissement. Étant donné le revenu de l'État, c'est l'épargne publique qui peut résorber l'écart entre l'investissement exogène et les différentes épargnes. Ces clivages reposent surtout sur l'équilibrage entre l'épargne et l'investissement et sur le fonctionnement du marché des facteurs de production. Il s'agit aussi de préciser la manière de l'ajustement de la balance extérieure et de déficit public.

Le choix entre ces fermetures (les règles) repose sur deux conceptions la vision du modélisateur et le mode de fonctionnement de l'économie étudiée (la structure économique du pays).

2- Règle de bouclage du MEGCMar03

La fermeture macroéconomique du MEGCMar03 renferme les points suivants :

❖ ***Le marché des facteurs de production***

Le modèle ne fait pas une distinction entre le travail qualifié et le travail non qualifié. Ainsi donc, le modèle présenté ici retient l'hypothèse classique de plein emploi et de la flexibilité du salaire avec une mobilité des travailleurs entre les activités. Autrement dit, la variable d'ajustement est le taux du salaire.

Par la suite, le capital est employé en totalité et immobile entre les branches d'activités où certaines activités sont intensives en capital. D'une autre manière, chaque activité est forcée d'employer le même niveau de capital que celui constaté dans la MCSMar03. La variable d'ajustement (ou endogène) devient le taux du rendement du capital alors que la quantité totale de capital reste fixe.

❖ ***Le budget de l'État***

L'accord d'association avec l'UE a des impacts directs et indirects sur l'économie marocaine. Parmi ces impacts, il y a la baisse des recettes tarifaires marocaines à la suite à la réduction et/ou la suppression des tarifs douaniers.

Par hypothèse, la baisse des recettes est déterminée d'une manière endogène, i.e. le revenu de l'État reste fixe et la compensation est réalisée soit par les recettes des impôts directs sur le revenu des ménages et/ou entreprises, soit par les recettes des impôts indirects sur la production (la TVA).

La consommation publique, en terme réel, est fixe alors que la consommation publique nominale est endogène. Le but est de simuler le MEGCMar03 dans le cas d'une réduction tarifaire. Et, l'épargne publique est flexible grâce à l'endogénisation du prix de la consommation publique totale et de l'indice du prix pondéré.

Par ailleurs, les transferts en termes réels de l'UE vers le gouvernement marocain sont supposés fixes, de même que ceux versés par le gouvernement aux ménages et aux entreprises. Cette hypothèse est retenue pour égaliser le nombre d'équations avec celui des variables endogènes au sein de MEGCMar03.

❖ ***L'équilibre entre investissement et épargne***

Avant de décrire l'équilibre entre l'investissement et l'épargne, il convient de garder à l'esprit que le modèle ne comporte pas du marché financier, et il ne fait pas une distinction entre l'investissement public et l'investissement privé. À cet effet, l'investissement est considéré comme exogène, indiquant ainsi que le niveau d'investissement agrégé peut éventuellement fluctuer, alors que sa composition est fixe et correspond à celle observée dans la MCSMar03.

L'hypothèse retenue est celle de la théorie néoclassique, l'épargne précède l'investissement. Et, les agents épargnent une proportion fixe de leur revenu et n'investissent donc que ce qui a été épargné préalablement.

Dans ce type de bouclage, l'indice des prix à la production est choisi comme numéraire. L'investissement devient alors endogène pour assurer l'égalité ex post entre l'épargne et l'investissement. À cet effet, l'investissement total en terme nominal est flexible tandis que sa valeur réelle (la FBCF) est fixe, alors que les épargnes des trois SI (ménages, État et entreprises) sont endogènes.

Dans le modèle, la distribution des revenus est ajustée par l'introduction d'un facteur d'ajustement endogène (adj) : si (adj) est supérieur à un (1), il implique que la proportion des transferts des entreprises aux ménages a augmenté et le niveau de l'épargne des entreprises est diminué, et vice-versa.

Il faut noter que les transferts versés par les ménages aux entreprises sont considérés comme fixes de même pour ceux versés par les entreprises aux ménages.

❖ ***La balance extérieure***

Pour maintenir la cohérence interne de la MCSMar03, il est nécessaire de garder l'égalité entre emplois et ressources du compte de RdM qui figure à part entière dans la matrice.

Les deux principaux flux en provenance et à la destination de reste du monde sont les flux du commerce extérieur et les transferts, avec le compte résiduel que constitue l'épargne étrangère. Cette épargne n'est rien d'autre que la contrepartie directe du déficit de la balance courante.

Le bouclage qui sera adopté ici est couramment admis, il s'agit de considérer le taux de change comme flexible, ce qui implique la fixité de l'épargne étrangère. Cela revient de facto à supposer que le solde la balance commerciale est fixe en monnaie étrangère puisque les transferts du RUE15 sont eux-mêmes fixes (en monnaie étrangère). Ainsi, un choc exogène conduisant à une augmentation des exportations entraînera une appréciation du taux de change, telle que la hausse des importations et le ralentissement de la progression des exportations assureront la fixité du déficit extérieur (et donc de l'épargne étrangère).

À partir de ces différentes hypothèses, les variables endogènes du MEGCMar03 sont présentées dans le tableau suivant.

Tableau 14. Variables endogènes du MEGCMar03

Noms de variables endogènes	**Description**	**Nombre des variables**
XS_{tr}	Production de la branche d'activité tr (en volume)	30
VA_i	Valeur ajoutée de la branche d'activité i (en volume)	31
LD_i	Demande travail de la branche d'activité i (en volume)	31
EX_{fd}	Exportations de produits fd (en volume)	27
M_{fd}	Importation de produits fd (en volume)	27
EXr_RUE15_{rd}	Exportations de produits rd à la destination de l'UE15 (en volume)	24
EXr_RRUE_{rd}	Exportations de produits rd à la destination du RUE15 (en volume)	24
Mr_RUE15_{rd}	Importation de produits rd en provenance de l'UE15(en volume)	24
Mr_RRUE_{rd}	Importation de produits rd en provenance du RUE15 (en volume)	24
CI_i	Consommation intermédiaire totale de la branche j (en volume)	31
$DI_{tr,i}$	Demande intermédiaire pour le produit tr par la branche j (en volume)	30*31
DIT_{tr}	Demande intermédiaire totale pour le produit tr de la branche d'activité j en volume	30
Q_{fd}	Demande adressée au produit composite fd en volume	27
$TMREV_{rd,r}$	Recette totale tarifaire sur les importations du produit rd selon la destination.	24*2
$TMREV$	Recette totale tarifaire sur les importations de produits fd	1
YM	Revenu des ménages	1
YDM	Revenu disponible des ménages	1
SM	Épargne des ménages	1

YE	Revenu des entreprises	1
SE	Épargne des entreprises	1
SG	Épargne de l'État en valeur	1
YL	Rémunération salariale totale versée à l'économie	1
YLM	Rémunération salariale versée aux ménages	1
RKM	Revenu du capital versé aux ménages	1
RKE	Revenu du capital versé aux entreprises	1
RKG	Revenu du capital versé à l'État	1
CM_i	Consommation des ménages en produit i (en volume)	31
CTM	Consommation totale des ménages en volume	1
D_i	Demande pour le produit intérieur i en volume	31
TEG	Transferts des entreprises à l'État	1
TMG	Transferts des ménages à l'État	1
TDREV	Impôts directs sur le revenu des ménages et des entreprises	1
TIXR	Impôts indirects (nets) grevant la production de la branche d'activité I	31
TIXREV	Impôts indirects (nets) grevant la production de la branche d'activité fd et nfd en valeur	1
PM_{fd}	Prix intérieur (du marché) du produit importé fd	27
PE_{fd}	Prix payé à l'exportateur du produit fd	27
Pv_i	Prix de la valeur ajoutée dans la branche d'activité i	31
Pc_i	Prix du marché de produit composite i	31
PD_i	Prix du marché de produit local i vendu sur le marché intérieur.	31
Pi	Prix au producteur du produit i	31
PL_i	Prix au producteur du produit i pour la vente sur le marché intérieur	31
PINVT	Indice des prix à l'investissement.	1
pindex	Prix pondéré de la valeur ajoutée	1
r_{tr}	Rendement du capital de la branche d'activité tr	30
S	Taux de salaire	1
TINVS	Investissement total.	1
VS_i	Variation des stocks du produit i (en volume)	31
adj	Facteur d'ajustement des transferts	1
adjntx	Facteur d'ajustement des impôts indirects	1
WALRAS	WALRAS	1
OBJ	OBJ	1
Total des variables endogènes		**1698**

Source : Élaborer par l'auteure

Quant aux variables exogènes du MEGCMar03, elles sont présentées dans le tableau suivant :

Tableau 15. Variables exogènes du MEGCMar03

Noms de variables exogènes	**Descriptions**	**Nombre des variables**
CGT	Consommation publique totale.	1
CG_i	Consommation publique par produit i	4
YG	Recettes courantes de l'État (en valeur)	1
TEM	Transferts des entreprises aux ménages	1
TME	Transferts des ménages aux entreprises.	1
$TMUE$	Transferts des ménages à l'UE.	1
$TUEE$	Transferts courants de l'UE aux entreprises	1
$TGUE$	Transferts de l'État à l'UE.	1
$TEUE$	Transferts des entreprises à l'UE	1
$TUEM$	Transferts de l'UE aux ménages.	1
$TUEG$	Transferts reçus de l'UE par l'État.	1
TGM	Transferts de l'État aux ménages	1
TGE	Transferts de l'État aux entreprises.	1
$RKUE$	Revenu du capital versé à l'UE	1
KD_{tr}	Demande du capital de la branche d'activité tr en volume	30
LS	Offre totale de la main-d'œuvre (en volume).	1
PWM_{fd}	Prix mondial à l'importation de fd	27
PWE_{fd}	Prix mondial à l'exportation de fd	27
mr_RUE15_{rd}	prix à l'importation du produit rd selon la région UE15	24
mr_RRUE_{rd}	prix à l'importation du produit rd selon la région RUE15	24
er_RUE15_{rd}	prix à l'exportation du produit rd selon la région UE15	24
er_RRUE_{rd}	prix à l'exportation du produit rd selon la région RUE15	24
tm_{fd}	Taux de taxation douanière (net) à l'importation de produits fd	27
m_RUE15_{rd}	Taux d'imposition à l'importation du rd selon l'UE15	24
m_RRUE_{rd}	Taux d'imposition à l'importation du rd selon RUE15	24
$itxr_i$	Taux de taxe indirecte sur le produit i	31
$FBCF_i$	Formation brute du capital fixe du produit i (en volume)	31
e	Taux de change	1
WUE	Rémunération salariale reçue de l'UE	1
SR	Déficit courant de la balance des paiements.	1
Total des variables exogènes		**338**

Source : Élaborer par l'auteure

Les règles de bouclage ont une grande influence sur les résultats du modèle puisqu'ils déterminent la manière dont l'économie va s'ajuster à la suite d'un choc exogène quelconque.

Dans notre exemple, la fermeture macroéconomique du MEGCMar03 renferme les points suivants : l'équilibre budgétaire de l'État, l'équilibre entre l'investissement total et les épargnes de sorte à :

(i) endogéniéser les épargnes des ménages et des entreprises,

(ii) maintenir l'investissement en terme réel fixe et,

(iii) fixer le solde la balance courante.

Section 3. Calibrage des paramètres et des coefficients du MEGCMar03

Le calibrage est une phase importante pour le modélisateur, il consiste à calculer d'une façon déterministe les coefficients et les paramètres du MEGCMar03 à partir des données de la MCSMar03 de manière à reconstituer la situation d'équilibre de départ. Toutefois, d'autres paramètres et coefficients ne peuvent pas être calculés juste à partir de la MCS, il est nécessaire d'utiliser une autre méthode d'estimation comme la méthode économétrique.

La méthode de calibrage se présente brièvement par deux sous étapes (Strimbu-Lee, 2005) :

(i) la fixation a priori des valeurs numériques des paramètres des formes fonctionnelles, et

(ii) le calcul a posteriori des paramètres et des coefficients du modèle.

Les modélisateurs sont d'accord sur le fait que l'étape de calibrage influence, comme pour l'étape de bouclage, les résultats du modèle puisque certaines variables ou certains paramètres sont fixés d'une manière arbitraire à cause de l'absence ou de l'insuffisance des résultats tirés des études économétriques sur le comportement des SI et les élasticités du commerce extérieur. Pour cette raison, le modélisateur doit être très vigilant quant à l'utilisation des paramètres et des élasticités prêtés des autres études en dépit de l'analyse de sensibilité que le modélisateur est censé l'effectuer par la suite.

Les résultats de certains travaux seront utilisés pour déterminer les valeurs numériques des élasticités de substitution et de transformation du commerce extérieur du MEGCMar03 puisqu'elles ne peuvent pas être calibrées.

1- Fixation a priori des valeurs numériques des paramètres

Certains paramètres du modèle sont fixés d'une manière exogène, puisqu'il n'existe aucune manière de les calculer à partir des données de la MCS. Ils dépendent généralement d'une longue observation.

À cet égard, les élasticités fixées a priori dans le MEGCMar03 sont les élasticités de substitution entre les facteurs de production (le capital et le travail) et les élasticités de substitution et de transformation générales ou régionales du commerce extérieur. Leurs valeurs numériques sont déterminées à partir de plusieurs études notamment de Rutherford et al. (1994) et Salem (2004).

Le choix s'est focalisé sur l'adoption des mêmes valeurs de substitution et de transformation pour tous les secteurs (voir tableau ci-dessous). Par la suite, de nouvelles valeurs sont données de manière exogène à ces élasticités qui sont des valeurs moyennes ou faibles selon les secteurs.

Tableau 16. Valeurs numériques des élasticités de substitution et de transformation générales ou régionales du commerce extérieur

Notation dans GAMS	Désignation	Valeurs préfixées
tauex(I)	Élasticité de transformation commerciale de la fonction CET	0.9
tauer(I)	Élasticité de transformation commerciale de la fonction du type CET1	0.9
sigmam(I)	Élasticité de substitution commerciale de la fonction du type CES	0.6
sigmamr(I)	Élasticité de substitution commerciale de la fonction du type CES1	0.6

Source : Élaborer par l'auteure

Quant aux valeurs numériques des élasticités de substitution entre le capital et le travail, elles sont fixées de manière exogène à partir des travaux de Touhami (1996), Milgram (2003) et Annabi et al. (2006).

Tableau 17. Valeurs numériques des élasticités de substitution entre le capital et le travail

Secteurs ou branches d'activités	Élasticités de substitution entre le capital et le travail
AGRI et PECHE	0.8
EXTRA	0.4
INALIM	0.8
INTAB, INTEB et INCUIR	0.4
FBOIS, INPAC et IMPRIM	0.8
RAFFI, INCHIM, INCAOPL, FPNMET, METALLU, TMET, FMACH, FABMEI, IAUT, FAMTR, FMIDI, PDEE et CONST	0.5
COREP, HTLRES, TPTT, ACFA et IMLSRE	0.8
APGSS	0.0
ESAS	0.9
ASNF	0.9

Source : Élaborer à partir des données des travaux de Rutherford et al. (1994), Salem (2004), A. Touhami (1996), Milgram (2003) et Annabi et al. (2006).

2- Analyse de sensibilité

Les résultats de la simulation qui seront présentés et discutés par la suite dépendent en effet des valeurs identiques des élasticités de substitution et de transformation fixées a priori. Pour cette raison, il est intéressant et important pour le modélisateur d'effectuer une analyse de sensibilité afin d'envisager les effets sectoriels de l'accord de libre-échange avec d'autres valeurs des élasticités de substitution et de transformation du commerce extérieur, dans la mesure de voir l'impact de ces changements sur les résultats du modèle.

Dans le cas du MEGCMar03, l'analyse de sensibilité est effectuée seulement pour les valeurs des élasticités de substitution et de transformation du commerce extérieur à cause de caractère statique et multisectoriel du modèle.

L'accord de libre-échange entre le Maroc et l'UE peut provoquer des changements dans les comportements propres de consommateurs et producteurs marocains. Il peut, donc, changer la valeur de l'élasticité de substitution et de transformation entre les biens domestiques et ceux importés ou exportés, puisque ces événements peuvent rendre plus ou moins substituables les biens marocains et les biens étrangers (les biens européens). Afin d'envisager cette possibilité, certaines valeurs de l'élasticité de substitution et de transformation du commerce extérieur ont été augmentées ou diminuées. De plus, le but indirect d'une telle analyse est d'effectuer une comparaison par rapport à d'autres analyses des accords de libre-échange.

Tableau 18. Valeurs des élasticités de substitution et de transformation déterminées de manière exogène pour l'analyse de sensibilité

Secteurs ou branches d'activités	Élasticités de substitution et de transformation de commerce extérieur			
	Importation M	Importation par région M^r	Exportation X	Exportation par région X^r
AGRI et PECHE	0.5	1.1	1.1	1.1
EXTRA	1.1	1.1	1.1	1.1
INALIM et INTAB	0.5	1.1	1.1	1.1
INTEB et INCUIR	1.8	2	2	2
FBOIS, INPAC et IMPRIM	0.8	2	2	2
RAFFI	0.3	1.1	1.1	1.1
INCHIM, INCAOPL et FPNMET	0.5	2	2	2
METALLU et TMET	1.2	2	2	2
FMACH, FABMEI, IAUT, FAMTR et FMIDI	0.8	2	2	2
PDEE	1.2	2	2	2
CONST et COREP	0.0	0.0	0.0	0.0
HTLRES, TPTT et ACFA	0.8	0.0	1.1	0.0
IMLSRE	0.8	2	1.1	1.1
APGSS et ESAS	0.0	0.0	0.0	0.0
ASNF	0.8	2	1.1	1.1

Source : Élaborer à partir des données des travaux de Rutherford et al. (1994), Salem (2004), A. Touhami (1996), Milgram (2003) et Annabi et al. (2006).

3- Calcul a posteriori des paramètres et des coefficients du modèle

Pour les autres paramètres qui ne sont pas déterminés a priori, ils sont calculés de sorte que le modèle reproduise le même résultat de la situation de référence. D'une autre manière, le modélisateur doit réécrire les équations de son modèle d'une manière inverse en considérant les paramètres comme des valeurs expliquées.

Dans le MEGCMar03, les paramètres non fixés sont déduits à partir des équations du modèle et dont les valeurs initiales sont celles de la MCSMar03. Ils sont calibrés en utilisant les équations inversées suivantes[42] :

- La propension marginale à épargner du ménage :

$$\psi = \frac{SM0}{YDM0}$$

- La part de la consommation du produit i par rapport au revenu disponible du ménage :

$$\wp_M = \frac{Pc0_i \cdot CM0_i}{YDM0}$$

- La part des transferts versée par les entreprises à l'État :

$$\tau_E = \frac{TEG0}{YE0}$$

- La part des transferts versée par les ménages à l'État :

$$\tau_M = \frac{TMG0}{YM0}$$

- Les paramètres de la demande d'investissement pour les branches d'activités (i) :

$$\mu_i = \frac{(INV0_i + VS0_i)Pc0_i}{TINVS0_i}$$

- les coefficients techniques de la fonction Leontief :

$$io_i = \frac{CI0_i}{XS0_i} \text{ et } v_i = \frac{VA0_i}{XS0_i}$$

- le volume d'intrant intermédiaire tr se calcule à partir de la sous-matrice d'input - output de Leontief :

$$aij_{tr,i} = \frac{DI0_{tr,i}}{CI0_i}$$

- l'élasticité de substitution dans la valeur ajoutée est calibrée à partir des valeurs déterminées de paramètre de substitution :

$$\rho_{tr}^{VA} = \frac{\left(1 - \sigma_{tr}^{VA}\right)}{\sigma_{tr}^{VA}}$$

- Les paramètres de la fonction de production du type CES :

\- Le paramètre de distribution :

$$\alpha_{tr}^{VA} = \frac{1}{\left[1 + \left(\frac{S0}{r0_{tr}}\right)\left(\frac{LD0_{tr}}{KD0_{tr}}\right)^{\left(\rho_{tr}^{VA}+1\right)}\right]}$$

[42]Les variables exposant ″zéro″ 0 sont considérées comme des variables de la situation de référence (état initial).

- Le coefficient d'échelle :

$$A_{tr} = \frac{VA0_{tr}}{\left[\alpha_{tr}^{VA} KD0_{tr}^{-\rho_{tr}^{VA}} + (1-\alpha_{tr}^{VA}) LD0_{tr}^{-\rho_{tr}^{VA}}\right]^{-\frac{1}{\rho_{tr}^{VA}}}}$$

Pour le bloc du commerce extérieur, les paramètres calibrés sont les suivants :

♦ Le paramètre de distribution et de coefficient d'échelle de la fonction du type CET (voir la section a de **l'annexe 8**) :

- Le paramètre de transformation :

$$\kappa_{fd}^{E} = \frac{1+\tau_{fd}^{E}}{\tau_{fd}^{E}}$$

- Le paramètre distributif relatif au volume exporté fd :

$$\beta_{fd}^{E} = \frac{1}{\left[1+\left(\frac{Pl0_{fd}}{Pe0_{fd}}\right)\left(\frac{EX0_{fd}}{D0_{fd}}\right)^{(-1+\kappa_{fd}^{E})}\right]}$$

- Le coefficient d'échelle de la fonction de transformation commerciale :

$$B_{fd}^{E} = \frac{XS0_{fd}}{\left[\beta_{fd}^{E} EX0_{fd}^{\kappa_{fd}^{E}} + (1-\beta_{fd}^{E}) D0_{fd}^{\kappa_{fd}^{E}}\right]^{\frac{1}{\kappa_{fd}^{E}}}}$$

♦ Le paramètre de distribution et de coefficient d'échelle de la fonction du type CES (voir la section b de **l'annexe 8**) :

- Le paramètre de substitution : $\rho_{fd}^{M} = \frac{1-\sigma_{fd}^{M}}{\sigma_{fd}^{M}}$

- Le paramètre de substitution relatif au volume importé :

$$\alpha_{fd}^{M} = \frac{1}{\left[1+\left(\frac{Pd0_{fd}}{Pm0_{fd}}\right)\left(\frac{D0_{fd}}{M0_{fd}}\right)^{(1+\rho_{fd}^{M})}\right]}$$

- Le coefficient d'échelle de la fonction de substitution commerciale :

$$A_{fd}^{M} = \frac{Q0_{fd}}{\left[\alpha_{fd}^{M} M0_{fd}^{-\rho_{fd}^{M}} + (1-\alpha_{fd}^{M}) D0_{fd}^{-\rho_{fd}^{M}}\right]^{-\frac{1}{\rho_{fd}^{M}}}}$$

♦ Le paramètre de distribution et de coefficient d'échelle de la fonction de type CET1 (voir la section c de **l'annexe 8**) :

- Le paramètre de transformation :

$$\kappa_{rd}^{Er} = \frac{1-\tau_{rd}^{Er}}{\tau_{rd}^{Er}}$$

- Le paramètre distributif relatif au volume exporté selon la destination :

$$\begin{cases} \beta_{rd,r1}^{Er} = \dfrac{1}{\left[1+\left(\dfrac{Pe0_{rd,r2}^{r}}{Pe0_{rd,r1}^{r}}\right)\left(\dfrac{EX0_{rd,r1}^{r}}{EX0_{rd,r2}^{r}}\right)^{\left(-1+\kappa_{rd}^{r}\right)}\right]} avec \quad r1 = UE15 \\ \qquad\qquad\qquad\qquad\qquad\qquad\qquad\qquad\qquad r2 = RUE15 \\ \beta_{rd,r2}^{Er} = 1-\beta_{rd,r1}^{Er} \end{cases}$$

- Le coefficient d'échelle de la fonction CET1 :

$$D_{rd}^{Er} = \frac{EX0_{rd}^{r}}{\left[\beta_{rd,r}^{Er}\left[EX_{rd,r1}^{1r}\right]^{\kappa_{rd}^{Er}} + \left(1-\beta_{rd,r}^{Er}\right)\left[EX_{rd,r2}^{1r}\right]^{\kappa_{rd}^{Er}}\right]^{\frac{1}{\kappa_{rd}^{Er}}}}$$

♦ Le paramètre de distribution et de coefficient d'échelle de la fonction de type CES1 (voir la section d de l'annexe 8) :

- Le paramètre de substitution : $\rho_{tr}^{Mr} = \dfrac{1-\sigma_{tr}^{Mr}}{\sigma_{tr}^{Mr}}$

- Le paramètre de substitution relatif au volume importé selon la région économique :

$$\begin{cases} \alpha_{rd,r1}^{Mr} = \dfrac{1}{\left[1+\left(\dfrac{Pm0_{rd,r2}^{r}}{Pm0_{rd,r1}^{r}}\right)\left(\dfrac{M0_{rd,r2}^{1r}}{M0_{rd,r1}^{1r}}\right)^{\left(1+\rho_{rd}^{r}\right)}\right]} \quad avec \quad r1 = UE15 \\ \qquad\qquad\qquad\qquad\qquad\qquad\qquad\qquad\qquad r2 = RUE15 \\ \alpha_{rd,r2}^{Mr} = 1-\alpha_{rd,r1}^{Mr} \end{cases}$$

- Le coefficient d'échelle de la fonction CES1 :

$$C_{rd}^{Mr} = \frac{M0_{rd}^{r}}{\left[\alpha_{rd,r}^{Mr}\left(M_{rd,r1}^{1r}\right)^{-\rho_{rd}^{Mr}} + \left(1-\alpha_{rd,r}^{Mr}\right)\left(M_{rd,r2}^{1r}\right)^{-\rho_{rd}^{Mr}}\right]^{\frac{1}{\rho_{dr}^{Mr}}}}$$

✎Ceci termine l'écriture mathématique des différents paramètres et coefficients à calibrer du MEGCMar03, le tableau ci-dessous donne une description détaillée des paramètres et élasticités du modèle.

Tableau 19. Paramètres et élasticités du MEGCMar03

Notation	Description	Nombre de Paramètres et Élasticités
	Fonction de production	
A_{tr}	Coefficient d'échelle de la fonction de type CES. C'est une constante de niveau de la valeur de la branche d'activité tr (A_{tr} >0).	30
α_{tr}^{VA}	Paramètre de distribution (α_{tr} représente la part du capital dans les coûts de production et $(1-\alpha_{tr})$ représente celle de la main-d'œuvre dans les coûts de production) avec $(0<\alpha_{tr}<1)$.	30
σ_{tr}^{VA}	Élasticité de substitution dans la valeur ajoutée (type CES)	30
ρ_{tr}^{VA}	Paramètre de substitution dans la valeur ajoutée (type CES)	30
$aij_{tr,j}$	Volume d'intrants intermédiaire tr par unité demande intermédiaire de la branche d'activité j ($0<aij_{ij}<1$).	30*31
δ_i	Part de la branche i dans la valeur ajoutée totale.	31
v_i	Coefficient technique de la fonction Leontief ($0<v_j<1$).	31
io_i	Coefficient technique de la fonction Leontief ($0<io_j<1$ et $io_j+v_j=1$)	31
	Fonction de CET	
B_{fd}^{E}	Coefficient d'échelle. C'est une constante de niveau de la fonction de transformation commerciale (>0).	27
β_{fd}^{E}	Paramètre distributif relatif au volume exporté.	27
κ_{fd}^{E}	Paramètre de transformation	27
τ_{fd}^{E}	Élasticité de transformation commerciale.	27
	Fonction de CES	
A_{fd}^{M}	Coefficient d'échelle.	27
α_{fd}^{M}	Paramètre distributif relatif au volume importé.	27
ρ_{fd}^{M}	Paramètre de substitution	27
σ_{fd}^{M}	Élasticité de substitution commerciale du produit composite	27
	Fonction de CET1 concernant les exportations selon la destination	
D_{rd}^{Er}	Coefficient d'échelle (constante)	24
$\beta_{rd,r}^{Er}$	Paramètre distributif relatif au volume exporté selon la destination.	24*2

κ^{Er}_{rd}	Paramètre de transformation (concernant l'exportation selon la destination)	24
τ^{Er}_{rd}	Élasticité de transformation	24
Fonction de CES1 concernant les importations selon la destination		
$C^{M}_{rd,r}$	Coefficient d'échelle	24
$\alpha^{Mr}_{rd,r}$	Paramètre distributif relatif au volume importé selon la région	24*2
ρ^{Mr}_{rd}	Paramètre de substitution	24
σ^{Mr}_{rd}	Élasticité de substitution commerciale du produit composite	24
Autres paramètres et Élasticités		
λ_M	Part de la rémunération du capital versée aux ménages $(0 \leq \lambda_M \leq 1)$	1
λ_E	Part de la rémunération du capital versée aux entreprises $(0 \leq \lambda_E \leq 1)$	1
λ_G	Part de la rémunération du capital versée à l'État $(0 \leq \lambda_G \leq 1)$	1
ψ	Propension marginale ou moyenne à épargner des ménages.	1
$\wp_i$	Part de budget de consommation des ménages allouée à la consommation des différents produits tr	31
τ_E	Part des transferts versés par les entreprises à l'État.	1
τ_M	Part des transferts versés par les ménages à l'État.	1
μ_{nd}	Part (en valeur) du produit i dans l'investissement total du pays	31
Nombre total des paramètres et des élasticités		**1667**

Source : Élaborer par l'auteure

Il faut signaler que les données de la MCSMar03 sont des flux en valeur, alors que les variables du système sont des flux en valeur et en volume (en deux termes) ; c'est ainsi qu'il est nécessaire de séparer les prix des quantités dans la base des données. Pour en faire, la plupart des modélisateurs adoptent la méthode de séparation de Mansûr et Whalley (1984) et de Shoven et Whalley (1992) qui consiste à calibrer à l'unité certains prix du modèle, de telle façon les données statistiques correspondantes de la MCS2003 représentent directement des quantités, alors les autres quantités sont déterminées à partir des égalités comptables, comme présentées dans le MEGCMar03.

Tableau 20. Prix à l'unité du MEGCMar03

Prix	Description	Valeur
P_{tr}	Prix au producteur du produit tr	
PL_{tr}	Prix au producteur du produit tr pour la vente sur le marché intérieur	
PWM_{fd}	Prix mondial à l'importation de fd	
PWE_{fd}	Prix mondial à l'exportation de fd	1
$PE_{rd,r}$	Prix payé à l'exportateur du produit rd selon la destination	
S	Taux de salaire	
e	Taux de change	

Source : Élaborer par l'auteure

Enfin, il reste à calibrer le modèle en le traduisant en langage informatique du GAMS (**Annexe** 10). Une fois les étapes précédentes sont bien passées, le modélisateur doit fixer les différents scénarios du modèle pour répondre à la problématique de l'impact de l'accord de libre-échange sur l'économie marocaine.

Section 4. Simulations d'impact de libre-échange

La détermination de la maquette des scénarios constitue la cinquième étape pour l'élaboration du MEGCMar03. Elle consiste, d'abord, à établir du plan des simulations ou des choix des scénarios, i.e. sélectionner les variables ou les paramètres à modifier dans le but d'analyser et de répondre à la problématique fixée à l'étape 1; puis, à résoudre le modèle avec les nouvelles valeurs numériques des paramètres et des élasticités qui sont fixées a priori ou calculées a posteriori ; et enfin, de comparer les valeurs obtenues avec celles de la situation de référence.

L'objectif fixé dans cet exercice d'application est d'évaluer l'impact de l'accord d'association avec l'UE sur l'économie marocaine. Pour y arriver, les scénarios du MEGCMar03 ont été illustrés ***(i)*** du contenu de cet accord, ***(ii)*** de la stratégie du gouvernement marocain surtout au niveau du commerce extérieur, ***(iii)*** du programme des aides financières, ou le programme MEDA, et ***(iv)*** des programmes sociaux d'amélioration du bien-être des citoyens.

Quatre thèmes peuvent être fixés comme des scénarios ou des simulations dans cet exercice d'application :

Scénario 1. Amélioration des échanges extérieurs : l'élargissement de l'UE constitue un grand chantier pour le XXIe siècle, le passage d'une union à 15 vers une grande union à 27, et peut être même à 32 ou 33 pays, représente un marché de 500 à 600 millions d'habitants, le plus vaste de la planète en termes économiques (la documentation française, 2004). En effet, cet élargissement est une occasion pour les pays signataires de l'accord d'association avec l'UE dans le sens où il permet d'augmenter leurs demandes extérieures (leurs exportations vers les pays de l'UE).

Scénario 2. Réforme de la structure économique avec les aides financières : dans le cadre du programme MEDA, le Maroc reçoit des aides financiers de l'UE. Le but est d'encourager et soutenir la réforme de ses structures économique et sociale en vue de les adapter au nouveau contexte tel que décrit dans l'accord (la création d'une zone de libre-échange) et les différents changements qui seront amenés en parallèle.

Scénario 3. Encouragement de l'investissement national et étranger : au cours des dernières années, le Maroc a encouragé l'investissement dans plusieurs secteurs, notamment le secteur des hôtels et de la restauration (HTLRES) et le secteur des industries automobiles (IAUT).

Scénario 4. Augmentation du revenu des ménages et des entreprises : le Maroc a envisagé d'améliorer le pouvoir d'achat des citoyens en programmant la diminution de taux des impôts directs liés aux revenus des ménages et des entreprises, afin de soutenir le pouvoir d'achat de consommateur et d'encourager la compétitivité des entreprises.

Tableau 21. Maquette des scénarios du MEGCMar03

Sous - scénarios	**Description**
Scénario 1. Changement des tarifs douaniers	
Scénario 1.a	***Libéralisation commerciale des produits industriels (sim1.a[43])*** Cette libéralisation est effectuée à travers une élimination de 20% des droits de douane sur les produits industriels importés (INALIM et INTAB) par le Maroc en provenance de l'UE.
Scénario 1.b	***Libéralisation commerciale des produits industriels et agricoles (sim1.b)*** Ce scénario renferme le scénario 1.a avec une diminution de 10% des droits de douane sur les produits agricoles (AGRI).
Scénario 1.c	***Libéralisation commerciale partielle (sim1.c)*** Cette libéralisation est effectuée à travers une élimination de 20% des droits de douane sur les produits industriels importés (INALIM et INTAB) par le Maroc en provenance de l'UE. Ce scénario renferme **le scénario 1.b** avec une diminution de 10% sur les produits industriels (INALIM et INTAB) et agricoles (AGRI) importés par le Maroc en provenance des pays hors l'UE.
Scénario 1.d	***Libéralisation commerciale totale (sim1.d)*** Ce scénario propose une diminution des tarifs douaniers à l'importation de 20% sur tous les produits importés (rd) par le Maroc en provenance des pays de l'UE.
Scénario 2. Augmentation des transferts de l'UE (le programme MEDA)	
Scénario 2.a	***Augmentation des transferts en provenance de l'UE15 (sim2.a)*** Ce scénario traduit la politique des aides financières programmée par l'accord de libre-échange. Il suppose une augmentation de 25% des

[43] Notation dans GAMS.

	transferts versés par l'UE15 à l'État (TUEG) et aux ménages (TUEM).
Scénario 2.b	***Libéralisation commerciale des produits industriels avec une augmentation des transferts en provenance de l'UE15 (sim2.b) :*** Ce scénario renferme le scénario 1.a avec une augmentation des transferts de l'UE vers le gouvernement marocain et les ménages de 25% (scénario 2.a).
Scénario 2.c	***Libéralisation commerciale des produits industriels et agricoles avec une augmentation des transferts (sim2.c) :*** Ce scénario renferme le scénario 1.b avec une augmentation des transferts de l'UE vers le gouvernement marocain de 15%.
Scénario 3. Encouragement des investissements nationaux et étrangers	
Scénario 3.a	***Libéralisation commerciale des produits industriels avec une augmentation du capital spécifique (sim3.a) :*** Ce scénario renferme le scénario 1.a avec une augmentation du capital spécifique dans les secteurs des hôtels et de la restauration (HTLRES) et l'industrie d'automobile (IAUT) de 20%, combinant, à cet effet, une augmentation des transferts des entreprises vers l'UE15 (TEUE) de 20%.
Scénario 3.b	***Libéralisation commerciale totale avec une augmentation du capital spécifique (sim3.b) :*** Ce scénario renferme le scénario 1.b avec une augmentation de la demande extérieure c'est-à-dire une augmentation de 50% des prix à l'exportation des produits marocains à la destination de l'UE. Ce scénario a pour but d'étudier la possibilité de compenser la perte causée par le démantèlement tarifaire.
Scénario 4. Diminution des taux des impôts directs sur le revenu	
Scénario 4.a	***Diminution des taux des impôts directs sur le revenu (sim4.a) :*** Ce scénario cherche à traduire la politique du soutien de pouvoir d'achat des ménages et la compétitivité des entreprises. À cet effet, il propose une diminution de 5% de l'IR (impôt sur le revenu des ménages) et de 2% de l'IS (impôt sur les sociétés). Cette diminution peut aggraver la perte causée par le démantèlement tarifaire.
Scénario 4.b	***Libéralisation commerciale des produits industriels et agricoles avec une diminution des taux des impôts directs (sim4.b) :*** Ce scénario est une combinaison des deux scénarios : la sim1.b et la sim4.a.
Scénario 4.c	***Libéralisation commerciale des produits industriels et agricoles avec une diminution des taux des impôts directs et une augmentation du capital spécifique (sim4.c) :*** Ce scénario stimule les effets de plusieurs changements en combinant les effets de la sim4.b, de l'augmentation de 20% du capital spécifique dans les secteurs HTLRES et IAUT, et de l'augmentation des transferts des entreprises vers l'UE15 de 20%.

Source : Élaborer par l'auteure

À l'aide du MEGCMar03, le modélisateur peut tourner le modèle et interpréter les résultats obtenus. Il faut noter que la maquette de scénarios élaborée dans cette section ne constitue qu'un exemple des scénarios, qu'ils peuvent être appliqués dans ce modèle. Par conséquent, une fois le modèle est bien élaboré, le modélisateur peut tourner son modèle en fixant d'autres objectifs ou, par exemple, mesures d'accompagnement de l'accord de libre-échange que les décideurs veulent les envisager.

Chapitre 4. Analyse d'impacts de l'Accord de libre-échange sur l'économie marocaine

Ce chapitre présente une analyse des résultats de 12 simulations du MEGCMar03. Puisque le volume des informations tirées de cet exercice d'application est très important et riche,[44] les effets de ces simulations seront analysés selon les points suivants : *(i)* les échanges extérieurs marocains, *(ii)* les facteurs de la production, *(iii)* la production sectorielle et la demande intérieure *(iv)* le bien-être des ménages, et *(v)* les revenus et les épargnes des ménages, des entreprises et de l'État.

Dans l'analyse des résultats, le modélisateur est présumé de faire appel à ses hypothèses retenues lors de l'élaboration de son modèle puisqu'elles influencent énormément ses outputs.

Section 1. Impacts sur les échanges extérieurs

Le MEGCMar03 a supposé que les échanges totaux, les échanges par région, les prix à l'importation (Pm(fd)) et les prix de l'exportation (Pe(fd)) sont endogènes; par contre, les deux prix à l'importation et à l'exportation des produits rd sont exogènes. Évidemment, les effets des différents scénarios sur les échanges extérieurs marocains ont des impacts différents selon la nature des biens échangeables et la région de l'importation et/ou de l'exportation.

1- Importations

La fonction de l'importation totale retenue dans cet exercice d'application a la forme d'une fonction composite des importations ; i.e., elle est une fonction de type CES, en tenant compte des régions (la région UE15 et la région RUE). À cet effet, la variation de l'importation totale évolue dans les mêmes sens que celle de l'importation régionale de l'UE15 et de l'importation régionale de RUE.

a- Importations totales

Le tableau ci-dessous résume le signe des impacts en valeur et en valeur des différentes simulations sur les importations totales selon les branches d'activités.

[44] Pour simplifier la présentation des résultats, nous n'allons pas présenter les détails de l'output fourni par le logiciel GAMS.

Tableau 22. Impacts sur les importations totales en valeur (Va) et en volume (Vo)

BRANCHES ACTIVITES	ANNEE DE REFERENCE		simulation 1								simulation 2						simulation 3				simulation 4					
			sim1.a		sim1.b		sim1.c		sim1.d		Sim2.a		sim2.b		sim2.c		sim3.a		sim3.b		sim4.a		sim4.b		sim4.c	
	Vo	Va	Vo	Va	Vo	Va	Vo	Va	Vo	Va	Vo	Va	Vo	Va	Vo	Va	Vo	Va	Vo	Va	Vo	Va	Vo	Va	Vo	Va
AGRI	6911,105	8801,653	0	0	0	0	0	0	0	0	0	0	0	0	0	0	+	+	+	+	+	+	+	+	-	-
PECHE	51,144	55,537	0	0	0	0	-	-	-	-	-	-	-	-	-	-	-	-	-	-	+	+	+	+	-	-
EXTRA	11275,72	12116,636	0	0	0	0	-	-	-	-	-	-	-	-	-	-	-	-	-	-	+	+	+	+	-	-
INALIM	4593,179	6619,433	0	0	0	0	-	-	-	-	0	0	0	0	0	0	+	-	+	-	+	+	+	+	+	+
INTAB	121,06	479,725	0	0	0	0	-	-	-	+	0	+	0	+	0	+	-	+	-	+	+	-	+	+	-	+
INTEB	15977,961	17864,713	0	0	0	0	-	-	-	-	-	-	-	-	-	-	-	-	-	-	+	+	+	+	-	-
INCUIR	943,272	1221,814	0	0	0	0	-	-	-	-	-	-	-	-	-	-	-	-	-	-	+	+	+	+	-	-
FBOIS	1796,925	2024,227	0	0	0	0	-	-	-	-	-	-	-	-	-	-	-	-	-	-	+	+	+	+	-	-
INPAC	2210,528	2346,916	0	0	0	0	-	-	-	-	-	-	-	-	-	-	-	-	-	-	+	+	+	+	-	-
IMPRIM	672,392	700,915	0	0	0	0	-	0	-	0	+	+	+	+	+	+	-	-	-	-	-	-	-	-	+	+
RAFFI	6768,992	10354,773	0	0	0	0	-	+	-	+	-	0	-	0	-	0	-	+	-	+	+	0	+	0	-	-
INCHIM	13056,28	14298,856	0	0	0	0	-	-	-	-	-	-	-	-	-	-	-	-	-	-	+	+	+	+	-	-
INCAOPL	3187,767	3588,838	0	0	0	0	+	+	+	+	0	0	0	0	0	0	+	+	+	+	-	-	-	-	+	+
FPNMET	1171,418	1359,698	0	0	0	0	+	+	+	+	0	+	0	+	0	+	+	+	+	+	-	-	-	-	-	+
METALLU	6579,192	7011,064	-	-	-	-	0	+	0	+	-	-	-	-	-	-	+	+	+	+	+	+	+	+	-	-
TMET	2418,265	2685,883	-	-	-	-	+	+	+	+	0	0	0	0	0	0	+	+	+	+	-	-	-	-	+	+
FMACH	12173,696	12791,698	-	-	-	-	+	+	+	+	+	+	+	+	+	+	+	+	+	+	-	-	-	-	+	+
FABMEI	14669,136	15846,231	0	0	0	0	+	+	+	+	+	+	+	+	+	+	+	+	+	+	-	-	-	-	+	+
IAUT	5374,519	6528,467	0	0	0	0	+	+	+	+	+	+	+	+	+	+	+	+	+	+	-	-	-	-	+	+
FAMTR	3464,459	3577,347	0	0	0	0	+	+	+	+	+	+	+	+	+	+	+	+	+	+	-	-	-	-	+	+
FMIDI	1473,931	1764,735	0	0	0	0	+	+	+	+	+	+	+	+	+	+	+	+	+	+	-	-	-	-	+	+
PDEE	322,284	341,84	0	0	0	0	-	+	-	+	+	+	+	+	+	+	+	+	+	+	-	-	-	-	+	+
HTLRES	1295,452	1446	0	0	0	0	+	+	+	+	+	+	+	+	+	+	+	+	+	+	-	-	-	-	+	+
TPTT	10089,363	10955	0	0	0	0	+	+	+	+	+	+	+	+	+	+	+	+	+	+	-	-	-	-	+	+
ACFA	327,083	345	0	0	0	0	+	+	+	+	+	+	+	+	+	+	+	+	+	+	-	-	-	-	+	+
IMLSRE	3619,654	3825	0	0	0	0	+	+	+	+	+	+	+	+	+	+	+	+	+	+	-	-	-	-	+	+
ASNF	185,549	203	0	0	0	0	-	-	-	-	-	0	-	0	-	0	-	-	-	-	+	+	+	+	-	-

Source : Calculer à partir du logiciel GAMS

Noté : 0 signifie l'absence d'impact ; le signe (-) signifie un impact négatif et le signe (+) indique un impact positif.

L'impact de l'accord de libre-échange (ALE) sur l'importation marocaine est généralement positif, notamment sur les secteurs d'industrie et de services, tels que PECHE, EXTRA, INTEB, INCUIR, FBOIS, INPAC, FABMEI, IAUT, FAMTR, FMIDI, HTLRES, TPTT, ACFA et IMLSRE. Par contre, seulement quatre branches d'activités ont connu des impacts négatifs : INTEB, INCUIR, FBOIS et INPAC.

b- Importations régionales

Les impacts de l'ALE sur les importations selon la provenance régionale n'ont pas de mêmes effets sur les branches d'activités. Ceux en provenance de l'UE sont positifs dans six branches d'activités, à savoir FABMEI, IAUT, FAMTR, FMIDI, PDEE et IMLSRE.

Par ailleurs, les impacts sont positifs sur celles en provenance de RUE pour six branches d'activités : FMACH, FABMEI, IAUT, FAMTR, FMIDI et IMLSRE. Par contre, ces impacts sont négatifs dans neuf branches d'activités en provenance de l'UE (PECHE, EXTRA, INTEB, INCUIR, FBOIS, INPAC, RAFFI, INCHIM et ASNF) et sept branches d'activités en provenance de RUE (EXTRA, INTEB, INCUIR, FBOIS, INPAC, RAFFI, et INCHIM).

Le tableau ci-dessous présente les signes de ces impacts selon la provenance régionale (l'UE15 ou le RUE15).

Tableau 23. Impacts sur les importations par région économique en valeur (Va) et en volume (vo)

- **En provenance de l'UE**

BRANCHES ACTIVITES	ANNEE DE REFERENCE		simulation 1								simulation 2						Simulation 3				Simulation 4					
			sim1.a		sim1.b		sim1.c		sim1.d		Sim2.a		sim2.b		sim2.c		Sim3.a		sim3.b		Sim4.a		Sim4.b		Sim4.c	
	vol	val	vol	val	vol	val	vol	val	vol	val	vol	val	vol	val	vol	val	vol	val	Vol	val	vol	val	vol	val	vol	val
AGRI	2987,26	2987,26	0	0	0	0	0	0	0	0	0	0	0	0	0	0	+	+	+	+	+	+	+	+	-	-
PECHE	47,499	47,499	0	0	0	0	-	-	-	-	-	-	-	-	-	-	-	-	-	-	+	+	+	+	-	-
EXTRA	534,934	534,934	0	0	0	0	-	-	-	-	-	-	-	-	-	-	-	-	-	-	+	+	+	+	-	-
INALIM	2436,49	2436,49	0	0	0	0	-	-	-	-	0	0	0	0	0	0	+	+	+	+	+	+	+	+	+	+
INTAB	21,645	21,645	0	0	0	0	-	-	-	-	0	0	0	0	0	0	-	-	-	-	+	+	+	+	-	-
INTEB	15071,1	15071,1	0	0	0	0	-	-	-	-	-	-	-	-	-	-	-	-	-	-	+	+	+	+	-	-
INCUIR	999,938	999,938	0	0	0	0	-	-	-	-	-	-	-	-	-	-	-	-	-	-	+	+	+	+	-	-
FBOIS	1273,32	1273,32	0	0	0	0	-	-	-	-	-	-	-	-	-	-	-	-	-	-	+	+	+	+	-	-
INPAC	1795,96	1795,96	0	0	0	0	-	-	-	-	-	-	-	-	-	-	-	-	-	-	+	+	+	+	-	-
IMPRIM	580,267	580,267	0	0	0	0	-	-	-	-	+	+	+	+	+	+	-	-	-	-	-	-	-	-	+	+
RAFFI	5445,77	5445,77	0	0	0	0	-	-	-	-	-	-	-	-	-	-	-	-	-	-	+	+	+	+	-	-
INCHIM	9562,02	9562,02	0	0	0	0	-	-	-	-	-	-	-	-	-	-	-	-	-	-	+	+	+	+	-	-
INCAOPL	2661,32	2661,32	0	0	0	0	+	+	+	+	0	0	0	0	0	0	+	+	+	+	-	-	-	-	+	+
FPNMET	972,278	972,278	0	0	0	0	+	+	+	+	0	0	0	0	0	0	+	+	+	+	-	-	-	-	-	-
METALLU	4083,55	4083,55	-	-	-	-	0	0	0	0	-	-	-	-	-	-	+	+	+	+	+	+	+	+	-	-
TMET	1978,43	1978,43	-	-	-	-	+	+	+	+	0	0	0	0	0	0	+	+	+	+	-	-	-	-	+	+
FMACH	10359,3	10359,3	-	-	-	-	+	+	+	+	+	+	+	+	+	+	+	+	+	+	-	-	-	-	+	+
FABMEI	9401,69	9401,69	0	0	0	0	+	+	+	+	+	+	+	+	+	+	+	+	+	+	-	-	-	-	+	+
IAUT	4331,16	4331,16	0	0	0	0	+	+	+	+	+	+	+	+	+	+	+	+	+	+	-	-	-	-	+	+
FAMTR	1952,24	1952,24	0	0	0	0	+	+	+	+	+	+	+	+	+	+	+	+	+	+	-	-	-	-	+	+
FMIDI	1257,33	1257,33	0	0	0	0	+	+	+	+	+	+	+	+	+	+	+	+	+	+	-	-	-	-	+	+
PDEE	341,84	341,84	0	0	0	0	+	+	+	+	+	+	+	+	+	+	+	+	+	+	-	-	-	-	+	+
IMLSRE	3147,95	3147,95	0	0	0	0	+	+	+	+	+	+	+	+	+	+	+	+	+	+	-	-	-	-	+	+
ASNF	146,097	146,097	0	0	0	0	-	-	-	-	-	-	-	-	-	-	-	-	-	-	+	+	+	+	-	-

- **En provenance de RUE**

BRANCHES ACTIVITES	ANNEE DE REFERENCE		simulation 1								simulation 2						Simulation 3				Simulation 4					
			sim1.a		sim1.b		sim1.c		sim1.d		Sim2.a		sim2.b		sim2.c		Sim3.a		sim3.b		Sim4.a		Sim4.b		Sim4.c	
	vol	val	vol	val	vol	val	vol	val	vol	val	vol	val	vol	val	vol	val	vol	val	Vol	val	vol	val	vol	val	vol	val
AGRI	**5814,39**	**5814,39**	**0**	**0**	**0**	**0**	**0**	**0**	**0**	**0**	**0**	**0**	**0**	**0**	**0**	**0**	+	+	+	+	+	+	+	+	-	-
PECHE	**8,038**	**8,038**	**0**	**0**	**0**	**0**	-	-	-	-	**0**	**0**	**0**	**0**	**0**	**0**	-	-	-	-	+	+	+	+	-	-
EXTRA	**11581,7**	**11581,7**	**0**	**0**	**0**	**0**	-	-	-	-	-	-	-	-	-	-	-	-	-	-	+	+	+	+	-	-
INALIM	**4182,94**	**4182,94**	**0**	**0**	**0**	**0**	-	-	-	-	**0**	**0**	**0**	**0**	**0**	**0**	+	+	+	+	+	+	+	+	+	+
INTAB	**458,08**	**458,08**	**0**	**0**	**0**	**0**	-	-	-	-	**0**	**0**	**0**	**0**	**0**	**0**	-	-	-	-	+	+	+	+	-	-
INTEB	**2793,65**	**2793,65**	**0**	**0**	**0**	**0**	-	-	-	-	-	-	-	-	-	-	-	-	-	-	+	+	+	+	-	-
INCUIR	**221,875**	**221,875**	**0**	**0**	**0**	**0**	-	-	-	-	-	-	-	-	-	-	-	-	-	-	+	+	+	+	-	-
FBOIS	**750,909**	**750,909**	**0**	**0**	**0**	**0**	-	-	-	-	-	-	-	-	-	-	-	-	-	-	+	+	+	+	-	-
INPAC	**550,961**	**550,961**	**0**	**0**	**0**	**0**	-	-	-	-	-	-	-	-	-	-	-	-	-	-	+	+	+	+	-	-
IMPRIM	**120,647**	**120,647**	+	+	+	+	**0**	**0**	**0**	**0**	+	+	+	+	+	+	-	-	-	-	-	-	-	-	+	+
RAFFI	**4909**	**4909**	**0**	**0**	**0**	**0**	-	-	-	-	-	-	-	-	-	-	-	-	-	-	+	+	+	+	-	-
INCHIM	**4736,84**	**4736,84**	**0**	**0**	**0**	**0**	-	-	-	-	-	-	-	-	-	-	-	-	-	-	+	+	+	+	-	-
INCAOPL	**927,518**	**927,518**	**0**	**0**	**0**	**0**	+	+	+	+	**0**	**0**	**0**	**0**	**0**	**0**	+	+	+	+	-	-	-	-	+	+
FPNMET	**387,42**	**387,42**	**0**	**0**	**0**	**0**	+	+	+	+	+	+	+	+	+	+	+	+	+	+	-	-	-	-	-	-
METALLU	**2927,52**	**2927,52**					**0**	**0**	**0**	**0**	-	-	-	-	-	-	+	+	+	+	+	+	+	+	-	-
TMET	**707,454**	**707,454**	-	-	-	-	+	+	+	+	**0**	**0**	**0**	**0**	**0**	**0**	+	+	+	+	-	-	-	-	+	+
FMACH	**2432,44**	**2432,44**	-	-	-	-	+	+	+	+	+	+	+	+	+	+	+	+	+	+	-	-	-	-	+	+
FABMEI	**6444,55**	**6444,55**	**0**	**0**	**0**	**0**	+	+	+	+	+	+	+	+	+	+	+	+	+	+	-	-	-	-	+	+
IAUT	**2197,31**	**2197,31**	**0**	**0**	**0**	**0**	+	+	+	+	+	+	+	+	+	+	+	+	+	+	-	-	-	-	+	+
FAMTR	**1625,11**	**1625,11**	**0**	**0**	**0**	**0**	+	+	+	+	+	+	+	+	+	+	+	+	+	+	-	-	-	-	+	+
FMIDI	**507,401**	**507,401**	**0**	**0**	**0**	**0**	+	+	+	+	+	+	+	+	+	+	+	+	+	+	-	-	-	-	+	+
PDEE	**0.000**	**0.000**																								
IMLSRE	**677,051**	**677,051**	**0**	**0**	**0**	**0**	+	+	+	+	+	+	+	+	+	+	+	+	+	+	-	-	-	-	+	+
ASNF	**56,903**	**56,903**	**0**	**0**	**0**	**0**	-	-	-	-	**0**	**0**	**0**	**0**	**0**	**0**	-	-	-	-	+	+	+	+	-	-

Source : Calculer à partir du logiciel GAMS

Noté : 0 signifie l'absence d'impact ; le signe (-) signifie un impact négatif et le signe (+) indique un impact positif.

Selon les mesures prises dans chaque simulation, les importations régionales marocaines ne semblent pas être encouragées par la mesure d'une diminution des droits de douane à l'importation des produits industriels (INALIM et INTAB) ou agricoles (AGRI) (sim1.a et sim1.b).

De plus, les importations régionales dans la simulation 3 enregistrent une augmentation plus forte en deux termes (Vo et Va) surtout pour les produits TMET (+6.6%), IAUT (+7.68%), FMACH et FAMTR (+10%).

Le plus haut niveau de variation est enregistré dans la simulation 4 (sim4.c) par les produits FAMT (13.08%) et FMACH (11.10%), tandis que le plus bas niveau de variation est enregistré par les produits PECHE (-5.213%), INCUIR (-10.285%) et IMPAC (-6.228%).

2- Exportations

Dans le MEGCMar03, la fonction des exportations est supposée être de type CET pour pouvoir traduire le comportement du producteur marocain qui tente de maximiser sa recette totale compte tenu des occasions offertes sur le marché local et celles sur le marché extérieur de l'UE15 et/ou de RUE15.

a- Exportations totales

Il apparaît que les impacts sont positifs pour la simulation 3, la sim4.a et la sim4.b dans la plupart des branches d'activités (voir le tableau suivant).

Si on applique la mesure d'une "libéralisation commerciale totale avec une augmentation du capital spécifique" (Simulation 3), l'exportation totale des quatorze branches d'activités (INALIM, INTEB, RAFFI, INCAOPL, FPNMET, METALLU, TMET, FABMEI, FAMTR, FMIDI, PDEE, TPTT, ACFA et IMLSRE) va diminuer (en volume et en valeur), tandis qu'elle augmente dans treize branches d'activités (AGRI, PECHE, EXTRA, INTAB, INCUIR, FBOIS, INPAC, IMPRIM, INCHIM, FMACH, IAUT, HTLRES et ASNF). En tenant compte le plus haut niveau de variation a enregistré par les branches d'activités HTLRES (+35.22%), IAUT (+20.48%) et INTAB (9.25%), alors que le plus bas niveau de variation est enregistré par les branches d'activités ACFA (-6.9%), RAFFI (-3.5%) et TMET (-3.3%). Les résultats de la simulation 3 indiquent que *le secteur agricole est perdant de l'ALE, tandis que certaines branches d'activités de secteurs d'industrie et de services sont gagnantes.*

Si on adopte une politique d'une libéralisation commerciale avec une augmentation des revenus (la diminution des taux des impôts directs sur le revenu) (Sim4.a et Sim4.b), l'exportation totale marocaine augmente dans la majorité des secteurs à l'exception des secteurs METALLU et INTAB. Mais si cette mesure est accompagnée par une augmentation du capital spécifique (Sim4.c), l'exportation totale marocaine diminue dans la majorité des secteurs à l'exception des trois secteurs METALLU, IAUT et HTLRES où leurs exportations augmentent de +0,371%, +14,760% et +27,019%, respectivement.

Tableau 24. Impacts sur les exportations totales en valeur (Va) et en volume (Vo)

BRANCHES ACTIVITES	ANNEE DE REFERENCE		simulation 1								simulation 2						simulation 3				simulation 4					
			sim1.a		sim1.b		sim1.c		sim1.d		sim2.a		sim2.b		Sim2.c		sim3.a		sim3.b		sim4.a		sim4.b		sim4.c	
	vol	val	vol	val	vol	val	vol	val	vol	val	vol	val	vol	val	vol	val	vol	val	vol	val	vol	val	vol	val	vol	val
AGRI	7029,736	7029,736	0	0	0	0	0	0	0	0	0	0	0	0	0	0	+	+	+	+	+	+	+	+	-	-
PECHE	2903,079	2903,079	0	0	0	0	+	+	+	+	-	-	-	-	-	-	+	+	+	+	+	+	+	+	-	-
EXTRA	6279,934	6279,934	0	0	0	0	+	+	+	+	-	-	-	-	-	-	+	+	+	+	+	+	+	+	-	-
INALIM	15207,52	15207,52	0	0	0	0	+	+	+	+	-	-	-	-	-	-	-	-	-	-	+	+	+	+	-	-
INTAB	4,12	4,12	0	0	0	0	+	+	+	+	+	0	0	0	0	0	+	+	+	+	0	0	0	0	-	-
INTEB	39500,55	39500,55	0	0	0	0	+	+	+	+	-	-	-	-	-	-	-	-	-	-	+	+	+	+	-	-
INCUIR	3363,122	3363,122	0	0	0	0	+	+	+	+	-	-	-	-	-	-	+	+	+	+	+	+	+	+	-	-
FBOIS	719,59	719,59	0	0	0	0	+	+	+	+	-	-	-	-	-	-	+	+	+	+	+	+	+	+	-	-
INPAC	929,699	929,699	0	0	0	0	+	+	+	+	-	-	-	-	-	-	+	+	+	+	+	+	+	+	-	-
IMPRIM	52,184	52,184	0	0	0	0	+	+	+	+	-	-	-	-	-	-	+	+	+	+	+	+	+	+	-	-
RAFFI	1741,298	1741,298	0	0	0	0	-	-	-	-	-	-	-	-	-	-	-	-	-	-	+	+	+	+	-	-
INCHIM	14895,79	14895,79	0	0	0	0	+	+	+	+	-	-	-	-	-	-	+	+	+	+	+	+	+	+	-	-
INCAOPL	471,029	471,029	0	0	0	0	+	+	+	+	-	-	-	-	-	-	-	-	-	-	+	+	+	+	-	-
FPNMET	909,1	909,1	0	0	0	0	-	-	-	-	-	-	-	-	-	-	-	-	-	-	+	+	+	+	-	-
METALLU	2857,761	2857,761	0	0	0	0	+	+	+	+	+	+	+	+	+	+	-	-	-	-	-	-	-	-	+	+
TMET	560,292	560,292	0	0	0	0	-	-	-	-	-	-	-	-	-	-	-	-	-	-	+	+	+	+	-	-
FMACH	318,597	318,597	0	0	0	0	+	+	+	+	-	-	-	-	-	-	+	+	+	+	+	+	+	+	-	-
FABMEI	16488,78	16488,78	0	0	0	0	+	+	+	+	-	-	-	-	-	-	-	-	-	-	+	+	+	+	-	-
IAUT	675,646	675,646	0	0	0	0	-	-	-	-	-	-	-	-	-	-	+	+	+	+	+	+	+	+	+	+
FAMTR	167,538	167,538	0	0	0	0	-	-	-	-	-	-	-	-	-	-	-	-	-	-	+	+	+	+	-	-
FMIDI	722,337	722,337	0	0	0	0	-	-	-	-	-	-	-	-	-	-	-	-	-	-	+	+	+	+	-	-
PDEE	354,302	354,302	0	0	0	0	+	+	+	+	-	-	-	-	-	-	-	-	-	-	+	+	+	+	-	-
HTLRES	626	626	0	0	0	0	+	+	+	+	-	-	-	-	-	-	+	+	+	+	+	+	+	+	+	+
TPIT	11478	11478	0	0	0	0	-	-	-	-	-	-	-	-	-	-	-	-	-	-	+	+	+	+	-	-
ACFA	337	337	0	0	0	0	-	-	-	-	-	-	-	-	-	-	-	-	-	-	+	+	+	+	-	-
IMLSRE	6314	6314	0	0	0	0	-	-	-	-	-	-	-	-	-	-	-	-	-	-	+	+	+	+	-	-
ASNF	13	13	0	0	0	0	+	+	+	+	-	-	-	-	-	-	+	+	+	+	+	+	+	+	-	-

Source : Calculer à partir du logiciel GAMS

Noté : 0 signifie l'absence d'impact ; le signe (-) signifie un impact négatif et le signe (+) indique un impact positif.

In fine, l'augmentation (la diminution) des exportations totales s'accompagne d'une baisse (d'une augmentation) des ventes sur le marché local ou d'une baisse (d'une augmentation) des produits domestiques (D(fd)).

Dans la sim1.c et la sim1.d, l'augmentation des exportations totales est accompagnée par une diminution de la production domestique. Et, la diminution de l'exportation dans les secteurs ACFA et IMLSRE est accompagnée par une augmentation de leurs productions domestiques. Quant à la simulation 2, la diminution des exportations totales de la majorité des branches d'activités est accompagnée par une stagnation en volume et une augmentation en valeur de la production domestique sauf pour les secteurs METALLU, AGRI et INTAB (Tableau 25).

Le même principe a été respecté dans la simulation 3, à savoir que l'augmentation de l'exportation est accompagnée par une diminution de la production domestique hormis les secteurs AGRI, FMACH et IAUT où l'augmentation de leurs exportations totales est accompagnée aussi par une augmentation de leurs productions domestiques. Les exportations totales et la production domestique d'AGRI ont augmenté moins de 1%. Pour celles de secteur de FMACH, elles ont augmenté de 2.21% et de 7.012%, respectivement, et du secteur de l'IAUT ont augmenté de 20.476% et de 12.312% (en Vo) et de 5.93% (en Va), respectivement.

Par contre certaines branches d'activités, l'impact est en sens opposé entre les variations mesurées en valeur et celles en volume. L'exportation totale et la production domestique d'IMPRIM ont augmenté de 1.286% et de moins de 1% en volume, respectivement. Tandis qu'en valeur, sa production domestique a diminué moins de 1%. De même pour le secteur HTLRES, son exportation totale et sa production domestique ont augmenté en volume de 35.22% et 15%, respectivement, contre une diminution en valeur de sa production domestique de 0.89%. L'exception est aussi enregistrée par les secteurs INALIM et INTEB, la diminution (moins de 1%) de leurs exportations totales est accompagnée par une diminution de leurs productions domestiques (INALIM, une diminution de 1% pour les deux termes) et INTEB (presque de -6% en volume et de -10.19% en valeur)).

Dans une mesure d'une diminution des impôts directs sur le revenu (la sim4.a et la sim4.b), l'augmentation de l'exportation totale dans certains secteurs (AGRI, PECHE, EXTRA, INTEB, INCUIR, FBOIS, INPAC et INCHIM) est accompagnée par une augmentation de leurs productions domestiques. Tandis que l'augmentation de l'exportation totale dans les secteurs TMET, FMACH, FABMEI, IAUT, FAMTR et FMIDI est accompagnée par une diminution de leurs productions domestiques.

À l'inverse des résultats de la sim4.c, la diminution de l'exportation totale de la majorité des produits est accompagnée par une diminution en volume et une augmentation en valeur de la production domestique de ces produits. En effet, l'exportation totale dans les secteurs IAUT (+14.76%) et HTLRES

(+27.019%) est accompagnée par une augmentation de leurs productions domestiques de +10,904% en volume (ou +7,572% en valeur) et de +13,512% en volume (ou +1,927% en valeur), respectivement. Par ailleurs, l'augmentation de l'exportation totale dans le secteur METALLU (+0.371%) est accompagnée par une diminution en volume (-1,321%) et en valeur (-2,953%) de sa production domestique.

Tableau 25. Impacts sur la production domestique en valeur (Va) et en volume (Vo)

BRANCHES ACTIVITES	ANNEE DE REFERENCE		simulation 1								simulation 2						simulation 3				simulation 4					
			sim1.a		sim1.b		sim1.c		sim1.d		sim2.a		sim2.b		sim2.c		sim3.a		sim3.b		sim4.a		sim4.b		sim4.c	
	Vol	Val	vol	val	vol	val	vol	val	vol	val	vol	val	vol	val	vol	val	vol	val	vol	val	vol	val	vol	val	vol	val
AGRI	83216,109	83221,396	0	0	0	0	0	0	0	0	0	0	0	0	0	0	+	+	+	+	+	+	+	+	-	-
PECHE	3670,089	3846,809	0	0	0	0	-	-	-	-	-	-	-	-	-	-	-	-	-	-	+	+	+	+	-	-
EXTRA	4455,605	4666,951	0	0	0	0	-	-	-	-	-	-	-	-	-	-	-	-	-	-	+	+	+	+	-	-
INALIM	68498,914	67937,184	0	0	0	0	0	-	0	-	-	0	-	0	-	0	-	-	-	-	+	0	+	0	-	+
INTAB	590,164	1873,822	0	0	0	0	-	-	-	-	-	+	-	+	-	+	-	-	-	-	+	-	+	-	-	+
INTEB	2512,018	2763,328	0	0	0	0	-	-	-	-	-	-	-	-	-	-	-	-	-	-	+	+	+	+	-	-
INCUIR	721,423	876,357	0	0	0	0	-	-	-	-	-	-	-	-	-	-	-	-	-	-	+	+	+	+	-	-
FBOIS	2644,671	2657,554	0	0	0	0	-	-	-	-	-	0	-	0	-	0	-	-	-	-	+	+	+	+	-	-
INPAC	4174,322	4231,729	0	0	0	0	-	-	-	-	-	-	-	-	-	-	-	-	-	-	+	+	+	+	-	-
IMPRIM	2416,943	2436,058	0	0	0	0	+	-	+	-	-	+	-	+	-	+	+	-	+	-	+	-	+	-	-	+
RAFFI	5614,425	8180,918	0	0	0	0	-	+	-	+	-	0	-	0	-	0	-	+	-	+	+	-	+	-	-	+
INCHIM	6418,067	6810,267	0	0	0	0	-	-	-	-	-	-	-	-	-	-	-	-	-	-	+	+	+	+	-	-
INCAOPL	3729,297	3792,688	0	0	0	0	+	+	+	+	-	+	-	+	-	+	+	+	+	+	+	-	+	-	-	+
FPNMET	11599,444	11874,385	0	0	0	0	+	+	+	+	-	+	-	+	-	+	-	+	-	+	+	-	+	-	-	+
METALLU	6317,339	6361,805	0	-	0	-	0	+	0	+	-	-	-	-	-	-	+	+	+	+	+	+	+	+	-	-
TMET	10565,542	10794,353	-	-	-	-	+	+	+	+	-	+	-	+	-	+	+	+	+	+	-	-	-	-	+	+
FMACH	1753,023	1786,027	-	-	-	-	+	+	+	+	+	+	+	+	+	+	+	+	+	+	-	-	-	-	+	+
FABMEI	1766,539	1849,129	0	0	0	0	+	+	+	+	0	+	0	+	0	+	+	+	+	+	-	-	-	-	-	+
IAUT	3479,691	3783,463	0	0	0	0	+	+	+	+	+	+	+	+	+	+	+	+	+	+	-	-	-	-	+	+
FAMTR	353,511	360,794	0	0	0	0	+	+	+	+	+	+	+	+	+	+	+	+	+	+	-	-	-	-	+	+
FMIDI	3818,78	4153,297	0	0	0	0	+	+	+	+	0	+	0	+	0	+	+	+	+	+	-	-	-	-	-	+
PDEE	16846,299	17868,527	0	0	0	0	0	0	0	0	-	+	-	+	-	+	+	+	+	+	+	-	+	-	-	+
CONST	52663,895	59045,578	0	0	0	0	0	+	0	+	+	+	+	+	+	+	+	+	+	+	-	-	-	-	-	+
COREP	67432,743	68069,726	0	0	0	0	0	+	0	+	0	+	0	+	0	+	0	+	0	+	0	-	0	-	-	+
HTLRES	14230,577	15884,346	0	0	0	0	+	+	+	+	-	+	-	+	-	+	+	-	+	-	+	-	+	-	+	+
TPTT	34726,902	37706,367	0	0	0	0	+	+	+	+	0	+	0	+	0	+	+	+	+	+	-	-	-	-	+	+
ACFA	26136,621	27568,3	0	0	0	0	+	+	+	+	0	+	0	+	0	+	+	+	+	+	-	-	-	-	-	+
IMLSRE	42068,892	44455,501	0	0	0	0	+	+	+	+	0	+	0	+	0	+	+	+	+	+	0	-	0	-	+	+
APGSS	52938,051	52990	0	0	0	0	0	-	0	-	0	+	0	+	0	+	+	-	+	-	0	-	0	-	0	+
ESAS	43799,084	44118,751	0	0	0	0	0	+	0	+	0	0	0	0	0	0	0	+	0	+	0	-	0	-	0	+
ASNF	7346,224	8037,149	0	0	0	0	0	-	0	-	-	0	-	0	-	0	-	-	-	-	+	0	+	0	-	+

Source : Calculer à partir du logiciel GAMS

Noté : 0 signifie l'absence d'impact ; le signe (-) signifie un impact négatif et le signe (+) indique un impact positif.

Ces résultats montrent que les productions domestiques en deux termes n'ont pas les mêmes tendances de variations à cause de la variation des prix domestiques. Ces prix sont considérés comme endogènes dans le MEGCMar03. Dans la simulation 1 et la simulation 2, la variation des prix domestiques est stagnante pour la majorité des produits à l'exception des branches d'activités CONST et COREP. Leurs prix domestiques augmentent de moins de 1% dans la sim1.c, la sim1.d et la simulation 2.

Dans la simulation 3, le prix domestique de la majorité des branches d'activités augmente de moins de 1% à l'exception de la stagnation du prix domestique du secteur AGRI et la diminution de moins de 1% de celui de quatorze secteurs (PECHE, EXTRA, INALIM, INTAB, INTEB, INCUIR, FBOIS, INPAC, IMPRIM, INCHIM, IAUT, HTLRES, APGSS et ASNF). Par contre dans la sim4.a et la sim4.b, le prix domestique de la majorité des secteurs stagne tandis que celui de huit secteurs (TMET, FMACH, FAMTR, FMIDI, PDEE, TPTT, ACFA et APGSS) a diminué moins de 1%. Tandis que dans la sim4.c, le prix domestique de la majorité des secteurs augmente de moins de 1%, alors qu'il diminue dans sept secteurs (HTLRES, EXTRA, INCUIR, METALLU, INTEB, INCHIM et IAUT).

Il faut noter que le prix domestique de la branche d'activité AGRI n'a pas changé, quel que soit le scénario de simulation. Cette stagnation est maintenue malgré l'augmentation de sa production domestique et de son exportation totale (la simulation 3, la sim4.a et la sim4.b) ou la diminution de sa production domestique et de son exportation totale (la sim4.c). Ces résultats peuvent s'expliquer par la politique protectionniste entamée lors de l'ALE.

b- Exportations régionales

Les résultats des simulations au niveau des exportations régionales sont similaires à ceux obtenus pour les exportations totales ; ceci s'explique par la nature de la fonction CET1 (fonction d'élasticité de transformation constante) qui relie les exportations totales et les exportations régionales.

Tableau 26. Impacts sur les exportations par région économique en valeur (Va) et en volume (vo)

- ***EXPORTATION à la destination de l'UE15***

BRANCHES ACTIVITES	ANNEE DE REFERENCE		simulation 1								simulation 2						Simulation 3				Simulation 4					
			sim1.a		sim1.b		sim1.c		sim1.d		Sim2.a		sim2.b		sim2.c		Sim3.a		sim3.b		Sim4.a		Sim4.b		Sim4.c	
	vol	val	vol	val	vol	val	vol	val	vol	val	vol	val	vol	val	vol	val	vol	val	Vol	val	vol	val	vol	val	vol	val
AGRI	5280,102	5280,102	0	0	0	0	0	0	0	0	0	0	0	0	0	0	+	+	+	+	+	+	+	+	-	-
PECHE	2624,757	2624,757	0	0	0	0	+	+	+	+	-	-	-	-	-	-	+	+	+	+	+	+	+	+	-	-
EXTRA	2278,212	2278,212	0	0	0	0	+	+	+	+	-	-	-	-	-	-	+	+	+	+	+	+	+	+	-	-
INALIM	9021,629	9021,629	0	0	0	0	+	+	+	+	-	-	-	-	-	-	-	-	-	-	+	+	+	+	-	-
INTAB	0,253	0,253	0	0	0	0	0	0	0	0	0	0	0	0	0	0	+	+	+	+	0	0	0	0	-	-
INTEB	37768,21	37768,21	0	0	0	0	+	+	+	+	-	-	-	-	-	-	-	-	-	-	+	+	+	+	-	-
INCUIR	3188,989	3188,989	0	0	0	0	+	+	+	+	-	-	-	-	-	-	+	+	+	+	+	+	+	+	-	-
FBOIS	678,199	678,199	0	0	0	0	+	+	+	+	-	-	-	-	-	-	+	+	+	+	+	+	+	+	-	-
INPAC	446,399	446,399	0	0	0	0	+	+	+	+	-	-	-	-	-	-	+	+	+	+	+	+	+	+	-	-
IMPRIM	34,819	34,819	0	0	0	0	+	+	+	+	-	-	-	-	-	-	+	+	+	+	+	+	+	+	-	-
RAFFI	689,536	689,536	0	0	0	0	-	-	-	-	-	-	-	-	-	-	-	-	-	-	+	+	+	+	-	-
INCHIM	5535,944	5535,944	0	0	0	0	+	+	+	+	-	-	-	-	-	-	+	+	+	+	+	+	+	+	-	-
INCAOPL	307,214	307,214	0	0	0	0	+	+	+	+	-	-	-	-	-	-	-	-	-	-	+	+	+	+	-	-
FPNMET	697,086	697,086	0	0	0	0	-	-	-	-	-	-	-	-	-	-	-	-	-	-	+	+	+	+	-	-
METALLU	1498,68	1498,68	0	0	0	0	0	0	0	0	+	+	+	+	+	+	-	-	-	-	-	-	-	-	+	+
TMET	384,196	384,196	+	+	+	+	-	-	-	-	-	-	-	-	-	-	-	-	-	-	+	+	+	+	-	-
FMACH	207,24	207,24	0	0	0	0	+	+	+	+	-	-	-	-	-	-	+	+	+	+	+	+	+	+	-	-
FABMEI	15705,247	15705,247	0	0	0	0	0	0	0	0	-	-	-	-	-	-	-	-	-	-	-	-	-	-	-	-
IAUT	569,32	569,32	0	0	0	0	-	-	-	-	-	-	-	-	-	-	+	+	+	+	+	+	+	+	+	+
FAMTR	77,38	77,38	0	0	0	0	-	-	-	-	-	-	-	-	-	-	-	-	-	-	+	+	+	+	-	-
FMIDI	631,488	631,488	0	0	0	0	-	-	-	-	-	-	-	-	-	-	-	-	-	-	+	+	+	+	-	-
PDEE	336,587	336,587	0	0	0	0	+	+	+	+	-	-	-	-	-	-	-	-	-	-	+	+	+	+	-	-
IMLSRE	3945,943	3945,943	0	0	0	0	-	-	-	-	-	-	-	-	-	-	-	-	-	-	+	+	+	+	-	-
ASNF	4,83	4,83	0	0	0	0	0	0	0	0	0	0	0	0	0	0	+	+	+	+	+	+	+	+	-	-

- ***EXPORTATION à la destination du RUE15***

BRANCHES ACTIVITES	ANNEE DE REFERENCE		simulation 1								simulation 2						Simulation 3				Simulation 4					
			sim1.a		sim1.b		sim1.c		sim1.d		Sim2.a		sim2.b		sim2.c		Sim3.a		sim3.b		Sim4.a		Sim4.b		Sim4.c	
	vol	val	vol	val	vol	val	vol	val	vol	val	vol	val	vol	val	vol	val	vol	val	Vol	val	vol	val	vol	val	vol	val
AGRI	1749,634	1749,634	0	0	0	0	0	0	0	0	0	0	0	0	0	0	+	+	+	+	+	+	+	+	-	-
PECHE	278,322	278,322	0	0	0	0	+	+	+	+	-	-	-	-	-	-	+	+	+	+	+	+	+	+	-	-
EXTRA	4001,722	4001,722	0	0	0	0	+	+	+	+	-	-	-	-	-	-	+	+	+	+	+	+	+	+	-	-
INALIM	6185,891	6185,891	0	0	0	0	+	+	+	+	-	-	-	-	-	-	-	-	-	-	+	+	+	+	-	-
INTAB	3,866	3,866	0	0	0	0	+	+	+	+	0	0	0	0	0	0	+	+	+	+	0	0	0	0	-	-
INTEB	1732,342	1732,342	0	0	0	0	+	+	+	+	-	-	-	-	-	-	-	-	-	-	+	+	+	+	-	-
INCUIR	174,133	174,133	0	0	0	0	+	+	+	+	-	-	-	-	-	-	+	+	+	+	+	+	+	+	-	-
FBOIS	41,391	41,391	0	0	0	0	+	+	+	+	-	-	-	-	-	-	0	0	0	0	+	+	+	+	-	-
INPAC	483,301	483,301	0	0	0	0	+	+	+	+	-	-	-	-	-	-	+	+	+	+	+	+	+	+	-	-
IMPRIM	17,365	17,365	0	0	0	0	+	+	+	+	-	-	-	-	-	-	+	+	+	+	+	+	+	+	-	-
RAFFI	1051,762	1051,762	0	0	0	0	-	-	-	-	-	-	-	-	-	-	-	-	-	-	+	+	+	+	-	-
INCHIM	9359,846	9359,846	0	0	0	0	+	+	+	+	-	-	-	-	-	-	+	+	+	+	+	+	+	+	-	-
INCAOPL	163,815	163,815	0	0	0	0	+	+	+	+	-	-	-	-	-	-	-	-	-	-	+	+	+	+	-	-
FPNMET	212,014	212,014	0	0	0	0	-	-	-	-	-	-	-	-	-	-	-	-	-	-	+	+	+	+	-	-
METALLU	1359,082	1359,082	0	0	0	0	0	0	0	0	+	+	+	+	+	+	-	-	-	-	-	-	-	-	+	+
TMET	176,096	176,096	+	+	+	+	-	-	-	-	-	-	-	-	-	-	-	-	-	-	+	+	+	+	-	-
FMACH	111,357	111,357	-	-	-	-	+	+	+	+	-	-	-	-	-	-	+	+	+	+	+	+	+	+	-	-
FABMEI	783,528	783,528	0	0	0	0	0	0	0	0	-	-	-	-	-	-	-	-	-	-	+	+	+	+	-	-
IAUT	106,326	106,326	0	0	0	0	-	-	-	-	-	-	-	-	-	-	+	+	+	+	+	+	+	+	+	+
FAMTR	90,158	90,158	0	0	0	0	-	-	-	-	-	-	-	-	-	-	-	-	-	-	+	+	+	+	-	-
FMIDI	90,848	90,848	0	0	0	0	-	-	-	-	-	-	-	-	-	-	-	-	-	-	+	+	+	+	-	-
PDEE	17,715	17,715	0	0	0	0	+	+	+	+	-	-	-	-	-	-	-	-	-	-	+	+	+	+	-	-
IMLSRE	2368,057	2368,057	0	0	0	0	-	-	-	-	-	-	-	-	-	-	-	-	-	-	+	+	+	+	-	-
ASNF	8,17	8,17	0	0	0	0	+	+	+	+	0	0	0	0	0	0	+	+	+	+	+	+	+	+	-	-

Source : Calculer à partir du logiciel GAMS

Noté : 0 signifie l'absence d'impact ; le signe (-) signifie un impact négatif et le signe (+) indique un impact positif.

Dans la sim1.a et la sim1.b, les variations des exportations à la destination de l'UE15 et celles à la destination de RUE sont généralement similaires. Elles stagnent pour la majorité des branches d'activités, hormis pour l'exportation de la branche d'activité TMET à la destination de l'UE15, il a augmenté moins de 1%; et celle de la branche d'activité FMACH à la destination de RUE, il a diminué moins de 1%. Par contre, pour une mesure de libéralisation commerciale partielle (sim1.c) et de libéralisation commerciale totale (sim1.d), les exportations régionales à la destination de l'UE15 et du RUE15 augmentent de moins de 1% dans la majorité des secteurs à l'exception de sept secteurs (RAFFI, FPNMET, TMET, IAUT, FAMTR, FMIDI et IMLSRE) où leurs exportations diminuent moins de 1%.

Pour la mesure prise dans la simulation 2, il semble que les exportations à la destination des deux régions économiques sont découragées. Elles diminuent de moins de 1% dans la majorité des branches d'activités et stagnent dans les branches d'activités AGRI, INTAB et ASNF.

Dans une politique d'encouragement des investissements nationaux et étrangers (la simulation 3), il semble que les impacts varient d'une branche d'activité à une autre en débit de la destination des exportations. En effet, l'exportation à la destination de l'UE15 diminue en deux termes dans douze secteurs (INALIM, INTEB, RAFFI, INCAOPL, FPNMET, METALLU, TMET, FABMEI, FAMTR, FMIDI, PDEE et IMLSRE), et elle a augmenté en deux termes dans douze secteurs (AGRI, PECHE, EXTRA, INTAB, INCUIR, FBOIS, INPAC, IMPRIM, INCHIM, FMACH, IAUT et ASNF).

Le même résultat est obtenu pour l'exportation à la destination de RUE à l'exception de l'exportation à la destination de RUE du produit FBOIS. Son exportation a stagné alors qu'elle a enregistré une augmentation dans le cas de son exportation à la destination de l'UE15. Au niveau de cette simulation, le plus haut niveau de variation de l'exportation régionale est enregistré par les secteurs IAUT (20.5%), ASNF (2.1%) et FMACH (2.1%), tandis que le plus bas niveau de variation est enregistré par les secteurs RAFFI (-3.5%), TMET (-3.3%) et FAMTR (-2.2%).

Les impacts la sim4.a et la sim4.b sur les exportations régionales sont généralement positives. Les exportations des deux régions augmentent dans la majorité des branches d'activités à l'exception de l'exportation du secteur METALLU qui diminue de moins de 1%. Par contre dans la sim4.c, les exportations régionales ont diminué dans la majorité des branches d'activités à l'exception de celles de METALLU et IAUT qui augmentent de moins de 1% et de 14.76%, respectivement.

Par ailleurs, les variations des exportations régionales en volume sont similaires à celles en valeur, du fait que les prix à l'exportation à la destination de l'UE15 (Per_RUE15(rd)) et ceux à la destination de RUE (Per_RRUE(rd)) sont exogènes dans le modèle, et ils sont égaux à un (1).

3- Structure des échanges extérieurs

L'analyse de la structure marocaine des échanges extérieurs montre que l'UE15 est le principal partenaire économique du Maroc. À partir de cette réalité qui fragilise l'économie marocaine et la rendre plus dépendante de l'économie européenne, les mesures prises dans les 12 simulations ont-elles changé la structure commerciale marocaine ? Pour y répondre, les parts des exportations (des importations) régionales de chaque produit par rapport aux exportations (importations) totales marocaines de chaque produit selon les résultats de chaque simulation ont été calculées (voir les tableaux en **annexe** 11).

La structure du commerce extérieur demeure inchangée. La part des importations par produit en provenance de l'UE15 dépasse pour la majorité des produits les 50% des importations totales par produit. En effet, l'importation du produit PECHE en provenance de l'UE15 domine les importations totales avec une part de 85.5% (en valeur), alors que l'importation des produits EXTRA et INTAB en provenance de RUE dominent les importations totales par produit avec des parts qui dépassent les 95% (en valeur). En parallèle, les exportations ont gardé la même structure. La part de la majorité des produits à la destination de l'UE15 dépasse les 50% pour atteindre pour certains produits les 95% comme le cas des produits PDEE, INTEB et FABMEI. Il faut noter que les exportations des produits INTAB, EXTRA, RAFFI, INCHIM et ASNF à la destination de RUE ont dominé l'exportation totale, avec des parts qui dépassent les 60%.

Section 2. Impacts sur les facteurs de production

Dans le MEGCMar03, le taux de salaire (s), le taux de rendement du capital (RK(tr)) et la demande du travail (Ld(I))) sont endogènes, alors que le facteur du capital spécifique est considéré comme exogène.

Cette section analyse les impacts des différentes simulations sur l'allocation des facteurs de production pour chaque branche d'activité. Pour cela, cette analyse est réalisée selon deux points essentiels : les effets des différentes simulations sur le taux de salaire (s) et la demande du travail (Ld(I)) et les effets des différentes simulations sur le facteur du capital spécifique par le biais du taux de rendement du capital (RK(tr)).

1- Facteur travail

L'offre du travail est exogène, indiquant que le nombre des travailleurs est fixe dans ce modèle, mais qu'ils peuvent émigrés d'un secteur à un autre (la demande du travail est endogène). Le taux du salaire est supposé identique dans le marché du travail.

Dans une mesure d'une libéralisation partielle (sim1.a et sim1.b), les travailleurs émigrent du secteur du travail des métaux (TMET) et du secteur de la fabrication de machines et d'équipements (FMACH) à la destination du secteur agricole AGRI. Par contre dans une mesure d'une libéralisation commerciale des produits agricoles et industriels accompagnée d'une augmentation des transferts de l'UE (la simulation 2), la majorité des branches d'activités sont déficitaires en main-d'œuvre à l'exception des branches d'activités FMACH, CONST et COREP. Leurs demandes du travail ont augmenté.

Si la libéralisation commerciale est accompagnée par un encouragement des investissements nationaux et étrangers (la simulation 3), les résultats montrent qu'il y a une forte migration des travailleurs d'un secteur à un autre, mais cinq secteurs sont restés déficitaires en main-d'œuvre, tels que montrés dans le tableau suivant :

Simulation 3 : Effets négatifs sur les secteurs	Demande du travail En volume	Demande du travail En valeur (*)
INPAC	-7.083%	-7.521%
APGSS	-7%	-7.430%
RAFFI	-6%	-6.40%
INTAB	-3.736%	-4.19%
PECHE	-3.47%	-4%

(*) La diminution de la demande du travail en valeur est expliquée par la diminution du taux de salaire qui est de l'ordre de -0.5%.

Dans une mesure d'une libéralisation commerciale accompagnée par une diminution des impôts directs sur le revenu (sim4.a et sim4.b), les résultats montrent qu'un grand nombre de secteurs ont bénéficié de la migration de la main-d'œuvre arrivant principalement de huit branches d'activités : TMET, FMACH, IAUT, FAMTR, CONST, COREP, ACFA et APGSS.

Par contre, les résultats de la sim4.c montrent que la demande du travail a augmenté en valeur et a diminué en volume dans la majorité des secteurs à cause de l'augmentation du taux de salaire de 9% sauf pour certains secteurs (voir le tableau suivant).

Résultats de la Sim4.c	Demande du travail En volume	Demande du travail En valeur
Effets négatifs sur les secteurs :		
PECHE	-12.445%	-4.578%
FBOIS	-9.569%	-1.444%
INPAC	-13.598%	-5.836%
INCHIM	-10.758%	-2.78%
ESAS	-12.647%	-4.798%
ASNF	-9.15%	-1%
Effets positifs sur les secteurs :		
TMET	+1.198%	+10.29%
FMACH	+4.628%	+12.21%
IAUT	+3%	+12.21%
CONST	+4%	+13.074%
COREP	+1%	+9.302%
APGSS	+21.195%	+32.08%

Les résultats de la sim4.c ont montré que seulement six secteurs ont bénéficié de la migration de la main-d'œuvre venant des autres secteurs qui sont restés pour la majorité déficitaires.

2- Taux du rendement du capital

Le taux de rendement du capital est endogène et spécifique dans chaque branche d'activité dans le MEGCMar03. La raison derrière cette hypothèse est que le volume du capital est stable à court terme et aussi spécifique dans chaque branche d'activité.

Dans la simulation 1 et la simulation 2, la variation du taux de rendement du capital stagne dans tous les secteurs en impliquant que la libéralisation partielle ou totale n'apparaît pas affectée par l'encouragement de l'investissement dans les différents secteurs, bien qu'elle soit accompagnée par une augmentation des transferts de l'UE15 vers l'État et les ménages marocains (la simulation 2).

Dans la simulation 3, la variation du taux de rendement du capital est négative pour la majorité des activités à l'exception de onze branches d'activités, leurs taux de rendement du capital ont augmenté (IMPRIM (0.6%), TMET (+12.8%), FMACH (+18.7%), FAMTR (10.2%), FMIDI (2.2%), CONST (17.4%), COREP (0.3%), TPTT (2.3%), ACFA (8.7%), IMLSRE (0.5%) et ESAS (0.8%)), et de la branche d'activité INCAOPL, son taux de rendement n'a pas changé. Ces résultats montrent que les taux de rendement du capital ont augmenté dans les onze branches d'activités ayant une augmentation en main-d'œuvre ; exception faite par le secteur d'INCAOPL qui a perdu en main-d'œuvre (moins de -1%).

Dans la sim4.a et la sim4.b, la variation du taux de rendement du capital stagne pour la majorité des branches d'activités à l'exception de FMACH et CONST, leurs taux de rendement du capital diminuent moins de 1%. Il faut noter que la demande du travail dans ces deux branches d'activités a diminué moins de 1%, ce qui implique qu'elles sont déficitaires en main-d'œuvre et en capital. Tandis que les branches d'activités PECHE, FBOIS, INPAC, INCHIM, ESAS et ASNF ont attiré de la main-d'œuvre bien que leurs taux de rendement du capital ne soient pas changés.

Les résultats de la sim4.c montrent que le taux de rendement du capital a diminué dans la majorité des activités à l'exception de quatorze branches d'activités où leurs taux de rendement ont augmenté (voir le tableau ci-dessous). En plus, ces résultats indiquent que les activités ayant connu une migration de leurs travailleurs, elles enregistrent aussi une baisse de leurs taux de rendement du capital. Ces activités sont en nombre de six branches d'activités : PECHE (-7.7%), FBOIS (-3.9%), INPAC (-9.2%), INCHIM (-13.2%), ESAS (-6.2%) et ASNF (-2%).

Résultats de Sim4.c Effets positifs sur les secteurs :					
INALIM	0.5%	FMACH	19.3%	COREP	9.4%
IMPRIM	4.1%	FAMTR	18.2%	TPTT	2%
RAFFI	1.1%	FMIDI	1.5%	ACFA	7.1%
INCAOPL	0.9%	PDEE	2.1%	IMLSRE	1.4
TMET	1.6%	CONST	17.3%		

Les branches d'activités qui ont bénéficié de la mesure 4.c (Libéralisation commerciale des produits industriels et agricoles avec une diminution des taux des impôts directs et une augmentation du capital spécifique) sont TMET, FMACH, CONST et COREP, montrant que leurs demandes du travail et leurs taux de rendement du capital ont augmenté considérablement.

À l'échelle nationale, la rémunération du capital totale versée à l'économie (YK) a augmenté de moins de 1% dans la sim1.c, la sim1.d et la simulation 2 ; de +2.852% dans la simulation 3, et de +2.099% dans la sim4.c. À l'inverse, il a connu une diminution de moins de 1% dans la sim4.a et la sim4.b. Les effets de la sim1.a et la sim1.b sont restés neutres sur la rémunération totale du capital.

La demande du travail (en valeur) a augmenté pour la majorité des branches d'activités dans la sim1.c, la sim1.d, la simulation 2 et la sim4.c ; alors qu'elle a stagné dans la sim1.a et la sim1.b et diminué dans la sim4.a et la sim4.b. Cette variation de la demande du travail est le résultat de la variation du taux de salaire : une diminution dans la simulation 3, augmentation dans la sim4.c et stagnation dans la simulation 1, la sim4.a et la sim4.b. Par contre, le taux de rendement du capital a stagné dans la simulation 1, la simulation 2, la sim4.a et la sim4.b ; alors qu'il a diminué dans la simulation 3 et la sim4.c pour la majorité des branches d'activités.

Le résultat frappant est celui des secteurs PECHE, FBOIS, INPAC, INCHIM et ASNF qui ont connu une migration de leurs travailleurs et, aussi, une baisse de leurs taux de rendement du capital.

Section 3. Impacts sur la production sectorielle et la demande intérieure

D'après les équations du MEGCMar03, la production sectorielle (XS(I)) est expliquée par les variations des prix intérieurs (P(I)) qu'ils dépendent des prix à la production (Pl(I)), des prix de l'exportation (Pe(fd)), les exportations totales et les produits domestiques, car la fonction de la production sectorielle dépend de ces deux variables à travers une fonction de transformation commerciale (CET) et, enfin, par la valeur ajoutée et les composantes de la demande intérieure. Ajoutons que la production sectorielle est considérée comme endogène ainsi que les prix associés.

1- Production sectorielle

La production sectorielle et son prix ont été considérés dans le MEGCMar03 comme endogènes. Les effets de la sim1.a et la sim1.b sur la production sectorielle sont généralement nuls en deux termes à l'exception des secteurs TMET et FMACH, leurs productions ont diminué moins de 1% en deux termes. Par contre dans la sim1.c et la sim1.d, la production sectorielle a augmenté de moins de 1% en deux termes dans la plupart des secteurs d'activités. Pour les prix intérieurs, ils sont restés à peu près invariables, ce qui montre que la variation de la production sectorielle dans la simulation 1 est expliquée par les variations de la production domestique et des exportations.

Dans la simulation 2, la variation de la production sectorielle est en diminution sauf pour les secteurs FMACH, CONST, APGSS, IAUT, FAMTR, COREP, ACFA et IMLSRE. Les prix intérieurs sont restés invariables comme dans la simulation 1. Ces résultats indiquent que la variation de la production sectorielle est expliquée, aussi, par les variations de la production domestique et des exportations.

L'effet de la simulation 3 est positif sur la plupart des secteurs. L'augmentation de la production sectorielle a été réalisée dans quatorze branches d'activités (AGRI, INCAOPL, PDEE, IMLSRE, ESAS, TMET, FMACH, IAUT, FAMTR, FMIDI, CONST, COREP, TPTT et ACFA) malgré l'augmentation de leurs prix intérieurs (P(I)) à l'exception du prix intérieur du secteur AGRI qui reste stagnant et du secteur IAUT qui diminue moins de 1%. Pour douze secteurs, leurs productions sectorielles ont diminué (PECHE, EXTRA, FBOIS, INTAB, INTEB, FABMEI, INCUIR, INPAC, INPAC, INPAC, RAFFI, INCHIM, APGSS et ASNF). Par contre, la production sectorielle de trois branches d'activités (INALIM, FPNMET et METALLU) a diminué moins de 1% en volume et a augmenté de moins de 1% en valeur, sachant que l'augmentation de la production sectorielle de FPNMET et METALLU en valeur est expliquée par l'augmentation des prix intérieurs (P(I)) ; tandis que pour la production de INALIM, son prix intérieur est resté stagnant.

Les résultats de la simulation 3 montrent aussi que la production sectorielle des branches d'activités IMPRIM et HTLRES a diminué moins de 1% en valeur et a augmenté, respectivement, de moins de 1% et de +15,73% en volume. Le prix intérieur de ces deux branches d'activités a diminué moins de 1%, ce qui explique la diminution en valeur de leurs productions sectorielles. Ainsi, la variation de la production sectorielle en deux termes est expliquée par la variation de l'exportation totale et la production domestique.

Dans la sim4.a et la sim4.b, la variation de la production sectorielle de quatorze branches d'activités (AGRI, PECHE, EXTRA, INALIM, INTAB, INTEB, INCUIR, FBOIS, INPAC, RAFFI, INCHIM, METALLU, FABMEI et ASNF) a augmenté de moins de 1% en deux termes). Cette augmentation de la production sectorielle n'est pas expliquée par les variations des prix au producteur puisque ces prix sont restés stagnants. Et, la production sectorielle de huit branches d'activités a diminué moins de 1% en deux termes (TMET, FMACHI, IAUT, FAMTR, CONST, COREP, ACFA et APGSS). Cette diminution de la production sectorielle n'est pas expliquée aussi par les variations des prix au producteur puisque ces prix sont restés stagnants sauf les prix intérieurs des branches d'activités FAMTR, COREP et APGSS qui ont diminué moins de 1%.

Les résultats de la sim4.a et la sim4.b montrent, aussi, que la production sectorielle de neuf branches d'activités (IMPRIM, INCAOPL, FPNMET, FMIDI, PDEE, HTLRES, TPTT, IMLSRE et ESAS) a augmenté de moins de 1% en volume et a diminué moins de 1% en valeur en dépit que l'augmentation de la production sectorielle en volume ne soit pas expliquée par les variations des prix au producteur, puisque ces prix sont restés stagnants. Quant à la sim4.c, la variation de la production sectorielle de treize branches d'activités (AGRI, PECHE, EXTRA, INTAB, INCUIR, INTEB, FBOIS, INPAC, RAFFI, INCHIM, METALLU, FABMEI et ASNF) a diminué en deux termes. Par ailleurs, le prix intérieur des branches d'activités PECHE, INTAB, FBOIS, INPAC, RAFFI, FABMEI et ASNF a augmenté de moins de 1%, tandis qu'il a diminué moins de 1% dans les branches activités EXTRA, INTEB, INCUIR, INCHIM et METALLU ; et il est resté stagnant dans la branche d'activité AGRI.

Les résultats de la sim4.c montrent aussi que la production sectorielle de sept branches d'activités (TMET, FMACH, IAUT, CONST, COREP, HTLRES et APGSS) a augmenté en deux termes. Cependant, le prix intérieur des branches d'activités TMET, FMACH, CONST et COREP a augmenté moins de 1%, tandis que le prix intérieur des branches d'activités IAUT, HTLRES et APGSS a diminué moins de 1%. En plus, la production sectorielle de onze branches d'activités (INALIM, IMPRIM, INCAOPL, FPNMET, FAMTR, FMIDI, PDEE, TPTT, ACFA, IMLSRE et ESAS) a diminué en volume et a augmenté en valeur. Cette augmentation de la production sectorielle en valeur est le résultat de l'augmentation, quoique faible, de moins de 1% du prix intérieur de ces onze branches d'activités.

La variation de la production sectorielle peut être expliquée par la variation de la valeur ajoutée puisque la production de la branche d'activité en volume dépend de la valeur ajoutée de cette branche par le biais d'un coefficient compris entre 0 et 1. À cet effet, la variation de la valeur ajoutée est similaire à celle enregistrée pour la production sectorielle dans les différentes simulations.

D'après les hypothèses de MEGCMar03, la variation de la production sectorielle peut être expliquée par la variation des exportations et de la production domestique : la production sectorielle est fonction des exportations totales et des produits domestiques par le biais de la fonction de transformation commerciale (CET), où l'élasticité de transformation est constante. Les variations des prix au producteur (Pl(I)), des prix domestiques (Pd(I)) et des prix à l'exportation (Pe(fd)) sont égales à un dans toutes les simulations.

◎ Dans la sim1.a et la sim1.b, l'exportation totale et la production domestique stagnent pour la majorité des produits à l'exception du produit :

- TMET, son exportation totale a augmenté de moins de 1% en deux termes et sa production domestique a diminué moins de 1% en volume et a augmenté de moins de 1% en valeur ;
- METALLU, sa production domestique stagne en volume et diminue moins de 1% en valeur, et
- FMACH, sa production domestique a diminué moins de 1% en volume et a augmenté moins de 1% en valeur.

◎ Dans la sim1.c et la sim1.d, la production sectorielle des branches d'activités PECHE, EXTRA, INALIM, INTAB, INTEB, INCUIR, FBOIS, INPAC, IMPRIM, INCHIM et ASNF a diminué en valeur ; tandis que leurs exportations totales ont augmenté (en deux termes) et leurs productions domestiques ont diminué (en volume). Par ailleurs, la production sectorielle des activités INCAOPL, FMACH et HTLRES a augmenté (en deux termes) contre une augmentation (en deux termes) de leurs exportations totales et leurs productions domestiques.

◎ Dans la simulation 2, la production sectorielle du secteur METALLU a diminué moins de 1% (en deux termes) contre une augmentation de son exportation totale et une diminution de sa production domestique (en deux termes). Généralement, la diminution (en volume) de la production sectorielle de la majorité des branches d'activités (PECHE, EXTRA, INALIM, INTAB, INTEB, INCUIR, FBOIS, INPAC, IMPRIM, RAFFI, INCHIM, INCAOPL et FPNMET) est accompagnée par une diminution des exportations totales et de la production domestique.

À l'inverse, l'augmentation (en valeur) de la production sectorielle des branches d'activités IAUT, FAMTR, FMIDI, PDEE, HTLRES, TPTT, ACFA et IMLSRE a été accompagnée par une augmentation (en valeur) de la production domestique et une diminution des exportations totales sauf pour le secteur INTAB et le secteur METALLU. Pour le secteur INTAB, l'augmentation (en valeur) de sa production sectorielle a été suivie par une augmentation de sa production domestique en valeur et une stagnation de son exportation totale. Pour le secteur METALLU, la diminution (en valeur) de sa production sectorielle a incité l'exportation totale et apaisé la production domestique (en valeur).

◎ Dans la simulation 3, la variation de la production sectorielle en comparaison avec la production domestique et l'exportation totale se présente comme suit :

Production sectorielle	**Exportation totale**	**Production domestique**
Les branches d'activités AGRI, FMACH et IAUT		
Augmentation (en deux termes)	Augmentation (en deux termes)	Augmentation (en deux termes)
Les branches d'activités INCAOPL, TMET, FAMTR, FMIDI, PDEE, TPTT, ACFA et IMLSRE		
Augmentation (en deux termes)	Diminution (en deux termes)	Augmentation (en deux termes)
Les branches d'activités PECHE, EXTRA, INTAB, INCUIR, FBOIS, INPAC, INCHIM et ASNF		
Diminution (en deux termes)	Augmentation (en deux termes)	Diminution (en deux termes)
Les branches d'activités INALIM, INTEB, RAFFI et FPNMET		
Diminution (en deux termes)	Diminution (en volume)	Diminution (en volume)
La branche d'activité IMPRIM		
Augmentation en volume Diminution en valeur	Augmentation (en deux termes)	Augmentation (en deux termes)

◎ Dans la sim4.a et la sim4.b, la variation de la production sectorielle en comparaison avec la production domestique et l'exportation totale se présente comme suit :

Production sectorielle	**Exportation totale**	**Production domestique**
Les branches d'activités AGRI, PECHE, EXTRA, INTEB, INCUIR, FBOIS, INPAC, INCHIM et HTLRES		
Augmentation en deux termes	Augmentation en deux termes	Augmentation en deux termes
Les branches d'activités INALIM, INTAB, IMPRIM, INCAOPL, FPNMET et PDEE		
Augmentation en volume Diminution en valeur	Augmentation en deux termes	Augmentation en volume Diminution en valeur
Les branches d'activités TMET, FMACH, IAUT, FAMTR et ACFA		
Diminution en deux termes	Augmentation en deux termes	Diminution en deux termes
La branche d'activité METALLU		
Augmentation en deux termes	Diminution en deux termes	Augmentation en deux termes

◎ Dans la sim4.c, la variation de la production sectorielle en comparaison avec la production domestique et l'exportation totale se présente comme suit :

Production sectorielle	Exportation totale	Production domestique
Les branches d'activités AGRI, PECHE, EXTRA, INTEB, INCUIR, FBOIS, INPAC et INCHIM		
Diminution en deux termes	Diminution en deux termes	Diminution en deux termes
Les branches d'activités TMET et FMACH		
Augmentation en deux termes	Diminution en deux termes	Augmentation en deux termes
Les branches d'activités IAUT et HTLRES		
Augmentation en deux termes	Augmentation en deux termes	Augmentation en deux termes
Les branches d'activités INALIM, IMPRIM, INCAOPL, FPNMET, FAMTR, FMIDI, PDEE, TPTT, ACFA et IMLSRE		
Augmentation en valeur	Diminution en deux termes	Augmentation en deux termes
Les branches d'activités INTAB, RAFFI, FABMEI et ASNF		
Diminution en volume	Diminution en deux termes	Diminution en deux termes
La branche METALLU		
Diminution en volume	Augmentation en deux termes	Diminution en deux termes

L'indice général des prix (PINDEX) qui est fonction des prix de la valeur ajoutée : il stagne dans la simulation 1, la simulation 2s, la sim4.a et la sim4.b et il augmente de 1.4% et de 3.3% dans la simulation 3 et la sim4.c, respectivement.

2- Demande intérieure

La variation de la production sectorielle est expliquée par la variation de la demande intérieure et de ses composantes : la consommation des ménages, la demande intermédiaire et la variation des stocks sachant que la consommation publique et la FBCF sont exogènes dans le MEGCMar03. Les résultats des simulations montrent que la variation de la demande intérieure diminue ou stagne pour la majorité des produits.

a- Consommation des ménages

Les impacts de la sim1.a et la sim1.b sur la consommation des ménages sont neutres (en deux termes) pour l'ensemble des produits, à l'exception du produit TMET où sa consommation a augmenté moins de 1% en volume et a stagné en valeur sachant que son prix composite n'a pas été influencé. Par contre, la consommation des ménages a augmenté de moins de 1% (en deux termes) sauf pour les produits INTAB, RAFFI, TMET, IAUT, FMIDI, COREP, TPTT et ACFA où leurs consommations ont diminué moins de 1% en volume. Quant à la simulation 2 et la simulation 3, elle a augmenté (en deux termes) pour la majorité des produits.

Les résultats de la sim4.c sont presque similaires à ceux de la simulation 3 à savoir que la consommation des ménages a augmenté (en deux termes) pour la majorité des produits sauf pour les produits IMPRIM, PDEE et ASNF où leurs consommations ont diminué de -2.3%, -4% et -0.4% (en volume), respectivement; alors qu'elles ont augmenté dans la simulation 3.

La variation des prix composites qui dépend de la variation des prix à l'importation et de celle des prix domestiques peut expliquer en partie la variation de la consommation des ménages (en deux termes). En effet, les prix composites dans la sim1.a, la sim1.b et la simulation 2 ont stagné dans l'ensemble des branches d'activités à cause de la stagnation du prix domestique et du prix à l'importation. Tandis que dans la sim1.c et la sim1.d, les prix composites des branches d'activités TMET, FAMTR et COREP ont augmenté de moins de 1%. Cette augmentation des prix composites a été enregistrée dans la simulation 3 par la majorité des secteurs à l'exception de ***(i)*** huit secteurs PÉCHÉ, INALIM, FBOIS, INPAC, IMPRIM, IAUT, HTLRES et ASNF, ils ont diminué moins de 1%, et ***(ii)*** trois secteurs AGRI, APGSS et ESAS, ils sont restés stagnants.

La variation du prix composite dans la simulation 3 est obtenue grâce aux variations du prix domestique et du prix à l'importation sachant que le prix domestique a augmenté dans la majorité des branches d'activités sauf pour le secteur AGRI (son prix composite n'a pas changé) et les quatorze secteurs PECHE, EXTRA, INALIM, INTAB, INTEB, INCUIR, FBOIS, INPAC, IMPRIM, INCHIM, IAUT, HTLRES, APGSS et ASNF (leurs prix composites ont diminué moins de 1%). Parallèlement, le prix à l'importation a augmenté de moins de 1% dans la majorité des branches d'activités à l'exception de deux branches d'activités INALIM (il a diminué moins de 1%) et AGRI (il n'a pas changé).

Les impacts de la sim4.a et la sim4.b sur les prix composites sont neutres sur la majorité des branches d'activités et négatifs sur quatre secteurs IMPRIM, RAFFI, PDEE et ACFA. Ces impacts sont expliqués généralement par la variation du prix domestique puisque le prix à l'importation est resté stagnant dans l'ensemble des branches d'activités. Cependant, le prix domestique n'a pas changé, sauf pour les branches d'activités TMET, FMACH, FAMTR, FMIDI, PDEE, TPTT, ACFA et APGSS où leurs prix domestiques ont diminué moins de 1%, et de la branche d'activité EXTRA où son prix domestique a augmenté de moins de 1%.

Quant aux impacts de la sim4.c, les résultats ont été totalement inversés par rapport aux impacts des simulations précédentes. Les prix composites ont augmenté de moins de 1% dans la majorité des branches d'activités, diminué dans cinq branches d'activités (EXTRA, INCUIR, METALLU, IAUT et HTLRES), et stagné dans cinq branches d'activités (AGRI, INTEB, INCHIM, APGSS et ESAS). À cet effet, le prix domestique a aussi augmenté dans la majorité des secteurs, diminué dans sept branches d'activités (HTLRES, EXTRA, INCUIR, METALLU, INTEB, INCHIM et IAUT), et stagné dans seulement la branche d'activité AGRI. Tandis que le prix à l'importation a augmenté dans la majorité des branches d'activités et est resté inchangé dans les branches d'activités INALIM, IMPAC et METALLU.

Dans les simulations 3 et 4, la variation des prix composites est positive pour la majorité des produits ; alors qu'elle n'a pas changé dans les autres simulations. À cet égard, le consommateur marocain bénéficiera de la réduction des prix composites dans certaines branches d'activités, notamment le secteur d'industrie d'automobile (IAUT), le secteur d'hôtels et de restauration (HTLRES) et le secteur de pêche et aquaculture (PECHE).

En général, les résultats ont montré que la libéralisation partielle ou semi totale ou totale n'affecte positivement la consommation des ménages que si des mesures d'accompagnement sont suivies par la réduction des impôts directs, l'augmentation des transferts de l'UE15 et l'encouragement d'investissements dans les secteurs HTLRES et IAUT.

b- Variation des stocks

Dans la sim1.a et la sim1.b, la variation des stocks reste inchangée en deux termes comme pour les autres composantes de la demande intérieure à l'exception du secteur TMET (sa variation des stocks diminue moins de 1% en deux termes) et du secteur IAUT (sa variation des stocks stagne en volume et diminue de moins de 1% en valeur). Ces résultats montrent que *dans la plupart des branches d'activités, la libéralisation partielle ou totale n'affecte pas l'accumulation du capital.* Presque, les mêmes résultats sont obtenus par la simulation 2, exceptions faites par les branches d'activité FMIDI et IMLSRE. La variation des stocks de la branche d'activité FMIDI a diminué de moins de 1% en volume et a stagné en valeur ; et celle de la branche d'activité IMLSRE, elle a augmenté de moins de 1% en valeur et a diminué moins de 1% en volume.

Cependant, les impacts de la sim1.c et la sim1.d sur la variation des stocks sont modestement positifs pour la majorité des branches d'activités, soit une augmentation de moins de 1%, tandis qu'ils sont relativement négatifs pour sept branches d'activités TMET, FMACH, FABMEI, IAUT, FAMTR, FMIDI et IMLSRE, soit une diminution de moins de 1% en deux termes. Par contre, les impacts de la simulation 3 ont été fluctuants. La variation des stocks a augmenté en deux chiffres (en deux termes) dans la majorité des branches d'activités, sachant que pour huit branches, leurs variations des stocks ont diminué en deux termes (voir le tableau suivant).

Secteurs	En volume	En valeur	Secteurs	En volume	En valeur
TMET	-18.50%	-14.10%	FAMTR	-136%	-136%
FMACH	-19.30%	-18.42%	FMIDI	-5%	-1.27%
FABMEI	-2.65%	-1.32%	CONST	-208.82%	-229%
IAUT	-105.2%	-105.2%	IMLSRE	-2%	-1%

Presque, les mêmes résultats ont été obtenus par la sim4.c. La variation des stocks a augmenté en deux termes dans la majorité des branches d'activités sauf pour les mêmes branches d'activités (voir le tableau suivant).

Secteurs	En volume	En valeur	Secteurs	En volume	En valeur
TMET	-15.32%	-9.36%	FAMTR	-133%	-133%
FMACH	-18.78%	-17.63%	FMIDI	-4.4%	-1%
FABMEI	-2.80%	-2.11%	CONST	-1%	+16%
IAUT	-105%	-105%	IMLSRE	-1.45%	+3.24%

Dans la sim4.a et la sim4.b, la variation des stocks diminue de moins de 1% en deux termes pour la majorité des branches d'activités à l'exception de six branches d'activités TMET, FMACH, FABMEI, IAUT, FAMTR et FMIDI (leurs variations des stocks augmentent de moins de 1% en deux termes) et d'une branche d'activité IMLSRE (sa variation des stocks augmente de moins de 1% en volume et diminue moins de 1% en valeur). La non-similitude entre la variation des stocks, en deux termes, s'explique, comme pour les autres composantes de la demande intérieure, par la variation des prix composites.

Section 4. Impacts sur le bien-être

Deux variations ont été calculées pour mesurer les effets des simulations sur le bien-être des ménages : les variations équivalentes (VE) et les variations compensatoires (VC) (Decaluwé et al., 2001). Ces variations sont des mesures idéales pour étudier l'impact d'un choc externe sur le bien-être des ménages. Pour en faire, nous allons au départ présenter la formulation de calcul des variations équivalentes et des variations compensatoires et par la suite analyser les impacts des simulations sur le bien-être pour le cas du Maroc.

1- Variations équivalentes et compensatoires

Les variations équivalentes et les variations compensatoires permettent de mesurer l'impact des effets des chocs et des réformes économiques sur le bien-être après les quatre scénarios réalisés par le MEGC, ce qui permet ainsi de comparer les résultats de chaque simulation J (J=sim1.a, sim1.b ... sim4.c), avec la situation de référence (notée 0). Ces variations sont calculées à partir de la fonction d'utilité indirecte de la manière suivante :

- Soit une fonction d'utilité de type Cobb-Douglas à rendements constants telle que choisie par le MEGCMar03.
- Soit la fonction de la consommation des ménages (ou la fonction de la demande des produits) qui est déterminée à partir du programme de la maximisation de la fonction d'utilité sous la contrainte budgétaire :

$$CM_i = \frac{\wp_M YDM}{Pc_i}$$

En tenant compte de ces deux conditions, la fonction d'utilité indirecte peut être obtenue par l'intégration des fonctions de demande (les fonctions de la consommation) dont l'une est celle de la ***fonction de l'utilité directe***, qui s'écrit formellement comme suit :

$$UIND = \prod_i \left(\frac{\wp_M}{Pc_i} \right)^{\wp_M} * YDM$$

Et, l'autre est celle de la ***fonction d'utilité indirecte*** qui correspond à la situation de référence (0), elle s'écrit sous la forme suivante :

$$UIND_0 = \prod_i \left(\frac{\wp_M}{(Pc_i)_0} \right)^{\wp_M} * YDM_0$$

À partir de cette dernière formulation, la fonction d'utilité indirecte liée à chaque simulation, elle peut s'écrire sous la forme suivante :

$$UIND_J = \prod_i \left(\frac{\wp_M}{(Pc_i)_J} \right)^{\wp_M} * YDM_J$$

Où, J = sim1.a, sim1.b ... sim4.c

En total, on a douze (12) fonctions d'utilité indirecte.

La démarche est simple. Elle consiste à faire une comparaison entre la fonction d'utilité indirecte de la situation de référence et celle liée à chaque simulation (J = sim1.a, sim1.b ... sim4.c), ce qui implique deux mesures ou variations : une variation équivalente et une variation compensatoire.

- ***Une variation équivalente :*** *elle a pour but de "mesurer l'augmentation ou la diminution du revenu des consommateurs, par rapport à la situation de référence exprimée aux prix de cette dernière, qui leur permettrait de rester au niveau d'utilité indirecte de la nouvelle situation (sim J)"*. Elle s'écrit comme suit :

$$VE = \prod_i \left(\frac{(Pc_i)_0}{(Pc_i)_J} \right)^{\wp_M} * YDM_J - YDM_0$$

☛ Si VE>0 ➔ $UIND_J \succ UIND_0$, il y a une amélioration du bien-être des ménages ;

- Si VE<0 ➔ $UIND_J \prec UIND_0$, il y a une détérioration du bien-être des ménages.

- ***Une variation compensatoire :*** *elle* permet de "*mesurer la diminution ou l'augmentation du revenu des consommateurs par rapport à la nouvelle situation exprimée aux prix de cette dernière, qui leur permettrait de rester au niveau d'utilité indirecte de la situation de référence*". Elle s'écrit comme suit :

$$VC = \prod_i \left(\frac{(Pc_i)_J}{(Pc_i)_0} \right)^{\wp_M} * YDM_0 - YDM_J$$

- Si VC<0 ➔ $UIND_J \prec UIND_0$, il y a une détérioration du bien-être des ménages ;
- Si VC>0 ➔ $UIND_J \succ UIND_0$, il y a une amélioration du bien-être des ménages.

2- Bien-être des ménages

Les valeurs des variations équivalentes (VE) et compensatoires (VC) sont regroupées dans le tableau ci-dessous. Pour la variation équivalente, le revenu des ménages est celui de la situation de référence tandis que pour la variation compensatoire, il s'agit de celui de la nouvelle situation.

Tableau 27. Variations équivalentes et variations compensatoires selon les résultats des simulations

		Variations équivalentes (VE)		**Variations compensatoires (VC)**		**Bien-être**
Sim1	**sim1.a**	0,124	(0,000)[1]	-0,124	(0,000)	↑[2]
	sim1.b	0,124	(0,000)	-0,124	(0,000)	↑
	sim1.c	9,862	(0,003)	-9,862	(-0,003)	↑
	sim1.d	9,862	(0,003)	-9,862	(-0,003)	↑
Sim2	**sim2.a**	1,600	(0,000)	-1,600	(0,000)	↑
	sim2.b	1,600	(0,000)	-1,600	(0,000)	↑
	sim2.c	1,600	(0,000)	-1,600	(0,000)	↑
Sim3	**sim3.a**	0,124	(0,000)	-0,124	(0,000)	↑
	sim3.b	4060,968	(1,200)	-4082,023	(-1,186)	↑
Sim4	**sim4.a**	-12,239	(-0,004)	12,238	(0,004)	↓[3]
	sim4.b	-12,239	(-0,004)	12,238	(0,004)	↓
	sim4.c	3205,803	(0,947)	-3259,378	(-0,938)	↑

Source : Calculer à partir du logiciel GAMS

NB. (1) les valeurs écrites entre parenthèses présentent les variations mesurées en pourcentage du revenu des ménages ; (2) amélioration de bien être : VE>0; VC<0 et (3) détérioration de bien être (VE<0; VC>0).

Ce tableau montre que les impacts de la plupart des simulations réalisées dans cet exercice d'application ont été positifs sur le bien-être des ménages marocains. Cependant, *les résultats inattendus sont ceux des impacts de la sim4.a et la sim4.b à savoir qu'ils ont été négatifs sur le bien-être des ménages bien que la mesure accompagnée par la libéralisation a été diminution des taux des impôts directs appliqués sur les ménages et les entreprises.* Il est difficile d'interpréter ces résultats puisque le MEGCMar03 ne fait pas une désagrégation des ménages, par exemple en ménages salariés et ménages capitalistes ou en ménages ruraux et ménages urbains ou en ménages pauvres, ménages riches et ménages moyens, afin de mesurer l'impact des effets des simulations sur chaque catégorie des ménages et détecter les ménages les plus touchés (positivement ou négativement) par chaque mesure.

In fine, la diminution du bien-être des ménages est enregistrée dans la sim4.a et la sim4.b. À cet effet, *la politique de soutien de pouvoir d'achat des ménages et de la compétitivité des entreprises a été entravée par la diminution de la rémunération salariale versée aux salariés (YLM) et de la rémunération du capital versée aux ménages (RKM) comme deux composantes principales du revenu des ménages.* Par ailleurs, la mesure d'une libéralisation partielle ou semi totale ou totale des échanges extérieurs augmente, quoique faible, le bien-être des ménages. Le même résultat est obtenu dans le cas d'une augmentation des transferts de l'UE15 vers l'État et les ménages ou dans le cas d'une augmentation du capital spécifique dans les secteurs IAUT et HTLRES.

Section 5. Impacts sur les revenus et les épargnes des SI

Les revenus et les épargnes des ménages et des entreprises sont endogènes dans le MEGCMar03, par contre le revenu de l'État est exogène dans ce modèle. En plus, les transferts reçus ou versés entre les SI sont supposés exogènes exceptionnellement de ceux effectués par le gouvernement (État), ils sont endogènes : les transferts versés par le gouvernement aux ménages (TGM), les transferts versés par le gouvernement à l'UE15 (TGUE), les transferts versés par les ménages à l'État (TMG) et ceux versés par les entreprises à l'État (TEG). En tenant compte de ces hypothèses, les résultats sont présentés dans les paragraphes suivants.

1- Ménages

Les impacts des scénarios de simulations sont différents selon les mesures prises. Le tableau suivant essaye de les illustrer.

Tableau 28. Effets des simulations sur le revenu et l'épargne des ménages

	Revenu et Épargne	**Transferts/Rémunération des facteurs**
	Simulation 1	
Sim1.a	Inchangé	- Transferts versés par les entreprises aux ménages (TEM) ont diminué moins de 1%, et cela par le biais de facteur d'ajustement (adj) ; - Transferts versés par le gouvernement aux ménages (TGM) ont diminué moins de 1%.
Sim1.b		
Sim1.c	Augmentation presque de 1%	- Rémunération du capital versée aux ménages (RKM) a augmenté moins de 1% ; - Rémunération salariale versée aux ménages (YLM) a diminué moins de 1% ; - Transferts versés par les entreprises aux ménages (TEM) ont eu une variation positive en réponse à l'ajustement positif de facteur d'ajustement (adj) qui est de l'ordre supérieur à 1 ; - Transferts versés par le gouvernement aux ménages (TGM) ont diminué moins de 1%.
Sim1.d		
	Simulation 2	
Sim2.a	Augmentation de presque de 1%	- Rémunération du capital versée aux ménages (RKM) a augmenté moins de 1% ; - Transferts versés par les entreprises aux ménages (TEM) ont eu un impact positif, car le facteur d'ajustement (adj) est supérieur à 1 ; - Transferts versés par le gouvernement aux ménages ont diminué de 52%.
Sim2.b		
Sim2.c		
	Simulation 3	
Sim3.a	Augmentation Revenu =+1.646% Épargne= +1.724%	- Rémunération du capital (RKM) a augmenté de +2.852% ; - Transferts versés par les entreprises aux ménages ont eu une variation positive, puisque le facteur d'ajustement (adj) est supérieur à un (1) ; - Rémunération salariale versée aux ménages (YLM) a diminué moins de 1% ; - Transferts versés par le gouvernement aux ménages ont diminué de 82%.
Sim3.b		
	Simulation 4	
Sim4.a	Diminution Revenu = -1% Épargne= -1%	- Rémunération du capital versée aux ménages (RKM) a diminué moins de 1% ; - Rémunération salariale versée aux ménages (YLM) a

Sim4.b	Diminution Revenu = - 1.198% Épargne= -1%	diminué moins de 1% ; - Transferts versés par les entreprises aux ménages ont eu une variation négative, car le facteur d'ajustement (adj) est inférieur à 1.
Sim4.c	Augmente Revenu =+2.634%	- Transferts versés par le gouvernement aux ménages ont augmenté de +2.954% dans la sim4.a et de +5.612% dans la sim4.b.

Source : Élaborer à partir des résultats de GAMS

La variation du revenu et de l'épargne des ménages est expliquée par la variation du facteur d'ajustement des impôts indirects sur les produits (adjntx). Ce dernier affecte la consommation totale des ménages et par la suite le revenu disponible des ménages (YDM). En effet, la variation du revenu disponible du ménage (YDM) est expliquée par les variations de la consommation totale du ménage (CMT) et des transferts des ménages à l'État (TMG) à savoir que :

- La consommation totale des ménages stagne dans la sim1.a et la sim1.b et augmente dans la sim1.c, la sim1.d, la simulation 2, la simulation 3 et la sim4.c, tandis qu'elle diminue moins de 1% dans la sim4.a et la sim4.b ;
- Les transferts des ménages à l'État stagnent dans la sim1.a et la sim1.b et augmentent dans la sim1.c, la sim1.d, la simulation 2 et la simulation 3, alors qu'ils diminuent dans la simulation 4 en réponse à la diminution des impôts directs (IGR et IS).

2- Entreprises

Presque, les mêmes impacts reçus par l'épargne et le revenu des ménages ont aussi touché les entreprises, sachant que l'excédent brut d'exploitation est la seule composante endogène de leur revenu.

Les résultats de la sim1.a et la sim1.b montrent que le revenu et l'épargne des entreprises restent inchangés à la suite de la stagnation de l'excédent brut d'exploitation comme seule composante endogène de ce revenu.

Dans la sim1.c, la sim1.d et la simulation 2, le revenu des entreprises augmente de moins de 1% comme résultat d'une augmentation égale de l'excédent brut d'exploitation (RKE). À cet effet, l'épargne a augmenté de moins de 1% grâce notamment aux transferts versés par les entreprises à l'État (TEG), sachant que les transferts des entreprises vers les ménages (TEM) et les transferts des entreprises vers l'UE15 (TEUE) sont exogènes dans le modèle. Le même impact a été réalisé par la simulation 3, mais l'augmentation du revenu des entreprises est plus importante, soit de +2.079% en réponse à l'augmentation de l'excédent brut d'exploitation (RKE) qui est de l'ordre de +2.852%. En réaction, l'épargne des entreprises a augmenté de +2.629% bien que leurs dépenses soient augmentées : les transferts versés à l'État (TEG) et aux ménages (TEM) ont augmenté de +2.078% et de +1.874, respectivement.

L'augmentation du revenu et de l'épargne des entreprises a été aussi les résultats de la sim4.c, soit de +1.529% et de +2.651%, respectivement. Cette augmentation est due principalement à l'accroissement de l'excédent brut d'exploitation (+2.099%), la diminution des transferts versés par les entreprises à l'État (-1%) et l'augmentation des transferts versés par les entreprises aux ménages (le facteur d'ajustement est supérieur à un '1').

Par ailleurs, les résultats des sim4.a et sim4.b dévoilent que le revenu de l'entreprise a diminué presque de 1% bien que son épargne soit augmentée de moins de 1% dans la sim4.a et de +1.416% dans la sim4.b à la suite de la diminution des transferts versés par les entreprises aux ménages (le facteur d'ajustement est inférieur à un) et des transferts versés par les entreprises à l'État de -2,007% dans la sim4.a et de -3,967% dans la sim4.b.. Là encore, ces résultats ne distinguent pas les impacts sur les entreprises selon leur taille ou leur statut juridique ou leur nature d'activités.

3- État

Le revenu du gouvernement (YG) et les dépenses publiques (CG(tnd)) sont exogènes dans le MEGCMar03 afin de mesurer l'impact d'une libéralisation (partielle ou semi totale ou totale) sur les composantes du revenu de l'État en maintenant son niveau initial. En plus, ces hypothèses permettent de savoir comment la perte des recettes douanières a été compensée à la suite aux différentes mesures de libéralisation proposées.

Autrement dit, comment les composantes du revenu de l'État sont-elles variées pour maintenir le même niveau des recettes et des dépenses, celui de la situation de référence ?

a- Rémunération du capital, transferts et épargne de l'État

Le tableau suivant résume les impacts des 12 simulations sur la rémunération du capital, les transferts et l'épargne de l'État.

Tableau 29. Impacts sur la rémunération du capital, les transferts et l'épargne de l'État

Simulation 1	
Sim1.a **Sim1.b**	↬la rémunération de revenu du capital (RKG) n'a pas changé ; ↬Les transferts versés par les entreprises (TEG) et les ménages (TMG) à l'État sont restés stagnants puisque les revenus des ménages et des entreprises n'ont pas été changés ; ↬L'épargne publique n'a pas changé.
Sim1.c **Sim1.d**	↬la rémunération du revenu du capital (RKG) a augmenté de 1% ; ↬Les transferts des entreprises et des ménages à l'État ont augmenté de 1% ; ↬L'épargne publique a connu une légère augmentation (+1%).

Simulation 2	
Sim2.a **Sim2.b** **Sim2.c**	↳la rémunération du revenu de capital (RKG) a augmenté presque de 1% ; ↳Les transferts versés par les entreprises à l'État et ceux versés par les ménages à l'État ont augmenté de +1% ; ↳L'épargne publique a connu une légère augmentation (+1%).
Simulation 3	
Sim3.a **Sim3.b**	↳la rémunération du revenu du capital a augmenté de +2.852% ; ↳Les transferts versés par les entreprises à l'État et ceux versés par les ménages à l'État ont augmenté de +2.078% et de +1.646%, respectivement. Cette augmentation de recettes tarifaires directes a pour but de compenser, en partie, la perte des recettes tarifaires à l'importation ; ↳L'épargne publique a augmenté de +271.264%.
Simulation 4	
Sim4.a	↳la rémunération du revenu du capital (RKG) a diminué de moins de 1% ; ↳Les transferts versés par les entreprises à l'État (TEG) ont diminué de -2% ; ↳Les transferts versés par les ménages à l'État ont diminué de -5.592% ; ↳L'épargne publique a diminué de -9.307% .
Sim4.b	↳la rémunération du revenu du capital (RKG) a diminué de moins de 1% ; ↳Les transferts versés par les entreprises à l'État (TEG) ont diminué de -4% ; ↳Les transferts versés par les ménages à l'État ont diminué de -10.831% ; ↳L'épargne publique a diminué de -17.432%.
Sim4.c	↳la rémunération du revenu du capital (RKG) a augmenté de +2% ; ↳Les transferts versés par les entreprises à l'État et ceux versés par les ménages à l'État ont diminué moins de 1% et de 3.207%, respectivement ; ↳L'épargne publique a augmenté de +261.644%.

Source : Élaborer à partir des résultats de GAMS

Il faut noter que l'épargne publique et les transferts versés par l'État aux ménages et à l'UE15 sont endogènes dans le MEGCMar03 ; ce qui explique généralement la variation de l'épargne. Par exemple, si les transferts versés par l'État aux ménages diminuent (augmente) et ceux versés par l'État à l'UE15 augmentent (diminue), leurs effets sur l'épargne publique peuvent être nuls, relativement négatifs ou positifs.

b- Recettes tarifaires à l'importation

Concernant les recettes tarifaires à l'importation, les résultats du modèle montrent que les impacts de la libéralisation sont différents selon les secteurs d'activités et la région de provenance. Le tableau suivant résume les principaux résultats.

Tableau 30. Impacts sur les recettes tarifaires à l'importation

	Recettes tarifaires totales à l'importation	**Recettes tarifaires à l'importation en provenance de l'UE15**	**Recettes tarifaires à l'importation en provenance du RUE15**
	Simulation 1		
m1.a m1.b	Augmentent de 1%	- Stagnent pour la majorité des produits ; - Augmentent pour le produit de la PECHE (+1%) ; - Diminuent pour les produits METALLU, TMET et FMACH (-1%).	- Stagnent pour la majorité des activités ; - Diminuent pour les produits METALLU, TMET et FMACH (-1%).
m1.c 1.d	Augmentent de 1%	- Stagnent pour deux produits IMPRIM et METALLU ;	- Stagnent pour le produit IMPRIM ;
		- Diminuent pour huit produits PECHE, EXTRA, INTEB, INCUIR, FBOIS, INPAC, RAFFI et INCHIM (-1%) ; - Augmentent pour huit produits INCAOPL, FPNMET, TMET, FMACH, FABMEI, IAUT, FAMTR et FMIDI (+1%).	
	Simulation 2		
m2.a m2.b m2.c	Diminuent de -5.449%.	- Stagnent pour la majorité des produits ; - Diminuent pour des recettes tarifaires à l'importation de neuf les produits EXTRA, INTEB, INCUIR, FBOIS, INPAC, INCHIM et METALLU (–1%) ; - Augmentent pour cinq produits FMACH, IAUT, FAMTR et FMIDI (+1%).	
	Simulation 3		
m3.a m3.b	Diminuent de -75.605%	- Diminuent dans neuf secteurs : PECHE (-6,550%), EXTRA (4%), INTEB (-9,243%), INCUIR (-11,637%), FBOIS (-1,792%), INPAC (-6,422%), IMPRIM (de moins de-1%), RAFFI (-3,647%) et INCHIM (-6,675%)) ; - Augmentent dans dix secteurs : (AGRI, INCAOPL, FPNMET et METALLU (1%), TEMT (6.611%), FMACH (10.007%), FABMEI (1.462%), IAUT (7.681%), FAMTR (9.695%) et FMIDI (2.411%)).	
	Simulation 4		
m4.a m4.b	Augmentent de +28.188% dans la sim4.a	- Augmentent dans les branches d'activités AGRI, PECHE, EXTRA, INALIM, INTAB,	Résultats similaires à ceux obtenus par l'UE15 à l'exception

	+54.531% dans la sim4.b	INTEB, INCUIR, FBOIS, INPAC, RAFFI, INCHIM et METALLU (+1%) ; - Diminuent dans les branches d'activités IMPRIM, INCAOPL, FPNMET, TMET, FMACH, FABMEI, IAUT, FAMTR et FMIDI (-1%).	des branches d'activité PECHE et IMPRIM, leurs recettes stagnent au lieu d'augmenter pour PECHE et diminuer pour IMPRIM.
Sim4.c	Diminuent de -19%	- Diminuent pour la majorité des produits ; - Augmentent dans IMPRIM (2.134%), INCAOPL (0.587%), TMET (6,048%), FMACH (11,099%), FABMEI (1,632%), IAUT (8,652%), FAMTR (13,080%) et FMIDI (3,160%).	Résultats similaires ceux obtenus p l'UE15 à l'exception c produit INALIM, recette a augmenté moins de 1%.

Source : Élaborer à partir des résultats de GAMS

Les résultats montrent que les impacts sur les recettes tarifaires sont sensibles aux mesures et politiques d'accompagnement menées par l'État. Ainsi donc, le choix stratégique du Maroc est important pour compenser les pertes engendrées dans les recettes et stimuler les secteurs stratégiques.

c- Recettes indirectes sur les produits

Les recettes indirectes sont une composante importante du revenu de l'État. Les principaux résultats sont reportés dans le tableau suivant.

Tableau 31. Impacts sur les recettes indirectes

	Recettes indirectes totales sur les produits	Recettes indirectes par produit
Simulation 1		
Sim1.a Sim1.b	Diminuent de -1%	- Stagnent pour la majorité des produits ; - Diminuent pour cinq produits INALIM, INTAB, METALLU, TMET et FMACH (-1%) ; Pour le produit agricole AGRI, sa recette indirecte diminue dans la sim1.b et reste stagnante dans la sim1.a.
Sim1.c	Diminuent de -1%	- Augmentent pour la majorité des activités (+1%) ; - Diminuent pour trois produits AGRI, INALIM et INTAB (–1%).
Sim1.d	Diminuent de -1%	- Diminuent pour la majorité des activités (–1%) ; - Augmentent dans douze activités : PECHE EXTRA, PDEE, CONST, COREP, HTLRES TPTT, ACFA, IMLSRE, APGSS, ESAS et ASN (+1%).
Simulation 2		
Sim2.a	Augmentent de 1%	- Augmentent pour la majorité des activités (+1%) ;

Sim2.b Sim2.c		- Diminuent pour sept secteurs PECHE, EXTRA, INTEB, INCUIR, INPAC, INCHIM et METALL (-1%) ; - Stagnent dans deux secteurs AGRI et FBOIS.
		Simulation 3
Sim3.a Sim3.b	Augmentent de +16%	- Augmentent pour la majorité des secteurs ; - Diminuent pour le secteur INCUIR (-1%).
		Simulation 4
Sim4.a Sim4.b	Diminuent de moins de 1%.	- Diminuent pour la majorité des branches d'activités ; - Augmentent pour cinq branches d'activités PECHE, INTEB, INCUIR, INPAC et INCHIM (+1%).
Sim4.c	Augmentent de +8.375%	- Augmentent pour la majorité des secteurs ; - Diminuent pour six branches d'activités : PECHE et EXTRA (-1%), INTEB (-7.414%), INCUIR (-7%), INPAC (-1.849%) et INCHIM (-3.679%).

Source : Élaborer à partir des résultats de GAMS

Les résultats de la sim3.a et la sim3.b révèlent que la perte des recettes tarifaires à l'importation a été *compensée en partie par l'augmentation des recettes indirectes*. À cet effet, le taux des impôts directs augmente par le biais du facteur d'ajustement des impôts indirects (adjntx) qui sont de l'ordre de 0.146, expliquant ainsi l'augmentation des recettes tarifaires indirectes dans la majorité des secteurs à l'exception du secteur INCUIR où sa recette a diminué moins de 1%.

Section 6. Vérification d'équilibre du modèle

Puisque la situation de référence est en équilibre, ce qui implique que les relations entre les agrégats macroéconomiques doivent maintenir cet équilibre[45] pour chaque simulation/choc. Pour cette raison, le modélisateur doit vérifier principalement les équilibres suivants : l'équilibre macroéconomique, le compte courant de l'État et le compte courant de la balance des paiements extérieurs. Avant de procéder, il est aussi nécessaire d'analyser une composante importante dans les études économiques, c'est l'investissement.

45 La situation de référence est en équilibre, ne signifie pas que l'économie est en état stationnaire (en équilibre).

1- Investissement total

L'investissement total (TINVS) en valeur est endogène dans le MEGCMar03. Il est supposé égal à la somme des épargnes des SI. Dans ce cadre, les effets des simulations sur l'investissement total sont similaires à ceux obtenus pour l'épargne des SI (les ménages, les entreprises et l'État) puisque l'épargne étrangère est une variable exogène dans le MEGCMar03.

Les résultats montrent que la variation de l'investissement total stagne dans la sim1.a et la sim1.b, diminue de moins de 1% dans la sim4.a et la sim4.b et augmente de +16% dans la simulation 3 et la sim4.c.. Sans oublier que le prix total à l'investissement est calculé, pour des raisons comptables, comme suit :

$$PINVT = \frac{(VS(I) + INV\_r(I))}{TINVS}$$

Ce qui justifie ses variations :

- il est resté stagnant dans la sim1.a, la sim1.b, la simulation 2, la sim4.a et la sim4.b ;
- il a augmenté de 1% dans la sim1.c et la sim1.d et de plus de +18% dans la simulation 3 et la sim4.c.

En tenant compte des hypothèses suivantes : l'exogénisation de la rémunération salariale versée à l'UE15 et l'endogénisation de la rémunération du capital versée à l'UE. Les résultats concernant cette dernière variable sont présentés comme suit : ***(i)*** elle a stagné dans la sim1.a et la sim1.b ; ***(ii)*** elle a diminué dans la sim4.a et la sim4.b, et ***(iii)*** elle a augmenté de 1% dans la sim1.c, la sim1.d et la simulation 2, presque de +3% dans la simulation 3 et de +2.1% dans la sim4.c.

2- Équilibre macroéconomique

L'équilibre macroéconomique est l'état d'équilibre entre les différentes composantes macroéconomiques de l'économie comme le PIB, la consommation privée, l'investissement et les échanges extérieurs. Le tableau suivant reporte cette situation des quatre scénarios proposés dans cet exercice d'application.

Tableau 32. Équilibre macroéconomique

➤ ***En volume***

Noms en GAMS	VA	CMT	CGT	INV_r	VS	M	X
Situation de référence	423805,0	250289,8	86087,2	109939,6	15162,0	130730,3	134920,0
Simulation 1							
sim1.a	423805,0	250289,9	86087,2	109939,6	15162,0	130730,0	134920,0
sim1.b	423805,0	250289,9	86087,2	109939,6	15162,0	130730,0	134920,0
sim1.c	423805,0	250295,9	86087,2	109939,6	15181,9	130728,7	134918,4
sim1.d	423805,0	250295,9	86087,2	109939,6	15181,9	130728,7	134918,4
Simulation 2							
sim2.a	423805,0	250291,7	86087,2	109939,6	15173,4	130729,6	134918,0
sim2.b	423805,0	250291,7	86087,2	109939,6	15173,4	130729,6	134918,0
sim2.c	423805,0	250291,7	86087,2	109939,6	15173,4	130729,6	134918,0
Simulation 3							
sim3.a	425376,7	251500,7	86087,2	109939,6	14521,4	130576,9	129262,9
sim3.b	425376,7	251500,7	86087,2	109939,6	14521,4	130576,9	129262,9
Simulation 4							
sim4.a	423805,0	250282,3	86087,2	109939,6	15100,7	130731,2	134928,6
sim4.b	423805,0	250282,3	86087,2	109939,6	15100,7	130731,2	134928,6
sim4.c	425376,7	251856,7	86087,2	109939,6	12781,8	130519,6	130503,5

➤ ***En valeur***

Noms en GAMS	VA	TIXR	TMR	M	CMT	CGT	INV_R	VS	X
Situation de référence	423804,4	42545,0	10671,0	149155,0	273501,0	86470,0	120357,0	10928,0	134920,0
Simulation 1									
sim1.a	423805,1	42544,5	10671,5	149154,7	273501,0	86470,0	10928,1	120356,8	134920,0
sim1.b	423805,1	42544,5	10671,5	149154,7	273501,0	86470,0	10928,1	120356,8	134920,0
sim1.c	423805,1	42521,3	10694,8	149154,7	273501,0	86470,0	10928,7	120356,2	134920,0
sim1.d	423805,1	42466,4	10749,6	149154,7	273501,0	86470,0	10928,7	120356,2	134920,0
Simulation 2									
sim2.a	423832,8	42538,2	10098,3	149152,8	273506,8	86470,0	10913,4	120371,9	134909,1
sim2.b	423832,8	42537,7	10098,8	149152,8	273506,8	86470,0	10913,4	120371,9	134909,1
sim2.c	423832,8	42537,7	10098,8	149152,8	273506,8	86470,0	10913,4	120371,9	134909,1
Simulation 3									
sim3.a	433002,7	40115,5	**13113,8**	**148679,2**	274227,7	86470,0	9951,1	121053,9	131703,4
sim3.b	433002,7	40064,1	13165,1	148679,2	274227,7	86470,0	9951,1	121053,9	131703,4
Simulation 4									
sim4.a	424272,8	42689,8	13454,6	149159,1	273731,7	86470,0	11227,6	120709,4	134813,1
sim4.b	424713,5	42836,0	16082,2	149164,4	273954,4	86470,0	11521,7	121054,6	134715,1
sim4.c	434338,6	40542,6	21030,6	148689,1	274886,3	86470,0	11124,1	121788,1	131415,5

Source : Calculer à partir du logiciel GAMS

3- Compte courant de l'État

Le compte courant de l'État est en équilibre, i.e. l'égalité des dépenses et des recettes de l'État. Cette condition doit être vérifiée pour l'ensemble des scénarios.

Tableau 33. Compte courant de l'État

Noms GAMS	YG	RKG	TMG	TEG	TUEG	TIXR	TMR	TGM	TGE	TGUE	CGT	SG
Situation de référence	127796	1583	26991	43690	2316	42545	10671,001	19907	14345	563	86470	6511
Simulation 1												
sim1.a	127796	1582,999	26990,984	43689,994	2316	42544,496	10671,525	19907	14345	563	86470	6511
sim1.b	127796	1582,999	26990,984	43689,994	2316	42544,491	10671,53	19907	14345	563	86470	6511
sim1.c	127796	1582,999	26990,989	43689,993	2316	42521,259	10694,761	19907	14345	563	86470	6511
sim1.d	127796	1582,999	26990,989	43689,993	2316	42466,444	10749,577	19907	14345	563	86470	6511
Simulation 2												
sim2.a	127796	1582,975	26990,685	43690,878	2895	42538,2	10098,263	19907	14345	563	86470	6511
sim2.b	127796	1582,975	26990,685	43690,878	2895	42537,675	10098,788	19907	14345	563	86470	6511
sim2.c	127796	1582,975	26990,685	43690,878	2895	42537,669	10098,794	19907	14345	563	86470	6511
Simulation 3												
sim3.a	127796	1573,757	26876,204	43800,829	2316	40115,457	13113,753	19907	14345	563	86470	6511
sim3.b	127796	1573,757	26876,204	43800,829	2316	40064,129	13165,078	19907	14345	563	86470	6511
Simulation 4												
sim4.a	127796	1584,28	26466,756	41284,555	2316	42689,817	13454,593	19907	14345	563	86470	6511
sim4.b	127796	1585,546	25952,522	39023,762	2316	42836,01	16082,16	19907	14345	563	86470	6511
sim4.c	127796	1577,511	25339,553	36989,732	2316	40542,627	21030,577	19907	14345	563	86470	6511

Source : Calculer à partir du logiciel GAMS

4- Compte courant de la balance des paiements extérieurs

La balance des paiements, elle est *un document comptable. Il retrace l'ensemble des échanges de biens, de services et de capitaux pendant une période donnée entre les SI résidents d'un pays et le reste du monde.*[46]

La balance courante se définit comme la somme de la balance commerciale du Maroc (le cas de cet exercice d'application), c'est-à-dire des flux monétaires résultant de ses échanges de biens et services avec l'étranger, de sa balance des revenus et de sa balance des transferts courants. Ainsi, le compte courant de la balance des paiements extérieurs doit être en équilibre pour l'ensemble des scénarios réalisés.

[46]https://www.glossaire-international.com/pages/tous-les-termes/balance-des-paiements.html#UD0wegp AIgYF9KPh.99

Tableau 34. Compte courant de la balance des paiements extérieurs

Noms GAMS	M	WUE	RKUE	TMUE	TEUE	TGUE	TUEM	TUEE	TUEG	X
situation de référence	149155,0	79	14491	704	203	563	39242	3955	2316	134920,0
Simulation 1										
sim1.a	149154,7	79,3	14491,0	704	203	563	39242	3955	2316	134920,0
sim1.b	149154,7	79,3	14491,0	704	203	563	39242	3955	2316	134920,0
sim1.c	149154,7	79,3	14491,0	704	203	563	39242	3955	2316	134920,0
sim1.d	149154,7	79,3	14491,0	704	203	563	39242	3955	2316	134920,0
Simulation 2										
sim2.a	149152,8	10460,0	14490,8	704	203	563	49052,5	3955	2895	134909,1
sim2.b	149152,8	10460,0	14490,8	704	203	563	49052,5	3955	2895	134909,1
sim2.c	149152,8	10460,0	14490,8	704	203	563	49052,5	3955	2895	134909,1
Simulation 3										
sim3.a	148679,2	-2617,8	14406,4	704	243,6	563	39242	3955	2316	131703,4
sim3.b	148679,2	-2617,8	14406,4	704	243,6	563	39242	3955	2316	131703,4
Simulation 4										
sim4.a	149159,1	-43,7	14502,7	704	203	563	39242	3955	2316	134813,1
sim4.b	149164,4	-158,6	14514,3	704	203	563	39242	3955	2316	134715,1
sim4.c	148689,1	-2950,0	14440,8	704	243,6	563	39242	3955	2316	131415,5

Source : Calculer à partir du logiciel GAMS

Plus la MCS est désagrégée et plus le nombre des scénarios/chocs est multiple, plus les résultats du modèle sont importants en informations. *Le modélisateur doit faire attention pour ne pas s'écarter de sa problématique fixée au départ à la suite aux vagues des informations dégagées par son modèle.*

La conclusion principale de cet exercice d'application est que si le Maroc veut bénéficier des avantages de l'accord de libre-échange avec l'UE comme principal partenaire économique, il doit nécessairement accompagner la diminution des droits de douane à l'importation par des mesures d'accompagnement comme, par exemple, la diminution des taux des impôts directs sur les revenus et l'encouragement des investissements. Sans oublier que les aides et les subventions doivent être consacrées pour certaines branches d'activités qui se retrouvent dans une situation de détérioration à cause de la libéralisation.

Cependant, le grand défi reste pour l'État marocain la diversification de ses échanges extérieurs, et l'enrichissement de ses relations des échanges extérieures avec d'autres régions/ pays du monde hors les pays de l'Union européenne.

Par ailleurs, parmi les limites du MEGC est le choix des valeurs des élasticités. Pour cette raison, *le modélisateur doit consacrer une partie de son étude pour effectuer une analyse des sensibilités des résultats après qu'il effectue une modification d'une manière exogène des valeurs des élasticités de transformation et de substitution du commerce extérieur.*

Conclusion générale

Le MEGCMar03 élaboré à titre d'une application empirique dans ce présent ouvrage a pour but de modéliser l'impact de l'accord d'association avec l'UE15 sur l'économie marocaine. La démarche de sa construction est relativement simple. Elle consiste à suivre la stratégie traditionnelle de la construction d'un MEGC surtout celui appliqué à un pays en voie de développement (PED).

La modélisation du MEGCMar03 nécessite une base de données. Pour cette raison, nous avons élaboré une MCS sur la base des données comptables de l'année 2003. Cette matrice retrace seulement la sphère réelle de l'économie marocaine et tient compte de deux agents du RdM (l'UE15 et le RUE).

À partir de cet exercice de simulation, nous pouvons conclure que :

➔ L'accord d'association entre l'UE et le Maroc, non associé à des mesures d'accompagnements, n'influence pas les échanges extérieurs, le taux de salaire et le taux de rendement du capital.

➔ Le bien-être des ménages connaît une faible augmentation.

➔ L'épargne des entreprises augmente dans toutes les simulations.

➔ Les recettes tarifaires à l'importation varient inversement par rapport aux recettes indirectes, ce qui implique que la perte des recettes tarifaires à l'importation est compensée par les recettes indirectes et vice-versa. En effet, le facteur d'ajustement des taux des impôts indirects reste stable, alors qu'il augmente dans le cas où il ait une grande perte des recettes tarifaires à l'importation (la simulation 3 et la sim4.c).

Il apparaît donc que l'accord d'association Euro-Maroc a généralement un effet positif sur l'économie marocaine. Cependant, ce constat est obtenu si des mesures peuvent l'accompagner comme celles proposées dans cet exercice d'application à savoir les aides financières de l'Union européenne, la diminution des impôts directs sur le revenu des ménages et des entreprises et l'augmentation des investissements dans certains secteurs jugés stratégiques : le secteur d'industrie automobile (IAUT) et le secteur d'hôtellerie et de restauration (HTLRES).

Par ailleurs, le MEGCMar03 est limité par la non-disponibilité ou la non-fiabilité des statistiques qui peuvent influencer sa structure et par la suite ses résultats obtenus à partir des différentes simulations.

Dans ce cadre, l'application empirique de notre modèle peut être enrichie dans le cas de la disponibilité des statistiques désagrégées concernant les échanges extérieurs des services par origine et par destination, les transferts de l'État vers le RdM par zone économique, les transferts de chaque zone économique vers l'État, les recettes et les dépenses de l'État et autres. Autrement dit, plus les données sont disponibles, plus la MCSMar03 est désagrégée et contient plus d'informations nécessaires pour développer le MEGCMar03 et faciliter l'interprétation des résultats empiriques des simulations.

Le caractère statique du MEGCMar03 limite aussi la robustesse de nos résultats obtenus. L'adoption d'une structure dynamique à ce modèle peut nous conduire à d'autres conclusions fortes probables différentes ou contradictoires de celles qui ont été obtenues par notre modèle. De plus, elles peuvent être plus proches de la nature dynamique de l'ALE. D'un autre côté, l'intégration des autres hypothèses de la théorie économique dans le modèle, comme celles relatives aux comportements des SI et au commerce extérieur (la concurrence imparfaite, les économies d'échelles ...), permettent certainement de révéler d'autres impacts de l'ALE sur l'économie marocaine.

C'est vrai que le gestionnaire public doit avoir une vision claire sur les décisions et les politiques macroéconomiques, microéconomiques et sectorielles à prendre qui influencent certainement l'avenir de pays (le bien-être des citoyens(nes), la structure économique et sociale et l'écosystème). Il doit ainsi posséder des outils adéquats pour parvenir à éclaircir sa prise de décision comme celui du MEGC.

Cependant, l'élaboration de n'importe quel modèle ne doit pas nous laisser aveugles de ses limites et ses inconvénients. Le modélisateur ne doit pas oublier que malgré la robustesse, la perfection et la complexité de son modèle, ce dernier ne peut jamais se substituer à la réalité. Pis, il peut refléter la réalité qui restera complexe et hyperconnectée.

Les économistes amateurs de modélisation tentent de rendre l'économie calculable et mesurable. Ils visent peut-être à rendre l'économie comme une science exacte capable de prédire l'avenir sans des risques de crises ou des erreurs d'ajustement ou tout simplement ils désirent de prévenir l'ensemble des mouvements et des interconnexions des acteurs économiques. Mais, c'est une tentative hypocrite ou fallacieuse. L'idée épistémologique sous-jacente est qu'il est impossible de représenter mathématiquement l'économie "réelle", mais il est toujours possible d'avoir une représentation logico-formelle de l'économie.

L'élaboration d'un MEGC n'est qu'une "*convention*" abstraite effectuée par l'économiste. Chaque modélisateur est libre de modifier la structure de son modèle pour répondre à ses choix méthodologiques et ses idéologies qui sont traduites souvent par des hypothèses de fonctionnement de l'économie, car tout raisonnement économique est précisé a priori *par les termes de la convention.*

Annexes

Annexe 1. Principaux passages de la déclaration de Barcelone

La déclaration de Barcelone a été adoptée lors de la conférence euro-méditerranéenne tenue les 27 et 28 novembre 1995.

a- Les pays participants à la conférence

27 pays ont participé à la conférence de Barcelone en 1995. Il y a l'Allemagne, l'Algérie, l'Autriche, l'Autorité palestinienne, la Belgique, Chypre, le Danemark, l'Égypte, l'Espagne, la Finlande, la France, la Grèce, l'Irlande, Israël, l'Italie, la Jordanie, le Liban, le Luxembourg, Malte, le Maroc, les Pays-Bas, le Portugal, le Royaume-Uni, la Syrie, la Suède, la Tunisie et la Turquie.

b- Les objectifs de la déclaration

La déclaration de Barcelone a visé deux objectifs essentiels, à savoir :

Le premier objectif est l'instauration d'un partenariat politique et de sécurité afin de définir un espace commun de paix et de stabilité

Les participants sont engagés en commun à promouvoir et à renforcer par tous les moyens dont ils disposent à instaurer la paix, la stabilité et la sécurité de la région méditerranéenne. À cet effet, ils sont menés un dialogue politique renforcé et régulier, fondé sur le respect des principes essentiels du droit international et réaffirment un certain nombre d'objectifs communs en matière de stabilité interne et externe.

Le second objectif est la fondation d'un partenariat économique et financier pour construire une zone de prospérité partagée

Les participants sont attachés au développement économique et social durable et équilibré dans la perspective de réaliser leur objectif de construire une zone de prospérité partagée. Pour cela, ils ont fixé les objectifs à long terme suivant :

- Accélérer le rythme d'un développement socio-économique durable ;
- Améliorer les conditions de vie des populations, augmenter le niveau d'emploi et réduire les écarts de développement dans la région euro-méditerranéenne ;
- Promouvoir la coopération et l'intégration régionale.

c- Les engagements des participants

En vue d'atteindre les objectifs de la déclaration, les pays participants à la conférence sont engagés :

☞ à instaurer progressivement une zone de libre-échange à travers des accords euro- méditerranéens et ceux de libre-échange entre les partenaires de l'Union européenne. En outre, en partant des flux traditionnels et dans la mesure permise par les différentes politiques agricoles, et en respectant dûment les résultats atteints dans le cadre des négociations du GATT, le commerce des produits agricoles sera progressivement libéralisé par l'accès préférentiel et réciproque entre les parties, et les échanges de services y compris le droit d'établissement seront progressivement libéralisés en tenant dûment compte de l'accord GATT ;

☞ de mettre en œuvre une coopération et une concertation économiques appropriées dans les domaines concernés tels que :

- encourager l'épargne interne -base de l'investissement- et les investissements étrangers directs ;
- encourager les entreprises à conclure des accords entre elles ;
- protéger l'environnement ;
- promouvoir la participation active des femmes dans la vie économique et sociale et dans la création d'emplois ;
- améliorer la coopération dans le domaine de la recherche sur les ressources halieutiques, y compris l'aquaculture, et s'engager à renforcer les capacités propres de recherche scientifique et développement ;
- de contribuer à la formation du personnel scientifique et technique et de promouvoir la participation à des projets de recherche conjoints à partir de la création de réseaux scientifiques ;
- améliorer les infrastructures par la création d'un système efficace de transport, le développement des technologies de l'information et la modernisation des télécommunications ;
- promouvoir la coopération dans le domaine statistique afin d'harmoniser les méthodes et d'échanger des données.

☞ D'augmenter substantiellement de l'assistance financière de l'Union européenne à ses partenaires. L'assistance financière est nécessaire pour tout développement endogène et durable, à cet égard :

- octroyer une assistance financière aux partenaires à travers des crédits sous forme de fonds budgétaires communautaires disponibles. À cela s'ajoutera l'intervention de la Banque européenne d'investissement (BEI) sous forme de prêts d'un montant accru, ainsi que les contributions financières bilatérales des États membres, et
- l'encouragement d'un dialogue sur les politiques de manière à optimiser la coopération financière.

Concernant le deuxième objectif de la déclaration, il est un partenariat dans les domaines sociaux, culturels et humains visant à développer les ressources humaines et favoriser la compréhension entre les cultures et les échanges entre les sociétés civiles. Ladite déclaration a considéré que le dialogue entre les différentes cultures et les échanges humains, scientifiques et technologiques est une composante essentielle du rapprochement et de la compréhension entre les peuples et d'amélioration de la perception mutuelle.

Dans cet esprit, les participants ont créé un partenariat dans les domaines sociaux, culturels et humains pour :

☞ améliorer le rôle des médias dans la connaissance et la compréhension réciproques des cultures, en tant que source d'enrichissement mutuel ;

☞ encourager le développement des ressources humaines notamment des jeunes dans le domaine de la culture ;

☞ promouvoir les échanges culturels et la connaissance d'autres langues, respectant l'identité culturelle de chaque partenaire, et mettre en œuvre une politique durable de programmes éducatifs et culturels ;

☞ encourager la participation effective de la collectivité aux actions de promotion de la santé et du bien-être de la population pour instaurer un développement durable ;

☞ respecter les droits sociaux fondamentaux, y compris le droit au développement ;

☞ encourager la contribution de la société civile dans le processus de développement du partenariat euro-méditerranéen en tant que facteur essentiel d'une meilleure compréhension et d'un rapprochement entre les peuples. Sur cette base, il faut :

- renforcer et/ou mettre en place les instruments nécessaires à une coopération décentralisée pour favoriser les échanges entre les acteurs du développement dans le cadre des législations nationales : responsables de la société politique et civile, du monde culturel et religieux, des universités, de la recherche, des médias, des associations, les syndicats et les entreprises privées et publiques ;
- promouvoir les contacts et les échanges entre les jeunes dans le cadre de programmes de coopération décentralisée ;
- encourager les actions de soutien en faveur des institutions démocratiques et du renforcement de l'État de droit et de la société civile ;
- accroître la coopération pour réduire les pressions migratoires au moyen, entre autres, de programmes de formation professionnelle et d'assistance à la création d'emplois en garantissant la protection de l'ensemble des droits reconnus par la législation existante des migrants légalement installés ;

- adopter par la voie d'accords ou arrangements bilatéraux les dispositions et les mesures appropriées pour la réadmission des immigrants en situation illégale ;
- renforcer la coopération par diverses mesures visant à prévenir et à combattre de façon plus efficace le terrorisme, le trafic de drogues, la criminalité internationale et la corruption, et
- accroître la coopération pour lutter contre les phénomènes racistes et xénophobes et contre l'intolérance.

Annexe 2. Hypothèses théoriques du MEG

Le modèle d'Arrow et Debreu a instauré un ensemble des hypothèses liées à son économie de propriété privée. Cette dernière est composée d'un nombre fini de biens et de périodes temporelles, et de deux types des SI : les consommateurs et les firmes.

Les hypothèses liées aux SI et à l'économie de propriété privée se présentent de la manière suivante :

a- Les hypothèses liées aux consommateurs

Chaque consommateur satisfait ses besoins en tenant compte de ses richesses, ce qui implique que le comportement du consommateur doit satisfaire un certain nombre d'hypothèses, notamment :

1. La fonction demande individuelle du consommateur ***(i)*** est une application : $f_i : S \times \Re \longrightarrow \Re^l_+$ et le vecteur $f_i(P, W_i)$ représente le panier demande par le consommateur (i) pour un vecteur de prix $P \in S$ et une richesse $W_i \in \Re$.

➔ La loi de Walras s'écrit de la manière suivante :

$$P.f_i(P, W_i) = W_i$$

2. L'ensemble de consommation du consommateur (i) noté X_i ($X_i = \Re^l_+$) est un sous-ensemble de l'espace de biens $\Re^l$, avec $\Re^l$ représente l'ensemble des consommations possibles pour le consommateur (i).

3. La fonction d'utilité du consommateur (i) est une application u_i : $U_i : X_i \longrightarrow \Re$ indiquant que le complexe de biens y_i est préféré au sens large au complexe de biens x_i :

si $U_i(x_i) \leq U_i(y_i) : x_i \preceq y_i \quad \Leftrightarrow \quad U_i(x_i) \leq U_i(y_i)$; $\preceq_i$ représente le préordre de préférence du consommateur i ➔la relation binaire $\preceq_i$ est une relation de préordre sur X_i où le consommateur peut avoir plusieurs fonctions d'utilité différentes, représentant le même préordre de préférence.

Par ailleurs, la relation de préordre doit satisfaire à un certain nombre de propriétés, les plus fréquemment utilisées sont les suivantes :

1. Elle est une relation *complète*. $\forall$ x et y appartenant à X_i soit $x \succ y$, soit $y \succ x$, soit les deux simultanément. Cet axiome signifie que toute paire quelconque de paniers peut être comparée.

2. Elle est une relation *réflexive*. $\forall$ x appartient à X_i ; $x \succ x$; cet axiome est évident.

3. Elle est une relation *transitive.* $\forall$ x, y et z appartient à X_i ; si $x \succ y$ et $y \succ z$, alors $x \succ z$. Cet axiome est nécessaire pour traiter la maximisation des préférences.

4. Elle est une relation *continue* : $\forall$ y appartient à X_i, les ensembles $\{X_i : x \geq y\}$ et $\{X_i : x \leq y\}$ sont des ensembles fermés. Cette hypothèse est nécessaire pour exclure certains comportements discontinus. Elle signifie que si x^i est une séquence de paniers de biens qui sont tous au moins aussi désirables que le panier y, et si cette séquence converge vers un panier x* ; alors x* est au moins aussi désirable que y.

En plus, la relation de préordre doit satisfaire les hypothèses suivantes :

5. l'hypothèse de la *monotonocité* : si $x \geq y$ alors $x \succ y$. Cette hypothèse stipule qu'une quantité supérieure ou égale de chaque bien est au moins aussi désirable.

6. l'hypothèse de la *non-saturation locale.* Soit un panier x appartient à X_i et $\xi > 0$, il existe un panier y appartient à X_i pour lequel $|x-y| < \xi$ de sorte que $x \succ y$ ($|x-y|$ indique la distance euclidienne entre x et y). Cette hypothèse signifie qu'on peut toujours faire un peu mieux, même si on doit se limiter à des petits changements du panier des biens.

7. l'hypothèse de la convexité : si x, y et z appartiennent à X et que $x \succ z$ X et $y \succ z$ alors $tx + (1-t)y \succ z$ pour tous $0 \leq t \leq 1$. La convexité implique qu'un agent préfère les paniers intermédiaires aux paniers extrêmes. Cette hypothèse est une généralisation de l'hypothèse néoclassique des *taux marginaux de substitution décroissants*.

b- Les hypothèses liées aux producteurs

Chaque producteur maximise son profit sous la contrainte des coûts, tenant compte d'un certain nombre d'hypothèses, à savoir :

1. Une entreprise j transforme certains biens en d'autres biens. Ceci se représente très facilement à l'aide du concept du vecteur d'activité. Plus précisément, le vecteur $y=(y^1, y^2 \dots y^l)$ a pour coordonnées les quantités des différents biens produits ou transformés par l'entreprise. Les quantités effectivement produites (Output) sont *positives* tandis que les quantités de biens servant à la production d'autres biens (Input) sont *négatives.*

Y_j est un *ensemble de production de l'entreprise j* qui représente l'ensemble de toutes les activités possibles de l'entreprise j et y_j un vecteur d'activité de l'entreprise *j*. Pour le vecteur $p \in S$, la valeur $p.y_j$ de l'activité y_j s'appelle *le profit de l'entreprise j* pour l'activité y_j et le vecteur prix $p \in S$. L'entreprise *j* maximise le profit $p.y_j$ sous sa contrainte de production $y_j \in Y_j$, étant donné le vecteur prix $p \in S$.

2. L'activité de l'entreprise est une fonction $g_j(p)$ qui dépend du vecteur prix $p \in S$. La *fonction d'activité du producteur* $g_j : S \rightarrow Y_j$ de l'entreprise *j* représente l'activité de l'entreprise *j* pour le vecteur prix p. le profit de l'entreprise est égal à $p.g_j(p)$.

➔ l'entreprise *j* détermine l'activité $g_j(p)$ qui maximise son profit.

À cet effet, un certain nombre des hypothèses concernant les ensembles de production sont à respecter :

- L'ensemble de production Y_j est fermé dans $\Re$. Cette hypothèse permet de garantir la continuité de la fonction d'offre nette de chaque entreprise.
- L'inactivité est toujours possible, ce qui signifie que 0 appartient à Y_j : une entreprise peut toujours cesser son activité, ce qui assure que les profits d'équilibre seront non négatifs.
- La libre disposition des biens : si y_j appartient à Y_j alors $y_j - \Re^l_{++} \subset Y_j$, indiquant que tout plan de production qui emploi tous les biens comme inputs est réalisable et les prix d'équilibre sont non négatifs.
- la production a lieu à rendements constants, si l'ensemble de production Y_j est un cône.

Il faut noter que la production a lieu avec *des rendements décroissants* si l'ensemble de production Y_j est convexe : si y et y' sont deux productions efficaces alors « (y+y')/2 » est une production possible, mais elle n'est pas efficace, elle est dominée par une production efficace.

c- Les hypothèses liées à une économie de propriété privée

Une économie de propriété privée admet un équilibre si pour tout *i* et *j* les sept (7) hypothèses suivantes sont vérifiées.

Hypothèse 1. *Xi est fermé, convexe, et admet un minorant pour* $\leq$

Cette hypothèse implique trois axiomes suivants :

- La fermeture des ensembles de consommation indique que la limite d'une suite de paniers de consommation possibles est un panier possible.

Sur le plan mathématique, cette hypothèse est importante puisqu'elle permet d'exclure certains comportements discontinus :

$\forall \overline{x_i}$ dans X_i, les ensembles $\{x_i \in X_i : x_i \succ\approx_i \overline{x_i}\}$ et $\{x_i \in X_i : \overline{x_i} \succ\approx_i x_i\}$ sont fermés dans X_i, montrant, ainsi, l'existence d'une fonction d'utilité continue associée aux préférences des consommateurs.

- La convexité de ces ensembles implique que si deux consommations sont possibles, alors leur moyenne pondérée l'est également.

Le consommateur préfère les paniers intermédiaires aux paniers extrêmes, c'est une généralisation de l'hypothèse néoclassique des *taux marginaux de substitution décroissants :*

si $x_i^1, x_i^2 \in X_i$ et si $0 \prec \alpha \prec 1$ alors $x_i^2 \succ_i x_{i1}^1$ implique $\alpha x_i^2 + (1-\alpha)x_i^1 \succ_i x_{i1}^1$, cette hypothèse signifie que si une consommation possible x_i^2 est préférée à une autre x_i^1, alors leur moyenne pondérée est préférée à x_i^1.

- Le minorant implique que si la $h^{ième}$ marchandise est un input, alors sa demande admet une borne inférieure, en l'occurrence 0, puisqu'elle est non négative, par contre si cette marchandise est un output, alors sa demande admet une borne supérieure.

Hypothèse 2. *La non-saturation dans* X_i

Cette hypothèse signifie qu'il n'existe pas de consommation de saturation. Il existe toujours un autre panier de consommation qu'il est davantage préféré par le consommateur, et qu'il peut toujours faire un 'petit' peu mieux, même s'il doit se limiter à de petits changements du panier des biens.

Hypothèse 3. *Il existe un* $\overline{x_i}$ *dans Xi tel que* $\overline{x_i} \prec\prec w_i$

Cette hypothèse exprime l'idée que le consommateur peut toujours consommer et survivre en ne procédant à aucun échange, en utilisant simplement ses dotations initiales.

Hypothèse 4. Y est fermé et convexe

Cette hypothèse implique les axiomes suivants :

- La fermeture des ensembles de production est une hypothèse d'ordre mathématique, elle signifie que si une suite de productions est possible alors leur limite est également possible. En outre, elle assure l'existence d'un plan de production maximisant le profit et la continuité des décisions de production.
- La convexité correspond à l'idée de coûts marginaux croissants et de produit marginal décroissant. Elle présente l'idée de rendements d'échelle décroissants. Un ensemble de production est à rendements décroissants s'il est toujours possible de diviser les inputs et les outputs, tout en restant dans le domaine des plans de production possibles.

Hypothèse 5. La possibilité de l'inaction de l'entreprise $(0 \in Y_j)$

Cette hypothèse montre que l'entreprise ne peut toujours rien produire en n'utilisant aucun intrant.

Hypothèse 6. L'activité de production est irréversible $(Y \cap (-Y) \subset \{0\})$

Cette hypothèse signifie que si la production Y est réalisable alors la production (-Y) n'est pas possible.

Hypothèse 7. La production libre est impossible $(Y \supset (-\Omega)$[47])

Cette hypothèse montre qu'il faut nécessairement des intrants pour produire des extrants.

In fine, ces 7 hypothèses susmentionnées présentent les principales hypothèses d'une économie de propriété privée.

[47] Ce dernier ensemble désignant l'orthant négatif de l'espace des marchandises.

Annexe 3. Méthode d'équilibrage de la matrice de la comptabilité sociale

Le modélisateur doit utiliser une méthode d'équilibrage qui permet de résoudre le problème d'incohérence interne de la MCS. À cet effet, deux méthodes d'équilibrage sont présentées dans cette annexe, à savoir : la méthode RAS et la méthode d'Entropie- Croisée.

a- La méthode RAS

Il s'agit d'une méthode largement utilisée pour équilibrer la MCS. Elle a été développée en 1961 par Richard Stone (Bahan et al., 2003), elle se présente comme suit :

♦ ***Les hypothèses de la méthode :***

Si la matrice à équilibrer se présente de la manière suivante :

Figure 7. Matrice de base déséquilibrée

	$(C_1, C_2, \ldots, C_j) = TBP\ (1 \times j)$	$Sumcol_{(1\times j)} = \sum_{j=1}^{J} c_j$
$(l_1, l_2, \ldots, l_i) = TAP(i \times 1)$	$TAB(i \times j)$ $x_{i,j}$	
$Sumtol_{(i\times 1)} = \sum_{i=1}^{I} l_i$		

Source : Élaborer à partir de Bahan et al. (2003)

Avec :

- TAB représente la matrice originale à équilibrer ;
- TAP représente le vecteur colonne de totaux qu'il va être imposé en lignes à TAB ;
- TBP représente le vecteur ligne de totaux qu'il va, aussi, être imposé à TAB en colonnes.

Pour avoir une convergence des résultats, il faut que le seuil de convergence désiré soit fixé.

♦ ***La condition d'utilisation :***

La condition essentielle pour l'utilisation de la méthode RAS est l'égalité absolue entre les sommes des lignes (sumtol) et les sommes des colonnes (sumcol). Si cette condition n'est pas respectée, il est impossible d'obtenir des résultats. Mais une fois la condition vérifiée, un processus itératif débute.

♦ ***Le processus d'itération :***

<u>*Étape 1*</u>. Pour chaque ligne **i**, il faut calculer la somme des colonnes de TAB de façon à obtenir un vecteur ligne

$$m_{(ix1)} : \forall i, \sum_{j=1}^{J} x_{i,j}^{0} = m_i ,$$

<u>*Étape 2*</u>. Calculer p_i pour chaque ligne **i**, $p_i = \frac{l_i}{m_i}$, et ensuite

<u>*Étape 3*</u>. multiplier p_i par chaque élément de la ligne **i** $x_{i,j}$ de la matrice TAB : $x_{i,j}^{1} = p_i x_{i,j}^{0}$ ➔ *À cette étape, une nouvelle matrice* $TAB^{1}_{(i,j)}$ *est constituée par des éléments* $x^{1}_{(i,j)}$

<u>*Étape 4*</u>. Pour chaque colonne **j**, la somme des lignes de la matrice TAB obtenue à l'étape 3 doit être calculée :

$$\forall j, \sum_{i=1}^{I} x_{i,j}^{1} = n_j \text{, par la suite}$$

<u>*Étape 5*</u>. Calculer l'écart qui s'écrit comme suit :

$$écart = \sum_{j=1}^{J} \left| n_j - c_j \right| .$$

Si l'écart qu'il reste à combler est vérifié, l'équilibrage de la matrice est atteint. Par contre, si l'écart est plus grand que le seuil de convergence, le processus de l'itération est poursuivi, ce qui implique les étapes suivantes :

<u>*Étape 6*</u>. Calcul de q_j pour chaque colonne j qui est multipliée à chaque élément de la $j^{éme}$ colonne de la nouvelle matrice TAB obtenue à l'étape 2 c'est-à-dire :

$$q_i = \frac{c_j}{n_j}$$

$$x_{i,j}^{2} = q_j x_{i,j}^{1}$$

<u>*Étape 7*</u>. L'écart est calculé à nouveau avec la nouvelle matrice TAB obtenue à l'étape 6 : si l'écart est inférieur au seuil de convergence, alors les itérations sont terminées, si non le processus d'itération continu comme à l'étape 1. Formellement, il s'écrit de la manière suivante :

$$\forall j, \sum_{j=1}^{J} x_{i,j}^{2} = m_j \qquad écart = \sum_{i=1}^{I} \left| m_i - l_i \right|$$

Le processus d'itération se termine une fois le test de convergence est satisfait, ce qui implique que "*la méthode RAS peut ne pas donner des résultats satisfaisants et l'information supplémentaire disponible permet d'établir des contraintes sur les valeurs internes de la matrice à équilibrer*" (Bahan et al., 2003). Si le modélisateur trouve des difficultés d'atteindre le seuil de convergence, il est préférable de passer à la méthode minimisation de l'apport d'information ou la méthode d'entropie croisée (Robinson et El-Said, 2000 ; Salem, 2004 et Dubé et Dupéré, 2004).

b- La méthode d'entropie croisée

Il s'agit d'une méthode largement utilisée pour équilibrer la MCS. Elle est développée surtout par Shannon (1948), Shannon et Weaver (1975) et Theil (1967, 1971). Elle se présente comme suit :

♦ ***Les hypothèses de la méthode :***

- soit une matrice T avec des éléments t_{ij} qui représentent le paiement d'un compte d'une colonne j a un compte d'une ligne i et qui satisfait la condition suivante :

$$y_i = \sum_j t_{i,j} = \sum_j t_{j,i} \qquad \textbf{(A1)}$$

Ainsi, chaque somme de la ligne (y_i) doit être égale à la somme de la colonne correspondante (y_j), puisque la MCS a une structure comptable cohérente.

- soit la matrice des coefficients de la colonne A, obtenue par la division de chaque cellule d'entrée dans la matrice par son total de la colonne correspondante :

$$A_{i,j} = \frac{t_{i,j}}{y_j} \qquad \textbf{(A2)}$$

Par définition, toutes les sommes de la colonne en A doivent être égales à 1 pour obtenir une matrice singulière. Étant donné que les sommes en colonne sont égales aux sommes en ligne, la forme matricielle s'écrit comme suit : $y = Ay$

- soit Ā une matrice connue appelée le «prior» qui peut être, par exemple, une MCS de l'année précédente ou une matrice équilibrée, constituant, ainsi, le point de départ de la procédure d'équilibrage par la technique d'entropie croisée c'est-à-dire le début de la dérivation de la nouvelle matrice des coefficients A*.

♦ ***Le programme de minimisation :***

Le problème consiste de trouver un nouveau ensemble de coefficients A qui minimise la mesure Kullback-Leibler (1951)[48] de la distance d'entropie croisée (EC) entre la matrice Ā (le «prior») et la nouvelle matrice de coefficient estimé A*,[49] appelée l'approche déterministe. Le programme s'écrit comme suit :

$$\underset{\{A\}}{Min}\, I = \left[\sum_i\sum_j A_{i,j} \ln \frac{A_{i,j}}{\overline{A}_{i,j}}\right] = \left[\sum_i\sum_j A_{i,j} \ln A_{i,j} - \sum_i\sum_j A_{i,j} \ln \overline{A}_{i,j}\right] \qquad \textbf{(A3)}$$

[48] Cette mesure est issue de la théorie statistique, elle est axée sur un concept de distance entre distributions de probabilités.

[49] « Applying the Kullback-Leibler (1951) measure of the "cross entropy" (CE) distance between two probability distributions to the CE-SAM estimation, the problem is to find a new set of A coefficients which minimize the cross entropy distance between the prior A and the new estimated coefficient matrix » (Robinson et al., 2000).

Sous les contraintes :

$$\sum_j A_{i,j}\ y_j^* = y_i^* \qquad \textbf{(A4)}$$

$$\sum_j A_{j,i} = 1 \quad et \quad 0 \leq A_{j,i} \leq 1 \qquad \textbf{(A5)}$$

- **LA solution du programme :**

La solution du programme de minimisation se détermine par l'application de Lagrangien. Elle s'écrit formellement de la manière suivante :

$$A_{i,j} = \frac{\overline{A}_{i,j}\ \exp\left(\lambda_i\ y_j^*\right)}{\sum_j \overline{A}_{i,j}\ \exp\left(\lambda_i\ y_j^*\right)}$$

Avec λ_i représente le multiplicateur de Lagrange associé à l'information des sommes en ligne et en colonne et le dénominateur représente le facteur de normalisation.

Il faut noter qu'il est possible *d'ajouter plusieurs contraintes et même de fixer certaines valeurs de la matrice initiale. Cependant, plus le nombre de contraintes est élevé, plus le processus de convergence risque d'être long.*

Annexe 4. Exemple d'application de la matrice de la comptabilité sociale, MCSMar03

La transposée de la SM1

	Fac.		
	Travail	Capital	Total
AGRI	4479	60650	65129
PECHE	2172	2730	4902
EXTRA	2132	4638	6770
INALIM	4764	10683	15447
INTAB	403	955	1358
INTEB	6792	7818	14610
INCUIR	609	912	1521
FBOIS	474	533	1007
INPAC	639	779	1418
IMPRIM	528	548	1076
RAFFI	279	197	476
INCHIM	3959	3363	7322
INCAOPL	620	323	943
FPNMET	1519	4142	5661
METALLU	515	3606	4121
TMET	1610	2421	4031
FMACH	463	194	657
FABMEI	2110	3918	6028
IAUT	599	701	1300
FAMTR	158	128	286
FMIDI	650	2450	3100
PDEE	3570	8890	12460
CONST	6592	16476	23068
COREP	11979	38013	49992
HTLRES	2244	7157	9401
TPTT	9215	20144	29359
ACFA	6967	14254	21221
IMLSRE	4353	42268	46621
APGSS	36489	0	36489
ESAS	34939	6314	41253
ASNF	2060	4717	6777
Total	**153882**	**269923**	

La sous-matrice SM2

		Facteurs		
		Travail	capital	
SI	Ménages	153803	163620	317423
	Entreprises	0	90229	90229
	État	0	1583	1583
	UE	79	14491	14570
	RUE			0
	RDM			0
	Total2-c	153882	269923	423805

La sous-matrice SM3

		Secteurs institutionnels						
		ménages	Entr.	État	UE	RUE	RDM	Total
SI	Ménages	21658	19907	39242	153803			234610
	Entreprises	0	14345	3955	0			18300
	État	26991	0	2316	0			29307
	UE	203	563		79			845
	RUE							0
	RDM							0
	Total	48852	34815	45513	153882	0	0	283062

Transposée de la SM4

		Agents						
		Ménages	Entreprises	État	UE	RUE	RDM	Total
Produits destinés au marché local	AGRI			2413	2987	5814		1121
	PECHE			190	47	8		245
	EXTRA			1125	535	11582		1324
	INALIM			2363	2436	4183		8982
	INTAB			5497	22	458		5977
	INTEB			2386	15071	2794		2025
	INCUIR			549	1000	222		1771
	FBOIS			269	1273	751		2293
	INPAC			203	1796	551		2550
	IMPRIM			49	580	121		750
	RAFFI			9225	5446	4909		1958
	INCHIM			1777	9562	4737		1607
	INCAOPL			516	2661	928		4105
	FPNMET			500	972	387		1859
	METALLU			505	4084	2928		7517
	TMET			531	1978	707		3216

FMACH			683	10359	2432		13474
FABMEI			1358	9402	6445		17205
IAUT			1732	4331	2197		8260
FAMTR			124	1952	1625		3701
FMIDI			712	1257	507		2476
PDEE			1105	342	0		1447
CONST			7155	0	0		7155
COREP			643	0	0		643
HTLRES			2014	0	0	1446	3460
TPTT			4175	0	0	10955	15130
ACFA			1529	0	0	345	1874
IMLSRE			2739	3148	677		6564
APGSS			52	0	0		52
ESAS			322	0	0		322
ASNF			775	146	57		978
Total			**53216**	**81387**	**55020**	**12746**	**202369**

La sous matrice SM6, Suite 1

Branches	Produits destinés au marché local																
	AGRI	PECHE	EXTRA	INALIM	INTAB	INTEB	INCUIR	FBOIS	INPAC	IMPRIM	RAFFI	INCHIM	INCAOPL	FPNMET	METALLU	TMET	FMACH
AGRI	83221																
PECHE		3847															
EXTRA			4667														
INALIM				67937													
INTAB					1874												
INTEB						2763											
INCUIR							876										
FBOIS								2658									
INPAC									4232								
IMPRIM										2436							
RAFFI											8181						
INCHIM												6810					
INCAOPL													3793				
FPNMET														11874			
METALLU															6362		
TMET																10794	
FMACH																	1786
FABMEI																	
IAUT																	
FAMTR																	
FMIDI																	
PDEE																	
CONST																	
COREP																	
HTLRES																	
TPTT																	
ACFA																	
IMLSRE																	
APGSS																	
ESAS																	
ASNF																	
Total	83221	3847	4667	67937	1874	2763	876	2658	4232	2436	8181	6810	3793	11874	6362	10794	1786

La sous matrice SM6, Suite 2

Branches	Produits destinés au marché local														
	FABMEI	IAUT	FAMTR	FMIDI	PDEE	CONST	COREP	HTLRES	TPTT	ACFA	IMLSRE	APGSS	ESAS	ASNF	Total
AGRI			|												0
PECHE															0
EXTRA															0
INALIM															0
INTAB															0
INTEB															0
INCUIR															0
FBOIS															0
INPAC															0
IMPRIM															0
RAFFI															0
INCHIM															0
INCAOPL															0
FPNMET															0
METALLU															0
TMET															0
FMACH															0
FABMEI	1849														1849
IAUT		3783													3783
FAMTR			361												361
FMIDI				4153											4153
PDEE					17869										17869
CONST						59046									59046
COREP							68070								68070
HTLRES								15884							15884
TPTT									37706						37706
ACFA										27568					27568
IMLSRE											44456				44456
APGSS												52990			52990
ESAS													44119		44119
ASNF														8037	8037
Total	1849	3783	361	4153	17869	59046	68070	15884	37706	27568	44456	52990	44119	8037	

La sous matrice SM7 (suite 1)

		Produits exportés													
		AGRI	PECHE	EXTRA	INALIM	INTAB	INTEB	INCUIR	FBOIS	INPAC	IMPRIM	RAFFI	INCHIM	INCAOPL	FPNMET
Branches	AGRI	7030													
	PECHE		2903												
	EXTRA			6280											
	INALIM				15208										
	INTAB					4									
	INTEB						39501								
	INCUIR							3363							
	FBOIS								720						
	INPAC									930					
	IMPRIM										52				
	RAFFI											1741			
	INCHIM												14896		
	INCAOPL													471	
	FPNMET														909
	METALLU														
	TMET														
	FMACH														
	FABMEI														
	IAUT														
	FAMTR														
	FMIDI														
	PDEE														
	CONST														
	COREP														
	HTLRES														
	TPTT														
	ACFA														
	IMLSRE														
	APGSS														
	ESAS														
	ASNF														
		7030	2903	6280	15208	4	39501	3363	720	930	52	1741	14896	471	909

La sous matrice SM7 (suite 2)

Branches	Produits exportés													
	METALLU	TMET	FMACH	FABMEI	IAUT	FAMTR	FMIDI	PDEE	HTLRES	TPTT	ACFA	IMLSRE	ASNF	Total
AGRI														0
PECHE														0
EXTRA														0
INALIM														0
INTAB														0
INTEB														0
INCUIR														0
FBOIS														0
INPAC														0
IMPRIM														0
RAFFI														0
INCHIM														0
INCAOPL														0
FPNMET														0
METALLU	2858													2858
TMET		560												560
FMACH			319											319
FABMEI				16489										16489
IAUT					676									676
FAMTR						168								168
FMIDI							722							722
PDEE								354						354
CONST									0					0
COREP									0					0
HTLRES									626					626
TPTT										11478				11478
ACFA											337			337
IMLSRE												6314		6314
APGSS														0
ESAS														0
ASNF													13	13
	2858	560	319	16489	676	168	722	354	626	11478	337	6314	13	40914

La sous-matrice SM8

		Secteurs institutionnels					
		ménages	Ent.	État	UE	RUE	RDM
Produits destinés au marché local	AGRI	42319		1217			
	PECHE	2761		0			
	EXTRA	236		0			
	INALIM	63935		0			
	INTAB	7803		0			
	INTEB	13854		0			
	INCUIR	3035		0			
	FBOIS	131		0			
	INPAC	570		0			
	IMPRIM	1980		0			
	RAFFI	10692		0			
	INCHIM	11557		639			
	INCAOPL	524		0			
	FPNMET	1210		0			
	METALLU	0		0			
	TMET	1090		0			
	FMACH	629		0			
	FABMEI	4798		0			
	IAUT	4165		0			
	FAMTR	455		0			
	FMIDI	4326		0			
	PDEE	7617		0			
	CONST	2169		0			
	COREP	2454		0			
	HTLRES	15310		0			
	TPTT	23366		0			
	ACFA	2634		0			
	IMLSRE	24646		0			
	APGSS	1563		49631			
	ESAS	8800		34983			
	ASNF	8872		0			
	Total	**273501**	**0**	**86470**	**0**	**0**	**0**

La sous matrice SM9 (suite 1)

		Branches															
		AGRI	PECHE	EXTRA	INALIM	INTAB	INTEB	INCUIR	FBOIS	INPAC	IMPRIM	RAFFI	INCHIM	INCAOPL	FPNMET	METALLU	TMET
Produits destinés au marché local	AGRI	14976	40	25	37014	432	639	4	602	265	1	0	744	68	14	1	25
	PECHE	x	116	0	2610	0	0	0	0	0	0	0	0	0	0	0	0
	EXTRA	0	2	254	89	0	6	0	0	10	0	8759	4036	2	877	485	132
	INALIM	2554	26	0	16385	0	77	180	0	5	0	0	22	0	2	0	0
	INTAB	0	0	0	0	0	0	0	0	0	0	0	0	0	0	0	0
	INTEB	166	43	0	74	0	21311	200	7	7	2	0	150	99	2	0	1
	INCUIR	0	0	0	0	0	181	1174	2	0	0	0	0	12	0	0	0
	FBOIS	35	0	4	54	0	8	6	1334	354	1	2	0	18	96	2	8
	INPAC	0	39	25	1494	28	273	38	15	2093	1110	8	389	23	547	2	115
	IMPRIM	93	2	17	23	0	17	2	0	1	71	2	113	3	3	0	6
	RAFFI	1573	861	1091	1462	9	475	52	55	165	6	4	395	96	2323	196	202
	INCHIM	3078	22	188	875	0	1004	597	75	246	84	43	5857	2039	484	101	326
	INCAOPL	242	35	215	1451	0	242	177	6	31	7	6	302	192	43	23	340
	FPNMET	0	0	42	116	0	3	0	19	8	0	0	73	38	929	57	135
	METALLU	0	32	30	80	0	44	2	16	44	0	2	43	26	86	2204	4528
	TMET	0	26	764	2503	0	51	13	65	7	5	10	292	27	50	675	332
	FMACH	416	22	64	159	6	175	1	13	15	0	195	10	7	110	955	180
	FABMEI	6	7	4	180	0	16	0	0	2	3	28	392	33	142	55	234
	IAUT	0	0	3	9	0	10	14	0	0	0	0	3	1	17	0	105
	FAMTR	0	18	0	14	0	0	0	0	0	0	0	0	0	0	0	0
	FMIDI	0	24	0	1	0	219	12	0	0	3	0	3	0	0	0	1
	PDEE	1196	35	542	946	20	873	83	42	183	23	68	348	256	775	171	171
	CONST	4	0	72	0	0	0	0	0	0	0	0	0	0	0	0	0
	COREP	82	0	0	0	0	19	1	0	7	0	0	0	0	0	0	0
	HTLRES	0	19	22	43	1	100	6	6	9	4	0	90	8	22	8	36
	TPTT	454	53	527	679	15	389	25	30	116	17	49	275	38	151	39	87
	ACFA	22	261	20	146	5	152	22	12	33	16	93	167	104	95	14	60
	IMLSRE	62	161	199	1122	1	1199	96	64	115	54	162	614	80	220	85	269
	APGSS	0	0	0	0	0	0	0	0	0	0	0	0	0	0	0	0
	ESAS	163	0	0	0	0	0	0	0	0	0	0	0	0	0	0	0
	ASNF	0	4	69	169	3	171	13	7	27	5	15	66	151	134	26	30
	Total	25122	1848	4177	67698	520	27654	2718	2370	3743	1412	9446	14384	3321	7122	5099	7323

La sous matrice SM9 (suite 2)

		FMACH	FABMEI	IAUT	FAMTR	FMIDI	PDEE	CONST	COREP	HTLRES	TPTT	COREP	HTLRES	TPTT	ACFA	IMLSRE	Total
Produits destinés au marché local	AGRI	0	0	0	0	131	0	10	9	496	27	0	0	69	8	62	55662
	PECHE	0	0	0	0	0	0	0	50	425	0	0	0	0	0	0	3201
	EXTRA	7	97	0	0	0	1711	3124	76	2	54	0	1	54	16	1	19795
	INALIM	0	2	0	0	12	0	0	554	4700	13	0	6	242	183	33	24996
	INTAB	0	0	0	0	0	0	0	0	0	0	0	0	0	0	0	0
	INTEB	0	12	5	0	166	0	7	100	13	5	0	7	310	19	5	21823
	INCUIR	0	2	2	0	6	0	0	48	0	0	0	0	30	0	0	888
	FBOIS	7	97	8	7	649	0	2719	33	0	35	0	27	0	0	26	1457
	INPAC	42	151	17	0	43	0	5	538	34	96	136	219	209	98	13	5530
	IMPRIM	1	2	3	1	1	48	25	56	16	112	87	174	295	155	20	7800
	RAFFI	29	165	28	2	117	1382	2059	2556	109	4629	0	141	2119	92	56	1349
	INCHIM	66	588	65	4	131	303	1912	839	71	74	0	151	356	570	159	22449
	INCAOPL	28	1058	33	9	22	29	525	2138	10	113	0	19	220	1	1	20308
	FPNMET	18	25	24	0	1	1	13095	105	0	5	0	6	47	0	0	7518
	METALLU	411	1897	395	46	150	19	4827	827	0	1	0	1	0	0	0	14747
	TMET	102	258	632	21	57	111	2833	141	8	101	0	24	20	52	17	15711
	FMACH	574	115	4	9	0	53	777	30	0	13	0	11	673	11	1	9197
	FABMEI	26	6811	68	20	3	214	1388	165	22	1650	0	91	739	209	11	4599
	IAUT	1	0	1553	0	15	6	0	634	1	446	0	7	107	11	0	6070
	FAMTR	0	0	0	77	0	0	0	3	0	218	0	0	474	1	0	5763
	FMIDI	0	0	22	0	81	0	0	75	9	548	14	20	9	4	6	686
	PDEE	32	372	38	8	44	1226	191	755	467	843	240	165	1439	276	146	2943
	CONST	0	0	0	0	0	0	74	0	0	0	196	0	416	45	0	805
	COREP	0	0	0	0	0	0	0	1859	1	115	0	4	1272	17	0	1051
	HTLRES	9	33	13	12	3	24	28	186	21	406	483	179	1224	136	4	11974
	TPTT	18	286	36	8	15	85	382	2175	64	2451	546	295	2054	219	33	807
	ACFA	6	36	11	2	9	99	307	1107	82	1523	2532	451	285	203	14	3377
	IMLSRE	65	234	194	15	115	278	1662	2920	514	6340	2340	1850	3592	436	563	3135
	APGSS	0	0	0	0	0	0	0	0	0	0	0	0	0	0	0	11611
	ESAS	0	0	0	0	0	0	0	0	0	0	109	0	118	43	0	7889
	ASNF	5	69	8	1	5	174	28	99	44	7	1	300	128	61	102	25621
	Total	1447	12310	3159	242	1776	5763	35978	18078	7109	19825	6684	4149	16501	2866	1273	

La sous-matrice SM10

		Accumulation
Produits destinés au marché local	AGRI	-4762
	PECHE	-1870
	EXTRA	-2122
	INALIM	-12012
	INTAB	48
	INTEB	-13551
	INCUIR	-1845
	FBOIS	-710
	INPAC	-1589
	IMPRIM	-143
	RAFFI	-5380
	INCHIM	-9617
	INCAOPL	-144
	FPNMET	-2223
	METALLU	-1833
	TMET	3724
	FMACH	10032
	FABMEI	1737
	IAUT	4936
	FAMTR	2802
	FMIDI	1253
	PDEE	-276
	CONST	63225
	COREP	62882
	HTLRES	900
	TPTT	17860
	ACFA	18919
	IMLSRE	752
	APGSS	1848
	ESAS	225
	ASNF	-1779
	Total	**131287**

La sous-matrice SM11

Secteurs institutionnels

		Ménages	Ent	État	UE	RUE	RDM
Produits exportés	AGRI				5280	1750	
	PECHE				2625	278	
	EXTRA				2278	4002	
	INALIM				9022	6186	
	INTAB				0	4	
	INTEB				37768	1732	
	INCUIR				3189	174	
	FBOIS				678	41	
	INPAC				446	483	
	IMPRIM				35	17	
	RAFFI				690	1052	
	INCHIM				5536	9360	
	INCAOPL				307	164	
	FPNMET				697	212	
	METALLU				1499	1359	
	TMET				384	176	
	FMACH				207	111	
	FABMEI				15705	784	
	IAUT				569	106	
	FAMTR				77	90	
	FMIDI				631	91	
	PDEE				354	0	
	HTLRES				0	0	626
	TPTT				0	0	11478
	ACFA				0	0	337
	IMLSRE				3946	2368	
	ASNF				5	8	
	Total				**91928**	**30548**	**12441**

La sous-matrice SM12

	Secteurs institutionnels						
	Mén.	Ent	État	UE	RUE	RDM	**Total**
Accumulation	64991	75021	6511	-40014	24471	305	**131285**

Annexe 5. Fonctions de production

Dans la modélisation en équilibre général, les foncions les plus utilisées sont :

- ***la fonction Cobb-Douglas*** : cette fonction est connue pour ses hypothèses assez restrictives notamment pour son élasticité de substitution qui est égale à l'unité, mais elle est facile à utiliser et à estimer
- ***la fonction Leontief :*** cette fonction, quant à elle, suppose un ratio (K/L) fixe et pas de substitution possible ;
- ***la fonction CES (Élasticité de Substitution Constante) :*** cette fonction est connue par sa particularité de retrouver la fonction Leontief et la fonction Cobb-Douglas. Elle est de la forme de Leontief lorsque le paramètre de substitution tend vers l'infini et elle est de la forme Cobb-Douglas lorsque le paramètre de substitution tend vers zéro.

a- La fonction de production de type CES

L'équation 1 représente la fonction de production de type CES où l'élasticité de substitution est constante :

$$VA_{tr} = A_{tr}\left[\alpha_{tr} KD_{tr}^{-\rho_{tr}^{VA}} + (1-\alpha_{tr}) LD_{tr}^{-\rho_{tr}^{VA}}\right]^{-\frac{1}{\rho_{tr}^{VA}}} \qquad \textbf{(A6)}$$

Avec : tr = {agricultures, industries, services marchands} ; VA_{tr} représente la valeur ajoutée de la branche d'activité tr (volume) ; KD_{tr} représente la demande du capital de la branche d'activité tr (volume) ; LD_{tr} représente la demande travail de la branche d'activité tr (volume) ; σ_{tr}^{VA} représente l'élasticité de substitution dans la valeur ajoutée (type CES) ; ρ_{tr}^{VA} représente le paramètre de substitution dans la valeur ajoutée (type CES) ; A_{tr} représente le coefficient d'échelle de la fonction CES de la valeur ajoutée. Il est une constante au niveau de la valeur de la branche d'activité tr (A_{tr} >0) et α_{tr} représente le paramètre de distribution (α_{tr} représente la part du capital dans les coûts de production et $(1-\alpha_{tr})$ représente celle de la main-d'œuvre dans les coûts de production) et $(0 < \alpha_{tr} < 1)$.

La relation entre le paramètre de substitution et l'élasticité de substitution de la fonction CES peut être déterminée de la manière suivante :

$$\rho_{tr}^{VA} = \frac{\left(1-\sigma_{tr}^{VA}\right)}{\sigma_{tr}^{VA}} \text{ où } (0 \prec \sigma_{tr}^{VA} \prec \infty \text{ et } -1 \prec \rho_{tr}^{VA} \prec \infty).$$

En fait, l'élasticité de substitution technique mesure la variation relative du ratio d'utilisation des facteurs de production à la suite d'une variation infinitésimale de leurs prix relatifs. Sa forme fonctionnelle s'écrit comme suit :

$$\sigma_{tr}^{VA} = \frac{d\left(\frac{LD_{tr}}{KD_{tr}}\right) / \left(\frac{LD_{tr}}{KD_{tr}}\right)}{d(TMST_{tr}) / (TMST_{tr})}$$

Avec : - $TMST = \frac{s}{r}$ où s est le salaire réel et fixe entre toutes les branches d'activités ; r représente le rendement du capital et σ_{tr}^{VA} représente l'élasticité de substitution dans la valeur ajoutée. Cette élasticité a une valeur algébriquement non négative $0 \prec \sigma_{tr}^{VA} \prec \infty$ (la variation de son numérateur étant toujours de mêmes signes que ceux de son dénominateur).

L'application de la différentielle totale sur la relation précédente donne le résultat suivant :

$$d\log \frac{LD_{tr}}{KD_{tr}} = \frac{1}{1+\rho_{tr}^{VA}} d\log\left(\frac{1-\alpha_{tr}}{\alpha_{tr}}\right) + \frac{1}{1+\rho_{tr}^{VA}} d\log(TMST_{tr})$$

Donc, $\sigma_{tr}^{VA} = \dfrac{\frac{1}{1+\rho_{tr}^{VA}} d\log(TMST_{TR})}{d\log(TMST_{TR})}$

Et, puisque $d\log\left(\dfrac{1-\alpha_{tr}}{\alpha_{tr}}\right) = 0$

D'où, $\sigma_{tr}^{VA} = \dfrac{1}{1+\rho_{tr}^{VA}} \Leftrightarrow \rho_{tr}^{VA} = \dfrac{(1-\sigma_{tr}^{VA})}{\sigma_{tr}^{VA}}$ avec $-1 \prec \rho_{tr}^{VA} \prec \infty$

Par ailleurs, il y a une autre caractéristique de la fonction de production de type CES, à savoir :

- c'est une fonction homogène du degré un, ce qui signifie que les rendements d'échelle sont constants :

$$VA_{tr}(tLD_{tr}, tKD_{tr}) = A_{tr}\left[\alpha_{tr}(tKD_{tr})^{-\rho_{tr}^{VA}} + (1-\alpha_{tr})(tLD_{tr})^{-\rho_{tr}^{VA}}\right]^{\frac{1}{\rho_{tr}^{VA}}}$$

$$= tA_{tr}\left[\alpha_{tr}(KD_{tr})^{-\rho_{tr}^{VA}} + (1-\alpha_{tr})(LD_{tr})^{-\rho_{tr}^{VA}}\right]^{\frac{1}{\rho_{tr}^{VA}}}$$

$$VA_{tr}(tLD_{tr}, tKD_{tr}) = tVA(LD_{tr}, KD_{tr})$$

- c'est une fonction stricte convexe, ce qui assure que les productivités marginales des facteurs de production sont décroissantes.

De plus, il y a la possibilité de trouver d'autres formes des fonctions de production à partir de cette fonction :

- le premier cas $\rho_{tr}^{VA} \rightarrow \infty \Leftrightarrow \sigma_{tr}^{VA} \rightarrow 0$: il y a une parfaite complémentarité entre les facteurs de production d'où la fonction Leontief ;
- le second cas $\rho_{tr}^{VA} \rightarrow -1 \Leftrightarrow \sigma_{tr}^{VA} \rightarrow \infty$: les facteurs de production sont parfaitement substituables ;
- Le dernier cas $\rho_{tr}^{VA} \rightarrow 0 \Leftrightarrow \sigma_{tr}^{VA} \rightarrow 1$: la fonction de production est de Cobb-Douglas.

b- La fonction de production à facteurs complémentaires

L'équation $XS_j = \min\left[\frac{CI}{io_j}, \frac{VA_j}{v_j}\right]$ montre que la consommation des biens intermédiaires et la valeur ajoutée sont parfaitement complémentaires au niveau des branches d'activité.

À court terme, cette hypothèse paraît « raisonnable » puisque les proportions de la consommation intermédiaire et la valeur ajoutée sont fixes (v_j et io_j) dans la production, i.e., la production de la branche d'activité j ne peut être obtenue qu'à partir des proportions fixes des unités de la consommation intermédiaire totale de la branche j et de la valeur ajoutée de la branche j.

Schématiquement, cette fonction peut être représentée de la manière suivante :

Figure 8. Fonction de production à facteurs complémentaires

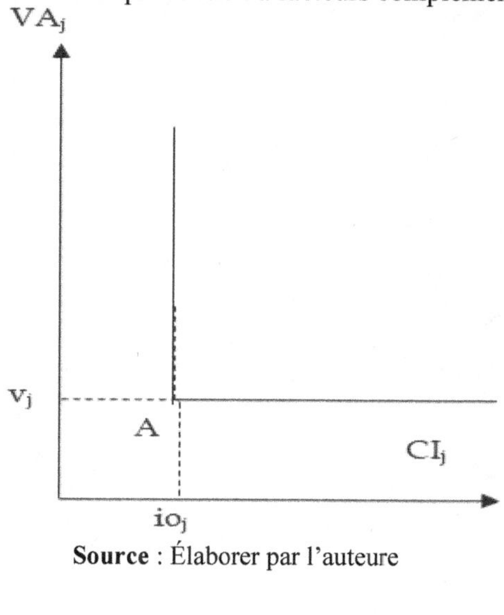

Source : Élaborer par l'auteure

Le point A est un optimum où :

* le coefficient $io_j = \frac{CI_j}{XS_j}$ est le coefficient de ***la consommation intermédiaire totale optimal***

* le coefficient $v_j = \frac{VA_j}{XS_j}$ est le coefficient de ***la valeur ajoutée optimal***.

avec $0 \prec io_j \prec 1$; $0 \prec v_j \prec 1$ et $io_j + v_j = 1$

Annexe 6. Fonctions demande du travail

a- La fonction demande de travail de la branche d'activité tr

Dans une économie avec concurrence pure et parfaite, les fonctions demandes facteurs de production sont déterminées de manière à ce que les productivités marginales des facteurs de production soient égales à leurs rémunérations (le taux de salaire et le taux de rendement de capital) :

$$Pv_{tr} \bullet \frac{\partial VA_{tr}}{\partial LD_{tr}} = s \text{ et } Pv_{tr} \bullet \frac{\partial VA_{tr}}{\partial KD_{tr}} = r$$

A partir de l'équation de la valeur ajoutée de la branche tr (équation 1) :

$$\frac{Pv_{tr} \bullet (1 - \alpha_{tr})}{A_{tr}^{\rho_{tr}^{VA}}} \left(\frac{VA_{tr}}{LD_{tr}} \right)^{1+\rho_{tr}^{VA}} = s$$

D'où, l'équation de la demande travail pour l'activité tr :

$$LD_{tr} = VA_{tr} \left[\frac{Pv_{tr}(1 - \alpha_{tr})}{s \cdot A_{tr}^{\rho_{tr}^{VA}}} \right]$$

b- La fonction demande de travail de la branche ntr

Dans notre modèle, l'État est le seul agent producteur et consommateur des services non marchands. Sa production dépend seulement d'un seul facteur de production à savoir le facteur travail.

En tenant compte de l'hypothèse que le taux de salaire est fixe et équivalent à celui fixé pour les branches tr, on peut constater que :

- l'équation de la valeur ajoutée de la branche ntr peut être écrite en valeur comme suit :

$$Pv_{ntr} \cdot VA_{ntr} = sLD_{ntr}$$

- ou, d'après l'équation comptable du prix de la valeur ajoutée de l'activité ntr, cette équation peut être réécrite de la manière suivante :

$$Pv_{ntr} \cdot VA_{ntr} = P_{ntr} XS_{ntr} - \sum_{tr} PC_{tr} DI_{tr,ntr}$$

D'où, l'équation de la demande travail cette branche :

$$LD_{ntr} = \frac{P_{ntr} XS_{ntr} - \sum_{tr} PC_{tr} DI_{tr,ntr}}{s}$$

Avec : XS_{ntr} représente la production de la branche ntr en volume ; VA_{ntr} représente la valeur de la branche ntr en volume ; Pv_{ntr} représente le prix de la valeur ajoutée de la branche ntr ; P_{ntr} représente le prix du producteur du produit ntr ; PC_{tr} représente le prix du marché du produit tr et

$DI_{tr,ntr}$ représente la demande intermédiaire pour le produit tr par la branche ntr en volume.

Annexe 7. Maximisation de la fonction d'utilité de Cobb-Douglas

La consommation du ménage du produit i est déterminée à partir du programme de maximisation de sa fonction d'utilité Cobb-Douglas sous sa contrainte budgétaire (notée : *s.c.*) qui s'écrit comme suit :

$$\max U = \prod_i PC_i C_i$$

$$s.c. \quad YDM = \sum_i PC_i \, C_i$$

Ce programme traduit le comportement du consommateur[50] qui consiste à maximiser son utilité totale U sous la contrainte de son revenu disponible en tenu compte tenu des prix des produits. Il suppose ainsi que le taux marginal de substitution des produits (TMSP) doit être égal au prix relatif des produits. Formellement, les utilités marginales du consommateur sont représentées de la manière suivante :

$$\frac{\partial U}{\partial C_1} = \wp_1 \left(\frac{U}{C_1} \right) - \lambda PC_1 = 0$$

$$\frac{\partial U}{\partial C_2} = \wp_2 \left(\frac{U}{C_2} \right) - \lambda PC_2 = 0$$

.

.

.

$$\frac{\partial U}{\partial C_{i-1}} = \wp_1 \left(\frac{U}{C_{i-1}} \right) - \lambda PC_{i-1} = 0$$

$$\frac{\partial U}{\partial C_i} = \wp_1 \left(\frac{U}{C_i} \right) - \lambda PC_i = 0$$

$$\frac{\wp_1 C_2}{\wp_2 C_1} = \frac{PC_1}{PC_2} \Leftrightarrow \frac{\wp_1}{PC_1 C_1} = \frac{\wp_2}{PC_2 C_2}$$

.

Ou

.

$$\frac{\wp_{i-1} C_i}{\wp_i C_{i-1}} = \frac{PC_{i-1}}{PC_i} \Leftrightarrow \frac{\wp_{i-1}}{PC_{i-1} C_{i-1}} = \frac{\wp_i}{PC_i C_i}$$

[50] Pour plus d'explication, voir Varian (1995) en page 114.

Le développement de la dernière formule avec une multiplication croisée par $PC_{i-1}C_{i-1}$ et le remplacement $PC_{i-1}C_{i-1}$ par $\wp_{i-1}YDM$, nous pouvons écrire la relation suivante :

$$C_i = \frac{\wp_i YDM}{PC_i}$$

Cette relation n'est rien d'autre que la fonction demande :

Annexe 8. Fonctions de commerce extérieur

Les fonctions de commerce extérieur utilisées dans le MEGCMar03 sont la fonction de type CET et la fonction de type CES. Le développement mathématique de ces fonctions est tiré à partir des travaux de Decaluwé (2001) et Haykel Hadj Salem (2004).

a- La fonction de type CET

➲ Les élasticités et les paramètres de la fonction de type CET

Dans l'équation $XS_{fd} = B_{fd}^{E}\left[\beta_{fd}^{E} EX_{fd}^{\kappa_{fd}^{E}} + (1-\beta_{fd}^{E}) D_{fd}^{\kappa_{fd}^{E}}\right]^{\frac{1}{\kappa_{fd}^{E}}}$, τ_{fd}^{E} représente l'élasticité de transformation commerciale du produit fd. Cette élasticité est constante et finie du produit fd, mesurant la variation relative du ratio des quantités produites $\left(D_{fd}/EX_{fd}\right)$ suite à une variation relative infinitésimale du taux marginal de transformation du produit fd $\left(TMT_{fd}\right)$ pour un niveau donné de production :

$$\tau_{fd}^{E} = -\frac{d\left(D_{fd}/EX_{fd}\right)/\left(D_{fd}/EX_{fd}\right)}{d\left(TMT_{fd}\right)/\left(TMT_{fd}\right)}, \text{ ou}$$

$$\tau_{fd}^{E} = -\frac{d\left(D_{fd}/EX_{fd}\right)}{d\left(TMT_{fd}\right)} \text{ (forme logarithmique népérienne).}$$

Les caractéristiques de la fonction de production CET sont les suivants :

- Elle est homogène degré zéro :

Soit :

- $XS_{fd} = CET\left(EX_{fd}, D_{fd}\right)$ ➔ la production dépend de la quantité de biens destinés au marché domestique et au marché extérieur ;

- $\forall \lambda \in \Re^{*}, \quad \lambda XS_{fd} = CET\left(\lambda EX_{fd}, \lambda D_{fd}\right)$.

$$CET\left(\lambda EX_{fd}, \lambda D_{fd}\right) = B_{fd}^{E}\left[\beta_{fd}^{E}(\lambda EX_{fd})^{\kappa_{fd}^{E}} + (1-\beta_{fd}^{E})(\lambda D_{fd})^{\kappa_{fd}^{E}}\right]^{\frac{1}{\kappa_{fd}^{E}}}$$

$$➔ \quad = B_{fd}^{E}\left\{\lambda^{\kappa_{fd}^{E}}\left[\beta_{fd}^{E}(EX_{fd})^{\kappa_{fd}^{E}} + (1-\beta_{fd}^{E})(D_{fd})^{\kappa_{fd}^{E}}\right]\right\}^{\frac{1}{\kappa_{fd}^{E}}}$$

$$= \lambda B_{fd}^{E}\left[\beta_{fd}^{E}(EX_{fd})^{\kappa_{fd}^{E}} + (1-\beta_{fd}^{E})(D_{fd})^{\kappa_{fd}^{E}}\right]^{\frac{1}{\kappa_{fd}^{E}}}$$

$$= \lambda XS_{fd}$$

- Le rendement d'échelle est constant :

$\kappa^E_{fd} \cdot \tau^E_{fd} = 1$

- la production totale est constante pour une période donnée :

$XS_{fd} = \overline{XS}_{fd}$

Ce qui implique que la différentielle totale peut s'écrire de la forme suivante :

$$dXS_{fd} = \frac{\partial XS_{fd}}{\partial EX_{fd}} dEX_{fd} + \frac{\partial XS_{fd}}{\partial D_{fd}} dD_{fd} = 0$$

$$-\frac{dD_{fd}}{dEX_{fd}} = \frac{\partial XS_{fd} / \partial EX_{fd}}{\partial XS_{fd} / \partial D_{fd}}$$

Les contributions marginales de la production destinée à l'extérieur et celle destinée à l'intérieur sont représentées comme suit :

$$\begin{cases} \dfrac{\partial XS_{fd}}{\partial EX_{fd}} = \dfrac{\beta^E_{fd}}{B_{fd}^{-\kappa^E_{fd}}} \left[\dfrac{XS_{fd}}{EX_{fd}}\right]^{1-\kappa^E_{fd}} \\ \dfrac{\partial XS_{fd}}{\partial D_{fd}} = \dfrac{\left(1-\beta^E_{fd}\right)}{B_{fd}^{-\kappa^E_{fd}}} \left[\dfrac{XS_{fd}}{D_{fd}}\right]^{1-\kappa^E_{fd}} \end{cases} \Leftrightarrow \underbrace{TMT_{fd} = \frac{\beta^E_{fd}}{\left(1-\beta^E_{fd}\right)} \left[\frac{D_{fd}}{EX_{fd}}\right]^{1-\kappa^E_{fd}}}_{A1}$$

D'où $\dfrac{dD_{fd}}{dEX_{fd}} = -\left[\dfrac{\left(1-\beta^E_{fd}\right)}{\beta^E_{fd}} TMT_{fd}\right]^{\frac{1}{1-\kappa^E_{fd}}}$ (puisque le rendement d'échelle est constant)

$$\Rightarrow \tau^E_{fd} = -\frac{\frac{1}{1-\kappa^E_{fd}} \, d\log\left(TMT_{fd}\right)}{d\log\left(TMT_{fd}\right)} = -\frac{1}{1-\kappa^E_{fd}}$$

$$\Leftrightarrow \kappa^E_{fd} = \frac{1+\tau^E_{fd}}{\tau^E_{fd}} \qquad \text{(forme logarithmique népérienne)}$$

➲ **L'optimum du producteur**

À l'optimum, le taux marginal de transformation des produits destinés au marché extérieur et ceux destinés au marché local sont égaux au rapport de leurs prix : $TMT_{fd} = \dfrac{PE_{fd}}{PL_{fd}}$ qui correspond au un point où le producteur maximise son profit.

L'équation précédente A1: ($TMT_{fd} = \dfrac{\beta^E_{fd}}{\left(1-\beta^E_{fd}\right)} \left[\dfrac{D_{fd}}{EX_{fd}}\right]^{1-\kappa^E_{fd}}$) peut être développée de la manière suivante :

$$TMT_{fd} = \frac{\beta^E_{fd}}{\left(1-\beta^E_{fd}\right)}\left[\frac{D_{fd}}{EX_{fd}}\right]^{1-\kappa^E_{fd}}$$

$$= \frac{PE_{fd}}{PL_{fd}}$$

$$\left[\frac{D_{fd}}{EX_{fd}}\right]^{1-\kappa^E_{fd}} = \left(\frac{PE_{fd}}{PL_{fd}}\right)\frac{\left(1-\beta^E_{fd}\right)}{\beta^E_{fd}}$$

$$\left[\frac{EX_{fd}}{D_{fd}}\right] = \left[\left(\frac{PE_{fd}}{PL_{fd}}\right)\left(\frac{\left(1-\beta^E_{fd}\right)}{\beta^E_{fd}}\right)\right]^{\tau^E_{fd}} \qquad puisque \quad \tau^E_{fd} = \frac{1}{\left(\kappa^E_{fd}-1\right)}$$

➔ Cette équation détermine ainsi les fonctions d'offre de produits fd.

b- La fonction de type CES

➲ Les élasticités et les paramètres de la fonction de type CES

Dans l'équation $Q_{fd} = A^M_{fd}\left[\alpha^M_{fd} M_{fd}^{-\rho^M_{fd}} + \left(1-\alpha^M_{fd}\right)D_{fd}^{-\rho^M_{fd}}\right]^{-\frac{1}{\rho^M_{fd}}}$, l'élasticité de substitution commerciale est représentée par σ^M_{fd} qui est une élasticité constante et finie du produit composite fd. Cette élasticité mesure la variation relative du ratio des quantités des biens importées et des quantités des biens domestiques du produit fd en réponse à une variation infinitésimale pour un niveau de production constant. Formellement, elle s'écrit de la manière suivante :

$$\left.\sigma^M_{fd} = -\frac{d\left(D_{fd}/M_{fd}\right)/\left(D_{fd}/M_{fd}\right)}{d\left(TMS_{fd}\right)/\left(TMS_{fd}\right)}\right\} \text{A2}$$

La différentielle totale de l'équation de la fonction de production CES s'écrit sous la forme suivante :

$$dQ_{fd} = \frac{\partial Q_{fd}}{\partial M_{fd}}dM_{fd} + \frac{\partial Q_{fd}}{\partial D_{fd}}dD_{fd} = 0$$

Les contributions marginales des deux produits domestiques et importés se présentent comme suit :

$$\begin{cases} \dfrac{\partial Q_{fd}}{\partial M_{fd}} = \dfrac{\alpha_{fd}^{M}}{\left(A_{fd}^{M}\right)^{\rho_{fd}^{M}}}\left[\dfrac{Q_{fd}}{M_{fd}}\right]^{1+\rho_{fd}^{M}} \\ \dfrac{\partial Q_{fd}}{\partial D_{fd}} = \dfrac{\left(1-\alpha_{fd}^{M}\right)}{\left(A_{fd}^{M}\right)^{\rho_{fd}^{M}}}\left[\dfrac{Q_{fd}}{D_{fd}}\right]^{1+\rho_{fd}^{M}} \end{cases}$$

$$\Rightarrow \quad TMS_{fd} = -\frac{dD_{fd}}{dM_{fd}} = \frac{\partial Q_{fd}/\partial M_{fd}}{\partial Q_{fd}/\partial D_{fd}}$$

$$\underbrace{\Rightarrow TMS_{fd} = \frac{\alpha_{fd}^{M}}{\left(1-\alpha_{fd}^{M}\right)}\left[\frac{D_{fd}}{M_{fd}}\right]^{1+\rho_{fd}^{M}}}_{A3}$$

En appliquant le logarithme népérien sur la relation précédente puis la différentielle totale, la relation peut être réécrite comme suit :

$$\log TMS_{fd} = \log\left(\frac{\alpha_{fd}^{M}}{1-\alpha_{fd}^{M}}\right) + \left(1+\rho_{fd}^{M}\right)\log\left(\frac{D_{fd}^{M}}{M_{fd}^{M}}\right)$$

$$d\log\left(\frac{D_{fd}}{M_{fd}}\right) = \left(\frac{1}{1+\rho_{fd}^{M}}\right)d\log TMS_{fd} + \underbrace{\left(\frac{1}{1+\rho_{fd}^{M}}\right)d\log\left(\frac{1-\alpha_{fd}^{M}}{\alpha_{fd}^{M}}\right)}_{=0}$$

Selon l'équation précédente A2 :

$$\sigma_{fd}^{M} = \frac{\left(1/1+\rho_{fd}^{M}\right)d\log TMS_{fd}}{d\log TMS_{fd}} \qquad \Rightarrow \qquad \sigma_{fd}^{M} = \frac{1}{1+\rho_{fd}^{M}}$$

➲ **L'optimum du consommateur :**

L'optimum du consommateur est obtenu au point où le taux marginal de substitution TMS est égal au rapport relatif de prix des biens importés et de prix des biens domestiques : $TMS_{fd} = \frac{PM_{fd}}{PD_{fd}}$. Cette relation peut être réécrite de la manière suivante en tenant compte de l'équation A3 précédente :

$$\frac{D_{fd}}{M_{fd}} = \left[\left(\frac{PM_{fd}}{PD_{fd}}\right)\frac{\left(1-\alpha_{fd}^{M}\right)}{\alpha_{fd}^{M}}\right]^{\frac{1}{1+\rho_{fd}^{M}}}$$

$$ou \quad \frac{M_{fd}}{D_{fd}} = \left[\left(\frac{PD_{fd}}{PM_{fd}}\right)\frac{\alpha_{fd}^{M}}{\left(1-\alpha_{fd}^{M}\right)}\right]^{\sigma_{fd}^{M}} \qquad puisque \quad \rho_{fd}^{M} = \frac{1}{\left(1+\sigma_{fd}^{M}\right)}$$

➔Cette relation n'est rien d'autre que la fonction de la demande des importations.

c- La fonction de type CET1

La fonction de type CET1 peut être représentée de la même manière que celle de type CET (la section précédente), sauf qu'ici l'exportation totale est considérée comme constante pour une période donnée. De ce fait, la différentielle totale peut s'écrire de la manière suivante :

$$dEX^{r}_{rd} = \frac{\partial EX^{r}_{rd}}{\partial EX^{1r}_{rd,r1}} dEX^{1r}_{rd,r1} + \frac{\partial EX^{r}_{rd}}{\partial EX^{1r}_{rd,r2}} dEX^{1r}_{rd,r2} = 0$$

$$\Rightarrow -\frac{dEX^{1r}_{rd,r1}}{dEX^{1r}_{rd,r2}} = \frac{\partial EX^{r}_{rd}}{\partial EX^{1r}_{rd,r2}} \Big/ \frac{\partial EX^{r}_{rd}}{\partial EX^{1r}_{rd,r1}}$$

Les contributions marginales de l'exportation des deux régions à l'exportation totale sont présentées comme suit :

$$\begin{cases} \dfrac{\partial EX^{r}_{rd}}{\partial EX^{1r}_{rd,r1}} = \dfrac{\beta^{Er}_{rd,r1}}{D^{Er}_{rd}} \left[\dfrac{EX^{r}_{rd}}{EX^{1r}_{rd,r1}} \right]^{1-\kappa^{Er}_{rd}} \\ \dfrac{\partial EX^{r}_{rd}}{\partial EX^{1r}_{rd,r2}} = \dfrac{\beta^{Er}_{rd,r2}}{D^{Er}_{rd}} \left[\dfrac{EX^{r}_{rd}}{EX^{1r}_{rd,r2}} \right]^{1-\kappa^{Er}_{rd}} \end{cases}$$

$$\Leftrightarrow \quad TMT^{r}_{rd}\left(EX^{r}_{rd,r1} \quad , \quad EX^{r}_{rd,r2}\right) = \frac{\beta^{Er}_{rd,r1}}{\beta^{Er}_{rd,r2}} \left[\frac{EX^{1r}_{rd,r2}}{EX^{1r}_{rd,r1}} \right]^{1-\kappa^{Er}_{rd}}$$

Le producteur marocain est indifférent devant la destination de ses produits rd vers le marché de l'UE15 ou celui de RUE15 au point où le TMT^{r}_{rd} et le rapport des prix deux régions sont égaux c'est-à-dire :

$$TMT^{r}_{rd}\left(EX^{r}_{rd,r1} \quad , \quad EX^{r}_{rd,r2}\right) = \frac{\beta^{Er}_{rd,r1}}{\beta^{Er}_{rd,r2}} \left[\frac{EX^{1r}_{rd,r2}}{EX^{1r}_{rd,r1}} \right]^{1-\kappa^{Er}_{rd}} = \frac{PE^{Er}_{rd,r1}}{PE^{Er}_{rd,r2}}$$

$$\frac{EX^{1r}_{rd,r1}}{EX^{1r}_{rd,r2}} = \left[\left(\frac{PE^{1r}_{rd,r1}}{PE^{1r}_{rd,r2}} \right) \frac{\beta^{Er}_{rd,r2}}{\beta^{Mr}_{rd,r1}} \right]^{\frac{1}{\kappa^{Er}_{rd}-1}}$$

$$ou \qquad \frac{EX^{1r}_{rd,r1}}{EX^{1r}_{rd,r2}} = \left[\left(\frac{PE^{1r}_{rd,r2}}{PE^{1r}_{rd,r1}} \right) \frac{\beta^{Er}_{rd,r1}}{\beta^{Er}_{rd,r2}} \right]^{\tau^{Er}_{rd}} \qquad puisque \quad \tau^{Er}_{rd} = \frac{1}{\left(\kappa^{Er}_{rd} - 1\right)}$$

Et, la somme des paramètres de substitution relatifs au volume exporté par région est égale à 1 :

$$\beta^{Er}_{rd,r1} + \beta^{Er}_{rd,r2} = 1$$

d- La fonction de type CES1

De façon similaire, le taux marginal de substitution du produit importé rd par région peut être tiré à partir de la différentielle totale de l'équation de la fonction de type CES1. Elle se présente comme suit :

$$dQ_{rd} = \frac{\partial M^{r}_{rd}}{\partial M^{1r}_{rd,r1}} dM^{1r}_{rd,r1} + \frac{\partial M^{r}_{rd}}{\partial M^{1r}_{rd,r2}} dM^{1r}_{rd,r2} = 0$$

$$\Rightarrow \quad -\frac{dM^{1r}_{rd,r1}}{dM^{1r}_{rd,r2}} = \frac{\partial M^{r}_{rd}}{\partial M^{1r}_{rd,r2}} \Bigg/ \frac{\partial M^{r}_{rd}}{\partial M^{1r}_{rd,r1}}$$

Les contributions marginales des deux importations à l'importation totale se présentent comme suit :

$$\begin{cases} \dfrac{\partial M^{r}_{rd}}{\partial M^{1r}_{rd,r1}} = \dfrac{\alpha^{Mr}_{rd,r1}}{\left(C^{Mr}_{rd}\right)^{\rho^{Mr}_{rd}}} \left[\dfrac{M^{r}_{rd}}{M^{1r}_{rd,r1}}\right]^{1+\rho^{Mr}_{rd}} \\ \dfrac{\partial M^{r}_{rd}}{\partial M^{1r}_{rd,r2}} = \dfrac{\alpha^{Mr}_{rd,r2}}{\left(A^{Mr}_{rd}\right)^{\rho^{Mr}_{rd}}} \left[\dfrac{M^{r}_{rd}}{M^{1r}_{rd,r2}}\right]^{1+\rho^{Mr}_{rd}} \end{cases}$$

$$\Rightarrow \quad TMS^{r}_{rd}\left(M^{1r}_{rd,r1} \quad , \quad M^{1r}_{rd,r2}\right) = \frac{\alpha^{Mr}_{rd,r1}}{\alpha^{Mr}_{rd,r2}} \left[\frac{M^{1r}_{rd,r2}}{M^{1r}_{rd,r1}}\right]^{1+\rho^{Mr}_{rd}}$$

Le consommateur marocain est indifférent de consommer les produits rd des deux régions quand où le TMS^{r}_{rd} est égal au rapport relatif des prix importés deux régions r1 et r2, c'est-à-dire :

$$TMS^{r}_{rd}\left(M^{1r}_{rd,r1} \quad , \quad M^{1r}_{rd,r2}\right) = \frac{\alpha^{Mr}_{rd,r1}}{\alpha^{Mr}_{rd,r2}} \left[\frac{M^{1r}_{rd,r2}}{M^{1r}_{rd,r1}}\right]^{1+\rho^{Mr}_{rd}} = \frac{PM^{1r}_{rd,r1}}{PM^{1r}_{rd,r2}}$$

$$\frac{M^{1r}_{rd,r2}}{M^{1r}_{rd,r1}} = \left[\left(\frac{PM^{1r}_{rd,r1}}{PM^{1r}_{rd,r2}}\right) \frac{\alpha^{Mr}_{rd,r2}}{\alpha^{Mr}_{rd,r1}}\right]^{\frac{1}{1+\rho^{M}_{rd}}}$$

$$ou \qquad \frac{M^{1r}_{rd,r1}}{M^{1r}_{rd,r2}} = \left[\left(\frac{PM^{1r}_{rd,r2}}{PM^{1r}_{rd,r1}}\right) \frac{\alpha^{Mr}_{rd,r1}}{\alpha^{Mr}_{rd,r2}}\right]^{\sigma^{Mr}_{rd}}$$

$$puisque \quad \rho^{Mr}_{rd} = \frac{1}{\left(1+\sigma^{Mr}_{rd}\right)}$$

Et, la somme des paramètres de distribution relatifs au volume importé par région est égale à 1 :

$$\alpha^{Mr}_{rd,r1} + \alpha^{Mr}_{rd,r2} = 1$$

Annexe 9. Système des équations du MEGCMar03

Bloc 1. Production

1 $VA_{tr} = A_{tr}\left[\alpha_{tr}^{VA} KD_{tr}^{-\rho_{tr}^{VA}} + (1-\alpha_{tr}^{VA})LD_{tr}^{-\rho_{tr}^{VA}}\right]^{-\frac{1}{\rho_{tr}^{VA}}}$

Où $\rho_{tr}^{VA} = \frac{\left(1-\sigma_{tr}^{VA}\right)}{\sigma_{tr}^{VA}}$ **(30 éq.)**

2 $VA_{ntr} = LD_{ntr}$ **(1 éq.)**

3 $XS_i = \min\left[\frac{CI}{io_i}, \frac{VA_i}{v_i}\right]$

4 $CI_i = io_i Xs_i$ **(31 éq.)**

5 $XS_i = \frac{VA_i}{v_i}$ **(31 éq.)**

6 $DI_{tr,i} = aij_{tr,i} CI_i$ **(930éq.)**

7 $DIT_{tr} = \sum_i aij_{tr,i} CI_i$ ou $DIT_{tr} = \sum_i DI_{tr,i}$ **(30 éq.)**

8 $LD_{tr} = VA_r\left[\frac{Pv_{tr}(1-\alpha_{tr}^{VA})}{sA_{tr}^{\rho_{tr}^{VA}}}\right]^{\frac{1}{1+\rho_{tr}^{VA}}}$ **(30 éq.)**

9 $LD_{ntr} = \frac{P_{ntr} XS_{ntr} - \sum_{tr} Pc_{tr} DI_{tr,ntr}}{s}$ **(1 éq.)**

Bloc 2 : Revenus et Épargnes des ménages et des entreprises

10 $YM = YLM + RKM + (TEM * adj) + (TGM * pindex) + (e * TUEM)$ **(1 éq.)**

11 $RKM = \lambda_M \sum_{tr} r_{tr} KD_{tr}$ **(1 éq.)**

12 $YL = s\sum_i LD_i$ **(1 éq.)**

13 $YLM = YL - WUE$ **(1 éq.)**

14 $YDM = YM - TME - TMG - TMUE$ **(1 éq.)**

15 $SM = \psi YDM$ **(1 éq.)**

16 $YE = RKE + (e * TUEE) + TME + TGE$ **(1 éq.)**

17 $RKE = \lambda_E \sum_{tr} \mathrm{r}_{tr} KD_{tr}$ **(1 éq.)**

18 $SE = YE - TEM - TEG - TEUE$ **(1 éq.)**

Bloc 3 : Recettes et Épargne de l'État

19 $YG = RKG + TIXREV + TMREV + TDREV + (e * TUEG)$

(1 éq.)

20 $RKG = \lambda_G \sum_{tr} r_{tr} KD_{tr}$ **(1 éq.)**

21 $TMREV = \sum_{rd,r} tm1_{rd,r} * M^{1r}_{rd,r} + \sum_{trd} tm_{trd} * M_{trd}$ **(1 éq.)**

22 $TMREV1_{rd,r} = tm1_{rd,r} M^{1r}_{rd,r}$ **(48 éq.)**

$$TIXREV = \sum_{tfd} \left[itxr_{tfd} (1 + adjntx) D_{tfd} Pl_{tfd} \right] +$$

23
$$\sum_{rd} \begin{bmatrix} itxr_{rd}(1 + adjntx) D_{rd} Pl_{rd} \\ + itxr_{rd}(1 + adjntx) \mathrm{Pmr1\_RUE15}_{rd} Mr\_RUE15_{rd} PWM_{rd} e(1 + tm\_RUE15_{rd}) \\ + itxr_{rd}(1 + adjntx) \mathrm{Pmr1\_RRUE}_{rd} Mr\_RRUE_{rd} PWM_{rd} e(1 + tm\_RRUE_{rd}) \end{bmatrix} +$$
$$\sum_{trd} \left[itxr_{trd}(1 + adjntx) D_{trd} Pl_{trd} + itxr_{trd}(1 + adjntx) Pm_{trd} M_{trd} PWM_{rd} e(1 + tm_{trd}) \right]$$

(1éq.)

24 $TEG = \tau_E YE$ **(1éq.)**

25 $TMG = \tau_M YM$ **(1éq.)**

26 $TDREV = TEG + TMG$

27 $SG = YG - CG - (TGM \cdot Pindex) - TGE - TGU1$ **(1éq.)**

Bloc 4 : Demande finale intérieure

28 $U = \prod_i C_i^{\wp_i}, \wp_i \succ 0 \quad et \quad \sum_i \wp_i = 1$

29 $CM_i = \dfrac{\wp_M YDM}{Pc_i}$ **(31éq.)**

30 $CTM = \sum_i CM_i$ **(1éq.)**

31 $CG_{tnd} = \dfrac{\wp_G CGT}{Pc_{tnd}}$ **(4éq.)**

32 $(VS_i + FBCF_i) = \dfrac{\mu_i TINVS}{Pc_i}$ **(31éq.)**

33 $TINVS\_r = \dfrac{TINVS}{PINV}$

Bloc 5 : Commerce extérieur

34 $XS_{fd} = B^E_{fd} \left[\beta^E_{fd} EX_{fd}^{\kappa^E_{fd}} + (1 - \beta^E_{fd}) D_{fd}^{\kappa^E_{fd}} \right]^{\frac{1}{\kappa^E_{fd}}}$ **(27éq.)**

35 $\dfrac{EX_{fd}}{D_{fd}} = \left[\left(\dfrac{PE_{fd}}{PL_{fd}} \right) \left(\dfrac{1 - \beta^E_{fd}}{\beta^E_{fd}} \right) \right]^{\tau^E_{fd}}$ **(27éq.)**

36 $Q_{fd} = A_{fd}^{M}\left[\alpha_{fd}^{M} M_{fd}^{-\rho_{fd}^{M}} + \left(1-\alpha_{fd}^{M}\right) D_{fd}^{-\rho_{fd}^{M}}\right]^{-\frac{1}{\rho_{fd}^{M}}}$ avec $\rho_{fd}^{M} = \frac{1-\sigma_{fd}^{M}}{\sigma_{fd}^{M}}$

(27éq.)

37 $\frac{M_{fd}}{D_{fd}} = \left[\left(\frac{PD_{fd}}{PM_{fd}}\right)\left(\frac{\alpha_{fd}^{M}}{1-\alpha_{fd}^{M}}\right)\right]^{\sigma_{fd}^{M}}$ avec $\sigma_{fd}^{M} = \frac{1}{1+\rho_{fd}^{M}}$

(27éq.)

38 $EX_{rd}^{r} = D_{rd}^{Er}\left[\beta_{rd,r}^{Er}\left[EX_{rd,r1}^{1r}\right]^{\kappa_{rd}^{Er}} + \left(1-\beta_{rd,r}^{Er}\right)\left[EX_{rd,r2}^{1r}\right]^{\kappa_{rd}^{Er}}\right]^{\frac{1}{\kappa_{rd}^{Er}}}$ **(24éq.)**

Avec $\kappa_{rd}^{Er} = \frac{1+\tau_{rd}^{Er}}{\tau_{rd}^{Er}}$

39 $\frac{EX_{rd,r1}^{1r}}{EX_{rd,r2}^{1r}} = \left[\left(\frac{PE_{rd,r1}^{r}}{PE_{rd,r2}^{r}}\right)\left(\frac{\beta_{rd,r2}^{Er}}{\beta_{rd,r1}^{Er}}\right)\right]^{\tau_{rd}^{Er}}$ **(24éq.)**

40 $M_{rd}^{r} = C_{rd}^{Mr}\left[\alpha_{rd,r}^{Mr}\left(M_{rd,r1}^{1r}\right)^{-\rho_{rd}^{Mr}} + \left(1-\alpha_{rd,r}^{Mr}\right)\left(M_{rd,r2}^{1r}\right)^{-\rho_{rd}^{Mr}}\right]^{-\frac{1}{\rho_{dr}^{Mr}}}$

(24éq.)

Avec $\rho_{rd}^{Mr} = \frac{1-\sigma_{rd}^{Mr}}{\sigma_{rd}^{Mr}}$

41 $\frac{M_{rd,r1}^{1r}}{M_{rd,r2}^{1r}} = \left[\left(\frac{PM_{rd,r2}^{r}}{PM_{rd,r1}^{r}}\right)\left(\frac{\alpha_{rd,r1}^{Mr}}{\alpha_{rd,r2}^{Mr}}\right)\right]^{\sigma_{rd}^{Mr}}$ **(24éq.)**

42 $EX_{fd} = EX_{rd}^{r} + EX_{trd}$

43 $M_{fd} = M_{rd}^{r} + M_{trd}$

Bloc 6 : Prix

44 $Pv_{i} = \frac{P_{i}XS_{i} - \sum_{tr} Pc_{tr}DI_{tr,i}}{VA_{i}}$ **(31éq.)**

45 $r_{tr} = \frac{Pv_{tr}VA_{tr} - sLD_{tr}}{KD_{tr}}$ **(31éq.)**

46 $Pc_{fd} = \frac{PD_{fd}D_{fd} + PM_{fd}M_{fd}}{Q_{fd}}$ **(27éq.)**

47 $Pc_{nfd} = \frac{PD_{nfd}D_{nfd}}{Q_{nfd}}$ **(4éq.)**

48 $PD_{i} = \left(1+itxr_{i} * \left(1+adjntx\right)\right) * PL_{i}$ **(31éq.)**

49 $PM_{fd} = (1+itxr_{fd} * \left(1+adjntx\right))(1+tm_{fd})ePWM_{fd}$ **(27éq.)**

50 $$P_{fd} = \frac{PL_{fd} D_{fd} + PE_{fd} EX_{fd}}{XS_{fd}}$$ **(27éq.)**

51 $$P_{nfd} = \frac{PL_{nfd} D_{nfd}}{XS_{nfd}}$$ **(4éq.)**

52 $$PINV = \prod_i \left(\frac{Pc_i}{\mu_i} \right)^{\mu_i}$$ **(1éq.)**

53 $$PINDEX = \sum_i \delta_i Pv_i$$ **(1éq.)**

54 $$Pe_{fd} = e * PWE_{fd}$$ **(27éq.)**

Bloc 7 : Conditions d'Équilibre

55 $$SR = \left[\sum_{fd} PWM_{fd} M_{fd} + \left[(TMUE + TEUE + TGUE) + WUE + RKUE \right] \right] - \left[\sum_{fd} PWE_{fd} EX_{fd} + TUEM + TUEE + TUEG * e \right]$$

(1éq.)

56 $$RKUE = (1 - \lambda_M - \lambda_E - \lambda_G) \sum_{tr} r_{tr} KD_{tr}$$ **(1éq.)**

57 $$WUE = YL - s \sum_i LD_i$$ **(1éq.)**

58 $$Q_{nd} = DIT_{nd} + CM_{nd} + FBCF_{nd} + VS_{nd}$$ **(30éq.)**

59 $$LS = \sum_i LD_i$$ **(1éq.)**

60 $$TINVS = SM + SE + SG + SR$$ **(1éq.)**

61 $$leon = Q_{tnd} - DIT_{tnd} - CM_{tnd} - FBCF_{tnd} - VS_{tnd} - CG_{tnd}$$

62 OMEGA : obj=E=1000

Total des équations 1698

Annexe 10. Fichier GAMS de calibration du MEGCMar03

$TITLE CAL MEGCMar03
$TITLE Économie ouverte
$ontext
CE MODELE STIMULE L'IMPACT DE L'ACCORD D'ASSOCIATION AVEC L'UE SUR L'ECONOMIE MAROCAINE
$offtext
**FICHIER DE CALIBRATION*
**DEFINITION DES ENSEMBLES DU MODELE*
SET
I branches et secteurs d'activités

/ AGRI	AGRICULTURE SYLVICULTURE CHASSE EXPLOITATION FORESTIERE
PECHE	PECHE AQUACULTURE
EXTRA	EXTRACTIONS
INALIM	INDUSTRIE ALIMENTAIRE
INTAB	INDUSTRIE DU TABAC
INTEB	INDUSTRIE TEXTILE ET DE L'HABILLEMENT ET DES FOURRURES
INCUIR	INDUSTRIE DU CUIR ET DE LA CHAUSSURE
FBOIS	TRAVAIL DU BOIS ET FABRICATION D'ARTICLES EN BOIS
INPAC	INDUSTRIE DU PAPIER ET DU CARTON
IMPRIM	EDITION IMPRIMERIE ET REPRODUCTION
RAFFI	RAFFINAGE DE PETROLE ET AUTRES PRODUITS D'ENERGIE
INCHIM	INDUSTRIE CHIMIQUE
INCAOPL	INDUSTRIE DU CAOUTCHOUC ET DES PLASTIQUES
FPNMET	FABRICATION D'AUTRES PRODUITS MINERAUX NON METALLIQUES
METALLU	METALLURGIE
TMET	TRAVAIL DES METAUX
FMACH	FABRICATION DE MACHINES ET EQUIPEMENTS
FABMEI	FABRICATION DE MACHINES DE BUR-INF-RADIO&TELEVISION-MEDICAUX
IAUT	INDUSTRIE AUTOMOBILE
FAMTR	FABRICATION D'AUTRES MATERIELS DE TRANSPORT
FMIDI	FABRICATION DE MEUBLES INDUSTRIES DIVERSES
PDEE	PRODUCTION ET DISTRIBUTION ELECTRICITE ET EAU
CONST	CONSTRUCTION
COREP	COMMERCE ET REPARATION
HTLRES	HOTELS ET RESTAURANTS
TPTT	TRANSPORTS POSTES ET TELECOMMUNICATIONS
ACFA	ACTIVITES FINANCIERES ET ASSURANCES

IMLSRE	IMMOBILIER LOCATION ET SERVICES RENDUS AUX ENTREPRISES
APGSS	ADMINISTRATION PUBLIQUE GENERALE ET SECURITE SOCIALE
ESAS	EDUCATION SANTE ET ACTION SOCIALE
ASNF	AUTRES SERVICES NON FINANCIERS/

;

SET tr(I);
SET ntr(I);
SET fd(I);
SET nfd(I);
SET rd(I);
SET trd(I);
SET nd(I);
SET tnd(I);

SET r regions d'echanges economiques
/ RUE15 pays de l'Union Europeenne (15 pays)
RRUE le reste des pays de l'Union Europeenne/
;

ALIAS(I,J);

****DEFINITIONS DES PARAMETRES ET DES VARIABLES A L'ANNEE DE BASE.***

****PARAMETRES***

PARAMETER

****PARAMETRES DE LA FONCTION DE PRODUCTION***

io(I)	coefficient technique (fonction leontief)
nu(I)	coefficient technique (fonction de leontief)
a(I)	coefficient d'echelle (fonction CES) de la valeur ajoutee
alphva(I)	part du capital dans la valeur ajoutee de l'activite I
kappa(I)	part de la valeur ajoutee de l'activite I par rapport a la valeur ajoutee totale
phiva(I)	parametre de substitution dans la valeur ajoutee (type CES)
sigmva(I)	elasticite de substitution dans la valeur ajoutee (type CES)
aij(I,J)	coefficient entrees-sorties (volume de l'intrant intermediaire I par unite demande intermediaire de l'activite I)

****AUTRES PARAMETRES***

lambdam	part de la remuneration du capital versee aux menages
lambdae	part de la remuneration du capital versee aux entreprises
lambdag	part de la remuneration du capital versee a l'État
psi	propension marginale a epargner (egale ici a la propension moyenne) du menage
gammam(I)	part de la consommation du produit I par rapport au revenu disponible du menage
gammag(I)	part de la consommation publique du produit I par rapport a la consommation publique totale
taue	part des transferts des entreprises vers le gouvernement dans le revenu des entreprises (en majorite il s'agit des impots directs payes par les entreprises)

taum	part des transferts du menage vers le gouvernement dans le revenu du menage (en majorite il s'agit des impots directs payes par les menages)
muinvt(I)	part de l'invest dans la production totale

FONCTION A ELASTICITE DE TRANSFORMATION CONSTANTE (CET): CONCERNANT L'OFFRE TOTALE PAR PRODUIT fd

be(I)	coefficient d'echelle (constante)
betae(I)	parametre distributif relatif au volume exporte
kappae(I)	parametre de transformation
tauex(I)	elasticite de transformation commerciale

FONCTION A ELASTICITE DE SUBSTITUTION CONSTANTE (CES): CONCERNANT LA DEMANDE INTERRIEURE POUR LE PRODUIT fd

am(I)	coefficient d'echelle (constante)
alpham(I)	parametre distributif
phim(I)	parametre de substitution
sigmam(I)	elasticite de substitution

FONCTION A ELASTICITE DE TRANSFORMATION CONSTANTE (CET1): CONCERNANT LES EXPORTATIONS PAR DESTINATION rd

der(I)	coefficient d'echelle (constante)
betaer(I,r)	parametre distributif
kappaer(I)	parametre de transformation (concernant l'exportation selon la destination)
tauer(I)	elasticite de transformation commerciale

FONCTION A ELASTICITE DE SUBSTITUTION CONSTANTE (CES1): CONCERNANT LA DEMANDE INTERRIEURE POUR LE PRODUIT rd

cmr(I)	coefficient d'echelle (constante)
alphamr(I,r)	parametre distributif relatif au volume importe selon la region
phimr(I)	parametre de substitution
sigmamr(I)	elasticite de substitution

VARIABLES A L'ANNEE DE BASE

PRIX

S0	taux de salaire
RK0(I)	taux de rendement du capital dans l'activite I
PVA0(I)	prix de la valeur ajoutee dans la branche d'activite I
P0(I)	prix a production du produit I
Pl0(I)	prix au producteur du produit I pour la vente sur le marche interieur
Pd0(I)	prix domestique du produit I vendu sur le marche interieur
Pc0(I)	prix du marche du produit composite I
Pindex0	prix pondere de la valeur ajoutee
Pm0(I)	prix des importations
Pe0(I)	prix des exportations
Pmr1_RUE150(I)	prix a l'importation du produit I selon la region UE
Pmr1_RRUE0(I)	prix a l'importation du produit I selon la region RUE
Per1_RUE150(I)	prix a l'exportation du produits I selon la destination UE
Per1_RRUE0(I)	prix a l'exportation du produits I selon la destination RUE
PWM0(I)	prix mondial des importations du produit I
PWE0(I)	prix mondial des exportations du produit I

PINVT0	indice des prix a l'investissement
Er0	taux de change

PRODUCTION

VA0(I)	valeur ajoutee de la branche d'activite I (en volume)
XS0(I)	production (output) de l'activite I (en volume)
VXS0(I)	production (output) de l'activite I (en valeur)

FACTEURS

Kdv0(I)	demande capital par la branche d'activite I en valeur
Kd0(I)	demande capital par la branche d'activite I
Ld0(I)	demande travail par la branche d'activite I
LS0	offre exogene de travail

DEMANDE

CMT0	consommation totale des menages (en volume)
CM0(I)	consommation du menage en produit I (en volume)
CG0(I)	consommations publiques en produit tnd en volume
CGT0	consommation publique totale en valeur
FVS0	financement de la variation de stock
VS0(I)	variation de stock
INV_r0(I)	investissement en bien I (en volume)
RINV0	investissement total (en terme reel)
TINVS0	investissement total (en valeur)
CI0(I)	consommation intermediaire totale de la branche I (en volume)
CIV0(I)	consommation intermediaire totale de la branche I (en valeur)
DI0(I,J)	demande intermediaire pour le produit tr par la branche I (en volume)
DIT0(I)	demande intermediaire totale de la branche d'activite I (volume)
DITV0(I)	demande intermediaire totale de la branche d'activite I (valeur)
D0(I)	demande en produit domestique I(volume)
VD0(I)	demande en produit domestique I (valeur)
Q0(I)	demande en produit composite I(volume)
VQ0(I)	demande en produit composite I (valeur)
M0(I)	importation de produit fd (en volume)
VM0(I)	importation de produit fd (en valeur)
Mr_RUE150(I)	importation de produit I selon la region UE (volume)
VMr_RUE150(I)	importation de produit I selon la region UE (valeur)
Mr_RRUE0(I)	importation de produit I selon la region RUE (volume)
VMr_RRUE0(I)	importation de produit I selon la region RUE (valeur)
Ex0(I)	exportations de produits fd (volume)
VEx0(I)	exportations de produits fd (valeur)
EXr_RUE150(I)	exportations de produits I selon la destination UE (volume)
VEXr_RUE150(I)	exportations de produits I selon la destination UE (valeur)
EXr_RRUE0(I)	exportations de produits I selon la destination RUE (volume)
VEXr_RRUE0(I)	exportations de produits I selon la destination RUE (valeur)

REVENU

YL0	remuneration salariale versee a l'economie
YK0	revenu du capital versee a l'economie
YM0	revenu des menages

YDM0	revenu disponible des menages
SM0	epargne des menages
YLM0	remuneration salariale des menages
RKM0	remuneration du capital versee aux menages
TEM0	transferts des entreprises aux menages
TGM0	transferts de l'État aux menages
TGUE0	transferts de l'État a l'UE
TUEM0	transferts recu du RdM par les menages
TEUE0	transferts des entreprises verses a l'UE
YE0	revenu des entreprises
SE0	epargne des entreprises
RKE0	remuneration du capital versee aux entreprises
TUEE0	transferts recu de l'UE par les entreprises
TME0	transferts des menages aux entreprises
TGE0	transferts de l'État aux entreprises
YG0	recettes courantes de l'État (en valeur)
SG0	epargne de l'État en valeur
RKG0	remuneration du capital versee a l'État
itxr(I)	taux d'imposition indirect par produit I
TIXR0(I)	recettes indirectes totales de l'État sur les produits
TIXREV0	recettes indirectes de l'État totales y compris les (II-Sub)
TMREV0	recettes totales tarifaires sur les importations
TMRUE150(I)	recettes sur Importations selon en provenance de l'UE
TMRUE0(I)	recettes sur Importations selon en provenance de l'RUE
TMG0	transferts des menages a l'État
TEG0	transferts des entreprises a l'État
TMUE0	transferts des menages a l'UE
TUEG0	transferts recu de l'UE par l'État
SR0	deficit courant de la balance des paiements
RKUE0	remuneration du capital versee a l'Union Europeenne
WUE0	remuneration salariale de l'Union Europeenne
tm1_RUE150(I)	taux d'imposition a l'importation du rd selon l'UE15
tm1_RRUE0(I)	taux d'imposition a l'importation du rd selon le RUE
tm0(I)	taux d'imposition a l'importation sur les produits fd
adj0	facteur d'ajustement des transferts
adjntx0	facteur d'ajustement des impots indirects

;

DONNEES DE BASE

Table cij(I,J) consommation intermediaire en produits (en valeur)

TABLE DP(*,I)

SCALAR

S0	/1.0000/
SM0	/64991.0000/
YLM0	/153803.0000/
RKM0	/163620.0000/
TEM0	/21658.0000/
TGM0	/19907.0000/
TUEM0	/39242.0000/

```
YE0             /123873.0000/
SE0             /75021.0000/
RKE0            /90229.0000/
TME0            /15344.0000/
TGE0            /14345.0000/
TUEE0           /3955.0000/
RKG0            /1583.0000/
TMG0            /43690.0000/
TEG0            /26991.0000/
TUEG0           /2316.0000/
WUE0            /79.0000/
TMUE0           /704.0000/
TEUE0           /203.0000/
TGUE0           /563.0000/
LS0             /153882.0000/
Er0             /1.0000/
adj0            /1.0000/
adjntx0         /0.0000/
;
```

***VARIABMLES SAISIES DANS LES TABLEAUX DP**

```
VA0(I)          = DP("VA0",I);
VXS0(I)         = DP("VXS0",I);

Kd0(I)          = DP("Kd0",I);
Ld0(I)          = DP("Ld0",I);
CM0(I)          = DP("CM0",I);
CG0(I)          = DP("CG0",I);
INV0(I)         = DP("INV0",I);
VS0(I)          = DP("VS0",I);
TIXR0(I)        = DP("TIXR0",I);
D0(I)           = DP("D0",I);
VQ0(I)          = DP("VQ0",I);
sigmva(I)       = DP("sigmva",I);
M0(I)           = DP("M0",I);
VMr_RUE150(I)           = DP("VMr_RUE150",I);
VMr_RRUE0(I)            = DP("VMr_RRUE0",I);
Ex0(I)          = DP("Ex0",I);
VExr_RUE150(I)          = DP("VExr_RUE150",I);
VExr_RRUE0(I)           = DP("VExr_RRUE0",I);
TMRUE150(I)     = DP("TMRUE150",I);
TMRUE0(I)       = DP("TMRUE0",I);
tauex(I)        = DP("tauex",I);
sigmam(I)       = DP("sigmam",I);
tauer(I)        = DP("tauer",I);
sigmamr(I)      = DP("sigmamr",I);
```

***DEFINITION DES AUTRES SECTEURS: CONST, COREP,HTLRES, TPTT, ACFA, IMLSRE, APGSS et ESAS**

```
tr(I)           =yes;
```

```
 tr("APGSS")      =no;
 ntr(I)           =not tr(I);
 fd(I)            =yes;
 fd("CONST")      =no;
 fd("COREP")      =no;
 fd("APGSS")      =no;
 fd("ESAS")       =no;
 nfd(I)           =not fd(I);
 rd(I)            =yes$fd(I);
 rd("HTLRES")     =no;
 rd("TPTT")       =no;
 rd("ACFA")       =no;
 trd(I)           =not rd(I)and not nfd(I);
 nd(I)            =yes$tr(I);
 nd("ESAS")       =no;
 nd("AGRI")       =no;
 nd("INCHIM")     =no;

tnd(I)            =not nd(I);
 ind(I)           =yes$rd(I);
 ind("AGRI")      =no;
 ind("PECHE")     =no;
 tind(I)          =not ind(I)and not nfd(I)and not trd(I);
 ;
```

INITIALISATION DES PARAMETRES

```
* tauex(fd)       =.9;
* sigmam(fd)      =.6;
* tauer(rd)       =.9;
* sigmamr(rd)     =.6;
```

**INITIALISATION DES PRI*

```
 PWM0(fd)         = 1.00;
 PWE0(fd)         = 1.00;
 RK0(tr)          = 1.00;
 P0(I)            = 1.00;
 Pl0(I)           = 1.00;
 Perl_RUE150(rd)          = 1.00;
 Perl_RRUE0(rd)           = 1.00;
 Pmrl_RUE150(rd)          = 1.00;
 Pmrl_RRUE0(rd)           = 1.00;
```

******CALCUL DES AUTRES VALEURS NON DECLAREES*****

****TAUX DE DROITS DE DOUANES ET DES IMPOTS INDIRECTS***

```
 tm1_RUE150(rd)$(VMr_RUE150(rd) ne 0)  = TMRUE150(rd)/VMr_RUE150(rd);
 tm1_RRUE0(rd)$(VMr_RRUE0(rd) ne 0)  = TMRUE0(rd)/VMr_RRUE0(rd);
 tm0(fd)              = [((tm1_RUE150(fd)* VMr_RUE150(fd)) +(tm1_RRUE0(fd)
                        *VMr_RRUE0(fd))) /M0(fd)];
 itxr(nfd)            = TIXR0(nfd)/((1+adjntx0)*D0(nfd));
 itxr(fd)             = TIXR0(fd)/((1+adjntx0)
                              *(D0(fd)+M0(fd)+TMRUE150(fd)+TMRUE0(fd)));
```

```
TMREV0            = SUM(fd,(TMRUE150(fd)+TMRUE0(fd)));
TIXREV0           = SUM(nfd,TIXR0(nfd))+      SUM(fd,TIXR0(fd));
*PRIX
Q0(I)          = VQ0(I)-TIXR0(I)-TMRUE150(I)-TMRUE0(I);
Pd0(I)         = (1+itxr(I)*(1+adjntx0))*Pl0(I);
Pm0(fd)        = (1+itxr(fd)*(1+adjntx0))

*PWM0(fd)*Er0*(1+tm0(fd));
Pe0(fd) = PWE0(fd)*Er0;
Pc0(nfd)          = ((1+itxr(nfd))*D0(nfd))/Q0(nfd);
Pc0(fd) = [((1+itxr(fd))*D0(fd)) +((1+itxr(fd))* (1+tm0(fd))*M0(fd))]/Q0(fd);
*LES VARIABLES SAISIES EN VALEUR DOIVENT ETRE EVALUEES EN
VOLUME
Mr_RUE150(rd)          = VMr_RUE150(rd)/Pmr1_RUE150(rd);
Mr_RRUE0(rd)           = VMr_RRUE0(rd)/Pmr1_RRUE0(rd);
Exr_RUE150(rd)         = Exr_RUE150(rd)/Per1_RUE150(rd);
Exr_RRUE0(rd)          = VExr_RRUE0(rd)/Per1_RRUE0(rd);
Ld0(I)          = Ld0(I)/S0;
Kd0(tr)         = Kd0(tr)/RK0(tr);
XS0(I)          = VXS0(I)/P0(I);
* D0(I)         = D0(I)/Pl0(I);
M0(fd)          = M0(fd)/Pm0(fd);
CM0(I)          = CM0(I)/Pc0(I);
CG0(tnd)        = CG0(tnd)/Pc0(tnd);
DI0(I,J)        = DIV0(I,J)/Pc0(I);
CI0(J)          = SUM(I,DI0(I,J));
DIT0(I)         = SUM(J,DI0(I,J));
INV_r0(I)       = INV0(I)/Pc0(I);
VS0(I)          = VS0(I)/Pc0(I);
FVS0            = sum(I,Pc0(I)*VS0(I));
*CALCUL DES AUTRES PRIX ET PARAMETRES
PVA0(I)         = ((P0(I)*XS0(I))-sum(tr,Pc0(tr)*DI0(tr,I)))/VA0(I);
VA0(I)          = VA0(I)/PVA0(I);
kappa(I)        = VA0(I)/sum(J,VA0(J));
Pindex0         = sum(I,(kappa(I)*PVA0(I)));
P0(I)           = (PD0(I)*D0(I)/(1+itxr(I))+ Pe0(I)*EX0(I))/XS0(I);
*CALCUL DES AUTRES VARIABLES
YL0    = S0*sum(I,Ld0(I));
YLM0   = YL0-WUE0;
YM0    = LM0+RKM0+(TEM0*adj0)+ TGM0+(Er0*TUEM0);
YDM0   = YM0-TMG0-TME0-TMUE0;
YK0    = SUM(tr,RK0(tr)*Kd0(tr));
lambdam         = RKM0/YK0;
lambdae         = RKE0/YK0;
lambdag         = RKG0/YK0;
RKUE0           = (1-(lambdam+lambdae+lambdag))*YK0;
CMT0            = YDM0-SM0;
CGT0            = sum(tnd,(CG0(tnd)*Pc0(tnd)));
```

```
 YG0            = RKG0+ TIXREV0 +TMREV0 +TMG0 +TEG0 +(Er0*TUEG0);
 SG0            = YG0-CGT0-TGM0-TGE0-TGUE0;
 SR0            = [SUM(fd,PM0(fd)*M0(fd)) +TMUE0+TEUE0 +TGUE0+
                  WUE0 +RKUE0]-[SUM(fd,PE0(fd) *EX0(fd)) +TUEM0+
                  TUEE0 + (TUEG0 *Er0)];
 TINVS0         = sum(I,(INV_r0(I)+VS0(I))*Pc0(I));
 muinvt(I)      = ((INV_r0(I)+VS0(I))*Pc0(I))/TINVS0;
 PINVT0         = TINVS0/sum(I,(VS0(I)+INV_r0(I)));
* RINV0         = TINVS0/PINVT0;
*CALCUL DES TAUX
 taum   = TMG0/YM0;
 taue   = TEG0/YE0;
 psi    = SM0/YDM0;
 gammag(tnd)    = (Pc0(tnd)*CG0(tnd))/CGT0;
 gammam(I)      = (Pc0(I)*CM0(I))/YDM0;
*********ETAPE DE CALIBRATION**************
*CALIBRATION DES PARAMETRES DES FONCTIONS DE PRODUCTION
DU TYPE CES
 nu(I)          = VA0(I)/XS0(I);
 io(I)          = CI0(I)/XS0(I);
 aij(I,J)       = DI0(I,J)/CI0(J);
 phiva(tr)      = (1-sigmva(tr))/sigmva(tr);
 alphva(tr)     = 1/[1+((S0/RK0(tr)) *((Ld0(tr)/Kd0(tr)) **(Phiva(tr)+1)))];
 a(tr)          = VA0(tr)/[(alphva(tr)*(Kd0(tr)**(-phiva(tr))))+((1-alphva(tr))
                  *Ld0(tr)**(-phiva(tr))))]**(-1/phiva(tr));
*CALIBRATION DES PARAMETRES DE LA FONCTION CET
 kappae(fd)     = 1+tauex(fd)/tauex(fd);
 betae(fd)      = 1/(1+(Pl0(fd)/Pe0(fd)) *((Ex0(fd)/D0(fd))**(kappae(fd)-1)));
 be(fd)         = XS0(fd)/(((betae(fd) *EX0(fd)**(kappae(fd)))+((1-betae(fd))
                  *D0(fd) **(kappae(fd))))**(1/kappae(fd)));
*CALIBRATION DES PARAMETRES DE LA FONCTION CES
 phim(fd)       = (1-sigmam(fd))/sigmam(fd);
 alpham(fd)     = 1/[1+(Pd0(fd)/Pm0(fd)) *((D0(fd)/M0(fd))**(1+phim(fd)))];
am(fd)          = Q0(fd)/[(alpham(fd)*(M0(fd)**(-phim(fd))))+((1-alpham(fd))
                  *(D0(fd)**(-phim(fd))))]**(-1/phim(fd));
*CALIBRATION DES PARAMETRES DE LA FONCTION CET1
 kappaer(rd)    = (1+tauer(rd))/tauer(rd);
 betaer(rd,'RUE15')        = 1/[1+((Per1_RRUE0(rd) /Per1_RUE150(rd))
                  *((Exr_RUE150(rd) /Exr_RRUE0(rd))**(kappaer(rd)-1)))];
 betaer(rd,'RRUE')         = 1- betaer(rd,'RUE15') ;
 der(rd)        = Ex0(rd)/ [(betaer(rd,'RRUE') *((Exr_RRUE0(rd))
                  **kappaer(rd))) + (betaer(rd,'RUE15') * ((Exr_RUE150(rd))
                  **kappaer(rd)))]**(1/kappaer(rd));
*CALIBRATION DES PARAMETRES DE LA FONCTION CES1
 phimr(rd)      = (1-sigmamr(rd))/sigmamr(rd);
 alphamr(rd,'RUE15')       = 1/[1+((Pmr1_RRUE0(rd)/ Pmr1_RUE150(rd))
                  *((Mr_RRUE0(rd) /Mr_RUE150(rd))**(1+phimr(rd))))];
 alphamr(rd,'RRUE')        = 1- alphamr(rd,'RUE15') ;
```

```
cmr(rd)$(Mr_RRUE0(rd) ne 0)    = M0(rd)/ [(alphamr(rd,'RUE15')*
                  (Mr_RUE150(rd)**(-phimr(rd))))
                  +(alphamr(rd,'RRUE')*(Mr_RRUE0(rd) **(-phimr(rd))))]**(-
                  1/phimr(rd));
DISPLAY
PINVT0,tm1_RUE150,VS0,Pd0,Pm0,Pc0,D0,M0, Q0,SM0,SE0,SG0,SR0,TINVS0,
psi, gammam, gammag, lambdam, lambdae, lambdag, RKUE0, muinvt,nu,io,aij,
phiva,alphva, a, kappa, kappae, betae, be, phim, sigmam,alpham,am,kappaer,
betaer,der, phimr,alphamr,cmr;
```

Fin du programme

Annexe 11. Structure des échanges extérieurs

Tableau 35. Structure des importations, en %

➢ ***Les importations en provenance de l'UE15***

Secteurs	Année de référence		simulation 1								simulation 2						simulation 3				simulation 4					
			sim1.a		sim1.b		sim1.c		sim1.d		sim2.a		sim2.b		sim2.c		sim3.a		Sim3.b		sim4.a		sim4.b		sim4.c	
	Vol.	Val.	Vol.	Val.	Vol.	Val.	Vol.	Val.	Vol.	Val.	Vol.	Val.	Vol.	Val.	Vol.	Val.	Vol.	Val.	Vol.	Val.	Vol.	Val.	Vol.	Val.	Vol.	Val.
AGRI	43	34	43	34	43	34	43	34	43	34	43	34	43	34	43	34	43	34	43	34	43	34	43	34	43	34
PECHE	93	86	93	86	93	86	93	86	93	86	93	86	93	86	93	86	93	85	93	85	93	86	93	86	93	85
EXTRA	5	4	5	4	5	4	5	4	5	4	5	4	5	4	5	4	5	4	5	4	5	4	5	4	5	4
INALIM	53	37	53	37	53	37	53	37	53	37	53	37	53	37	53	37	53	37	53	37	53	37	53	37	53	37
INTAB	18	5	18	5	18	5	18	5	18	5	18	5	18	5	18	5	18	4	18	4	18	5	18	5	18	4
INTEB	94	84	94	84	94	84	94	84	94	84	94	84	94	84	94	84	94	83	94	83	94	84	94	84	94	84
INCUIR	106	82	106	82	106	82	106	82	106	82	106	82	106	82	106	82	106	80	106	80	106	82	106	82	106	81
FBOIS	71	63	71	63	71	63	71	63	71	63	71	63	71	63	71	63	71	63	71	63	71	63	71	63	71	63
INPAC	81	77	81	77	81	77	81	77	81	77	81	77	81	77	81	77	81	76	81	76	81	77	81	77	81	76
IMPRIM	86	83	86	83	86	83	86	83	86	83	86	83	86	83	86	83	86	83	86	83	86	83	86	83	86	83
RAFFI	81	53	80	53	80	53	80	53	80	53	80	53	80	53	80	53	80	50	80	50	80	53	80	53	80	52
INCHIM	73	67	73	67	73	67	73	67	73	67	73	67	73	67	73	67	73	66	73	66	73	67	73	67	73	67
INCAOPL	84	74	83	74	83	74	83	74	83	74	83	74	83	74	83	74	83	74	83	74	83	74	83	74	83	74
FPNMET	83	72	83	72	83	72	83	72	83	72	83	72	83	72	83	72	83	71	83	71	83	72	83	72	83	71
METALLU	62	58	62	58	62	58	62	58	62	58	62	58	62	58	62	58	62	58	62	58	62	58	62	58	62	58
TMET	82	74	82	74	82	74	82	74	82	74	82	74	82	74	82	74	82	73	82	73	82	74	82	74	82	74
FMACH	85	81	85	81	85	81	85	81	85	81	85	81	85	81	85	81	85	81	85	81	85	81	85	81	85	81
FABMEI	64	59	64	59	64	59	64	59	64	59	64	59	64	59	64	59	64	59	64	59	64	59	64	59	64	59
IAUT	81	66	81	66	81	66	81	66	81	66	81	66	81	66	81	66	81	66	81	66	81	66	81	66	81	66
FAMTR	56	55	56	55	56	55	56	55	56	55	56	55	56	55	56	55	56	54	56	54	56	55	56	55	56	55
FMIDI	85	71	85	71	85	71	85	71	85	71	85	71	85	71	85	71	85	70	85	70	85	71	85	71	85	71
PDEE	106	100	106	100	106	100	107	101	107	101	106	100	106	100	106	100	495	463	495	463	105	99	105	99	226	212
IMLSRE	87	82	87	82	87	82	87	82	87	82	87	82	87	82	87	82	87	82	87	82	87	82	87	82	87	82
ASNF	79	72	79	72	79	72	79	72	79	72	79	72	79	72	79	72	79	71	79	71	79	72	79	72	79	72

➢ ***Les importations en provenance du RUE15***

Secteurs	Année de référence		simulation 1								simulation 2						simulation 3				simulation 4					
			sim1.a		sim1.b		sim1.c		sim1.d		sim2.a		sim2.b		sim2.c		sim3.a		Sim3.b		sim4.a		sim4.b		sim4.c	
	Vol.	Val.	Vol.	Val.	Vol.	Val.	Vol.	Val.	Vol.	Val.	Vol.	Val.	Vol.	Val.	Vol.	Val.	Vol.	Val.	Vol.	Val.	Vol.	Val.	Vol.	Val.	Vol.	Val.
	Importation en provenance de la région RUE																									
AGRI	84	66	84	66	84	66	84	66	84	66	84	66	84	66	84	66	84	66	84	66	84	66	84	66	84	66
PECHE	16	14	16	14	16	14	16	14	16	14	16	14	16	14	16	14	16	14	16	14	16	14	16	14	16	14
EXTRA	103	96	103	96	103	96	103	96	103	96	103	96	103	96	103	96	103	95	103	95	103	96	103	96	103	95
INALIM	91	63	91	63	91	63	91	63	91	63	91	63	91	63	91	63	91	63	91	63	91	63	91	63	91	63
INTAB	378	95	378	95	378	95	378	95	378	95	378	95	378	95	378	95	378	87	378	87	378	96	378	96	378	93
INTEB	18	16	17	16	17	16	17	16	17	16	17	16	17	16	17	16	17	15	17	15	17	16	17	16	17	16
INCUIR	24	18	24	18	24	18	24	18	24	18	24	18	24	18	24	18	24	18	24	18	24	18	24	18	24	18
FBOIS	42	37	42	37	42	37	42	37	42	37	42	37	42	37	42	37	42	37	42	37	42	37	42	37	42	37
INPAC	25	23	25	23	25	23	25	23	25	23	25	23	25	23	25	23	25	23	25	23	25	23	25	23	25	23
IMPRIM	18	17	18	17	18	17	18	17	18	17	18	17	18	17	18	17	18	17	18	17	18	17	18	17	18	17
RAFFI	73	47	73	47	73	47	73	47	73	47	73	47	73	47	73	47	73	45	73	45	73	47	73	47	73	47
INCHIM	36	33	36	33	36	33	36	33	36	33	36	33	36	33	36	33	36	33	36	33	36	33	36	33	36	33
INCAOPL	29	26	29	26	29	26	29	26	29	26	29	26	29	26	29	26	29	26	29	26	29	26	29	26	29	26
FPNMET	33	28	33	28	33	28	33	28	33	28	33	28	33	28	33	28	33	28	33	28	33	28	33	28	33	28
METALLU	45	42	44	42	44	42	44	42	44	42	44	42	44	42	44	42	44	42	44	42	44	42	44	42	44	42
TMET	29	26	29	26	29	26	29	26	29	26	29	26	29	26	29	26	29	26	29	26	29	26	29	26	29	26
FMACH	20	19	20	19	20	19	20	19	20	19	20	19	20	19	20	19	20	19	20	19	20	19	20	19	20	19
FABMEI	44	41	44	41	44	41	44	41	44	41	44	41	44	41	44	41	44	40	44	40	44	41	44	41	44	41
IAUT	41	34	41	34	41	34	41	34	41	34	41	34	41	34	41	34	41	33	41	33	41	34	41	34	41	34
FAMTR	47	45	47	45	47	45	47	45	47	45	47	45	47	45	47	45	47	45	47	45	47	45	47	45	47	45
FMIDI	34	29	34	29	34	29	34	29	34	29	34	29	34	29	34	29	34	28	34	28	34	29	34	29	34	29
PDEE	0	0	0	0	0	0	0	0	0	0	0	0	0	0	0	0	0	0	0	0	0	0	0	0	0	0
IMLSRE	19	18	19	18	19	18	19	18	19	18	19	18	19	18	19	18	19	18	19	18	19	18	19	18	19	18
ASNF	31	28	31	28	31	28	31	28	31	28	31	28	31	28	31	28	31	28	31	28	31	28	31	28	31	28

Source : Élaborer à partir des données de GAMS, 2010

Tableau 36. Structure des exportations, en %

➢ ***Les exportations à la destination l'UE15***

Secteurs	Année de référence		simulation 1								simulation 2						simulation 3				simulation 4					
			sim1.a		sim1.b		Sim1.c		sim1.d		sim2.a		sim2.b		sim2.c		sim3.a		sim3.b		sim4.a		sim4.b		sim4.c	
	Vol.	Val.	Vol.	Val.	Vol.	Val.	Vol.	Val.	Vol.	Val.	Vol.	Val.	Vol.	Val.	Vol.	Val.	Vol.	Val.	Vol.	Val.	Vol.	Val.	Vol.	Val.	Vol.	Val.
AGRI	75	75	75	75	75	75	75	75	75	75	75	75	75	75	75	75	75	75	75	75	75	75	75	75	75	75
PECHE	90	90	90	90	90	90	90	90	90	90	90	90	90	90	90	90	90	90	90	90	90	90	90	90	90	90
EXTRA	36	36	36	36	36	36	36	36	36	36	36	36	36	36	36	36	36	36	36	36	36	36	36	36	36	36
INALIM	59	59	59	59	59	59	59	59	59	59	59	59	59	59	59	59	59	59	59	59	59	59	59	59	59	59
INTAB	6	6	6	6	6	6	6	6	6	6	6	6	6	6	6	6	6	6	6	6	6	6	6	6	6	6
INTEB	96	96	96	96	96	96	96	96	96	96	96	96	96	96	96	96	96	96	96	96	96	96	96	96	96	96
INCUIR	95	95	95	95	95	95	95	95	95	95	95	95	95	95	95	95	95	95	95	95	95	95	95	95	95	95
FBOIS	94	94	94	94	94	94	94	94	94	94	94	94	94	94	94	94	94	94	94	94	94	94	94	94	94	94
INPAC	48	48	48	48	48	48	48	48	48	48	48	48	48	48	48	48	48	48	48	48	48	48	48	48	48	48
IMPRIM	67	67	67	67	67	67	67	67	67	67	67	67	67	67	67	67	67	67	67	67	67	67	67	67	67	67
RAFFI	40	40	40	40	40	40	40	40	40	40	40	40	40	40	40	40	40	40	40	40	40	40	40	40	40	40
INCHIM	37	37	37	37	37	37	37	37	37	37	37	37	37	37	37	37	37	37	37	37	37	37	37	37	37	37
INCAOPL	65	65	65	65	65	65	65	65	65	65	65	65	65	65	65	65	65	65	65	65	65	65	65	65	65	65
FPNMET	77	77	77	77	77	77	77	77	77	77	77	77	77	77	77	77	77	77	77	77	77	77	77	77	77	77
METALLU	52	52	52	52	52	52	52	52	52	52	52	52	52	52	52	52	52	52	52	52	52	52	52	52	52	52
TMET	69	69	69	69	69	69	69	69	69	69	69	69	69	69	69	69	69	69	69	69	69	69	69	69	69	69
FMACH	65	65	65	65	65	65	65	65	65	65	65	65	65	65	65	65	65	65	65	65	65	65	65	65	65	65
FABMEI	95	95	95	95	95	95	95	95	95	95	95	95	95	95	95	95	95	95	95	95	95	95	95	95	95	95
IAUT	84	84	84	84	84	84	84	84	84	84	84	84	84	84	84	84	84	84	84	84	84	84	84	84	84	84
FAMTR	46	46	46	46	46	46	46	46	46	46	46	46	46	46	46	46	46	46	46	46	46	46	46	46	46	46
FMIDI	87	87	87	87	87	87	87	87	87	87	87	87	87	87	87	87	87	87	87	87	87	87	87	87	87	87
PDEE	95	95	95	95	95	95	95	95	95	95	95	95	95	95	95	95	95	95	95	95	95	95	95	95	95	95
IMLSRE	62	62	62	62	62	62	62	62	62	62	62	62	62	62	62	62	62	62	62	62	62	62	62	62	62	62
ASNF	37	37	37	37	37	37	37	37	37	37	37	37	37	37	37	37	37	37	37	37	37	37	37	37	37	37

- ***Les exportations à la destination le RUE15***

Secteurs	Année de référence		simulation 1								simulation 2						simulation 3				simulation 4					
			sim1.a		sim1.b		Sim1.c		sim1.d		sim2.a		sim2.b		sim2.c		sim3.a		sim3.b		sim4.a		sim4.b		sim4.c	
	Vol.	Val.	Vol.	Val.	Vol.	Val.	Vol.	Val.	Vol.	Val.	Vol.	Val.	Vol.	Val.	Vol.	Val.	Vol.	Val.	Vol.	Val.	Vol.	Val.	Vol.	Val.	Vol.	Val.
AGRI	25	25	25	25	25	25	25	25	25	25	25	25	25	25	25	25	25	25	25	25	25	25	25	25	25	25
PECHE	10	10	10	10	10	10	10	10	10	10	10	10	10	10	10	10	10	10	10	10	10	10	10	10	10	10
EXTRA	64	64	64	64	64	64	64	64	64	64	64	64	64	64	64	64	64	64	64	64	64	64	64	64	64	64
INALIM	41	41	41	41	41	41	41	41	41	41	41	41	41	41	41	41	41	41	41	41	41	41	41	41	41	41
INTAB	94	94	94	94	94	94	94	94	94	94	94	94	94	94	94	94	94	94	94	94	94	94	94	94	94	94
INTEB	4	4	4	4	4	4	4	4	4	4	4	4	4	4	4	4	4	4	4	4	4	4	4	4	4	4
INCUIR	5	5	5	5	5	5	5	5	5	5	5	5	5	5	5	5	5	5	5	5	5	5	5	5	5	5
FBOIS	6	6	6	6	6	6	6	6	6	6	6	6	6	6	6	6	6	6	6	6	6	6	6	6	6	6
INPAC	52	52	52	52	52	52	52	52	52	52	52	52	52	52	52	52	52	52	52	52	52	52	52	52	52	52
IMPRIM	33	33	33	33	33	33	33	33	33	33	33	33	33	33	33	33	33	33	33	33	33	33	33	33	33	33
RAFFI	60	60	60	60	60	60	60	60	60	60	60	60	60	60	60	60	60	60	60	60	60	60	60	60	60	60
INCHIM	63	63	63	63	63	63	63	63	63	63	63	63	63	63	63	63	63	63	63	63	63	63	63	63	63	63
INCAOPL	35	35	35	35	35	35	35	35	35	35	35	35	35	35	35	35	35	35	35	35	35	35	35	35	35	35
FPNMET	23	23	23	23	23	23	23	23	23	23	23	23	23	23	23	23	23	23	23	23	23	23	23	23	23	23
METALLU	48	48	48	48	48	48	48	48	48	48	48	48	48	48	48	48	48	48	48	48	48	48	48	48	48	48
TMET	31	31	31	31	31	31	31	31	31	31	31	31	31	31	31	31	31	31	31	31	31	31	31	31	31	31
FMACH	35	35	35	35	35	35	35	35	35	35	35	35	35	35	35	35	35	35	35	35	35	35	35	35	35	35
FABMEI	5	5	5	5	5	5	5	5	5	5	5	5	5	5	5	5	5	5	5	5	5	5	5	5	5	5
IAUT	16	16	16	16	16	16	16	16	16	16	16	16	16	16	16	16	16	16	16	16	16	16	16	16	16	16
FAMTR	54	54	54	54	54	54	54	54	54	54	54	54	54	54	54	54	54	54	54	54	54	54	54	54	54	54
FMIDI	13	13	13	13	13	13	13	13	13	13	13	13	13	13	13	13	13	13	13	13	13	13	13	13	13	13
PDEE	5	5	5	5	5	5	5	5	5	5	5	5	5	5	5	5	5	5	5	5	5	5	5	5	5	5
IMLSRE	38	38	38	38	38	38	38	38	38	38	38	38	38	38	38	38	38	38	38	38	38	38	38	38	38	38
ASNF	63	63	63	63	63	63	63	63	63	63	63	63	63	63	63	63	63	63	63	63	63	63	63	63	63	63

Source : Élaborer à partir des données de GAMS, 2010

Bibliographie

1. Ouvrages & Livres

Akesbi N., (1993). *L'impôt, le Maghreb et l'ajustement.* Editions actes, Rabat.

Arrow K.J. et F.H. Hahn, (1971). *General competitive analysis.* Ed. Holden.

Balta P., (2000). *Méditerranée : défis et enjeux.* Edition le Harmattan.

Bénassy-Quéré A., Benoît Coeuré B. et Pisani-Ferry J., (2004). *Politique Economiques.* Ecole Polytechnique. Éditions De Boeck Université.

Casadevall A., (2004). *Introduction à MATLAB.* Université Paris–Dauphine.

Claude M., (1994). *Economie politique.* Economica 2éd.

Decaluwé B., A. Martens et L. Savard (2001). *La politique économique du développement et les modèles d'équilibre général calculable.* Ed. Les Presses de L'Université de Montréal

Dubé J. et Dupéré M., (2004). *Expérimentation de la méthode d'entropie croisée pour l'estimation d'échanges économiques à partir de flux de transport.* Bibliothèque Nationale du Québec. ISBN 2-550-43106-5.

Goodfriend M. and King, R. (1997). *The New Neoclassical Synthesis and the Role of Monetary Policy.* A chapter in NBER Macroeconomics Annual 1997, Volume 12, 1997, pp 231-296 from National Bureau of Economic Research, Inc.

Khrouz D., El Ayadi M., Boulahcen A., Amallah A., et Meslouhi K., (2004). *BARCELONA monitoring Suivi de l'accord de libre-échange : Politique, économie, entreprise, éducation.* 260 pages.

Luc S., (2006). *Introduction au logiciel GAMS.* Université Laval.

Rhafes T., (2003). *Quelle Place Pour L'Économie Marocaine A L'Aube Du Troisième Millénaire?.* Ed. Afrique - Orient.

Schubert K. (2000). *Macroéconomie : Comportements et croissance.* Ed. Paris : Vuibert.

Stentzel D., (1996). *Matrice de Comptabilité Sociale.* Statistique pour la politique sociale du 26 Août au 6 décembre 1996 PP. 118-125.

Tallon J.M., (1997). *Équilibre général : Une introduction.* Ed. Économie.

Varian H.R, (1995). *Analyse microéconomique.* 3émé édition, publié par De Boeck Université.

2. Revues & Journaux

Abdelbass M., Chemingui et Dessus S., (1999), La libéralisation de l'agriculture tunisienne et l'Union européenne : une vue prospective. *document de travail No. 144 CD/DOC(99)1.*

Abdouni A. et Hanchane S., (2003). Ouverture, capital humain et croissance économique : fondement théorique et identification des liens à l'aide données de Panel. *Document de travail –L.E.S.T--CNRS-UMR6123.*

Achy L. (2003). Quel potentiel compétitif pour les industries textile habillement au Maroc ? Simulation d'impact à l'aide d'un modèle d'équilibre partiel. *Conférence Femise 2003, Forum Euro-Mediterranéen des Instituts Economique.*

Achy L., (2003). Financial liberalization, saving, investment and growth in MENA countries. *Middle East Economics (Vol.6).*

Adjemian S., et Cahn C., (2007). *Variantes en univers incertain.* Cette étude s'inscrit dans le cadre d'un programme de travail développé à la Banque de France.

Adjemian S., et Pelgrin F., (2008). Un regard bayésien sur les modèles dynamiques de la macroéconomie. *Économie et Prévision N°183-184 2008/2-3.*

Annabi N., Cockburn J., et Decaluwé B. (2006). Functional forms and parameterization of CGE Models. *MPIA Working Paper. March 2006 (2006-04).*

Arce R.De, Mahia R.C., et Escribano G., (2003). *Réduction du soutien domestique dans l'UE et élimination des tarifs douaniers dans la zone méditerranéenne : implications en matière de prix.* UNED, PP44.

Arrow K.J. et G. Debreu. (1954). Existence of an equilibrium for a competitive economy. *Econometrica, Journal of the Econometric Society, Vol. 22; N°3.*

Balasko Y., (2003). *L'équilibre concurrentiel. Le modèle d'Arrow – Debreu. http://www.enpc.fr/ceras/labo/pontslecture2003.pdf.*

Bchir M.H., Decreux Y., Guérin J.L., et Jean S., (2002). MIRAGE, un modèle d'équilibre général calculable pour l'évaluation des politiques commerciales. *Économie internationale 2002- 1/2 (n° 89-90) page 109 à 153.*

Beaubrun-Diant E. Kevin, et Matheron J., (2006). *Rentabilités d'actifs et fluctuations économiques : Une perspective d'équilibre général dynamique et stochastique.* Cette étude s'inscrit dans le cadre d'un programme de travail développé à la Banque de France.

Ben Ali D., et Martens A., (1993). Analyses de politique économique appliquée au Maroc, *Collection GREI, 1993, Vol1.*

Bénassy Jean-P., (2002). Rigidités nominales dans les modèles d'équilibre général intertemporel stochastique. *L'actualité économique, vol' 78, n° 4, 2002, p. 423-457.*

Bismans, F., Bouzahzah M., Damette O., Karim M.H., (2009). Ouverture commerciale et féminisation du marché du travail, l'exemple du Maroc. *49e Congrès annuel. Société canadienne de science économique (SCSE).*

Bonnet X., et Duchêne S., (1998). *Apports et limites de la modélisation « Real Business Cycles ».* Institut national de la statistique et des études économiques, Série des documents de travail de la Direction des Etudes et Synthèses Économiques. G 9803.

Bouët A., Hont-Peltrault E. D., et Xavier P., (2001). L'évaluation de la protection commerciale : une utilisation critique des Trade Restrictiveness Indexes. *Economie internationale 87, p, 131-158.*

Bouzahzah M. et Bismans F., (2000). Progrès technique et croissance en France de 1952 à 1991 : une approche par l'EGC. *In Économie Appliquée Tome L111, N° 3 PP.31-57.*

Bouzahzah M., De La Croix D., et Docquier F., (2000). Policy Reforms Growth in computable OLG Economies. *IRES, Discussion Paper N°27.*

Bouzahzah M., Docquier F., et Paddison O. (2002). Retraites, croissance et inégalités en présence d'individus myopes. *Économie et Prévision N° 155-4.*

Bouzahzah, M et Ihadiyan A., (2001). Libre-échange et migration marocaine. Une approche par l'équilibre général calculable. *Critique économique N° 11.*

Burniaux J.M., Delorme F., Lanlienert et Martin J.P. (1992). Walras, un modèle international, multisectoriel d'équilibre général appliqué à l'évaluation des effets Macroéconomiques des politiques agricoles : manuel technique. *Document de l'OECD, PP73-109.*

Calipel S., Chambas G., Geourjon A.M., et Le Hen J.B., (2003). Étude sur l'accord de partenariat économique entre l'Afrique de l'Ouest et la Communauté européenne. Impacts et Politiques d'accompagnements (cas de Sénégal). Volume II : Le Modèle d'analyse d'impact -caractéristiques techniques et procédures d'utilisation-. *Document de MEDEA N° 9.*

Chagny O., Reynes F., et Sterdyniak H., (2002). Le taux de chômage d'équilibre : Discussion théorique et évaluation empirique. *Revue de l'OFCE N° 81, Avril 2002.*

Chater M., (2004). Instauration d'une zone de libre-échange et politique d'accompagnement : le cas du Maroc. *Revue région et développement N° 19. P 84-103.*

Cockburn J., (2001). Trade Liberalisation and Poverty in Nepal A Computable General Equilibrium Micro Simulation Analysis. *CREF Working Paper N°18.*

Cockburn J., Decaluwé B., et Dostie B. (1998). Les leçons de mariage entre les MEGC et la nouvelle théorie du commerce international : application à la Tunisie. *L'actualité économique, Revue d'analyse économique, 74(3), P.381-413.*

Cogneau D. et Tapinos G., (1995). Libre échange, répartition du revenu et migration au revenu. *Revue d'économie du développement N°1/1995.*

Cogneau D. et Tapinos G., (2000). Migrations internationales, libre-échange et intégration régionale. *Document du travail N° 12.*

Collard F., et Fève P., (2006). *Modèles VAR ou DSGE : Que choisir ?* http://www.cepremap.ens.fr/depot/evedoc/2006/ WEP06/ collard_feve_final.pdf

David B., Bilodeau D., Lemelin A., et Véronique R., (2003). Une matrice de comptabilité sociale birégionale pour le modèle d'équilibre général du ministère des Finances du Québec (MEGFQ). *Travaux de recherche N° 2003-003.*

Debreu G., (1954), Valuation Equilibrium and Pareto Optimum, *Cowles Foundation Paper 84, Reprinted from the Proceeding of national academy of sciences, Vol. 40, N°07; PP 588-592.*

Decaluwé B., Lemelin A., Robichaud V., et Bahan D., (2003). Modèle d'équilibre général du ministère des Finances du Québec (MEGFQ) : Caractéristiques et structure du modèle. *Travaux de recherche N° 002.*

Decaluwé B., Dumont J.C., et Savard L., (1999). Mesurer la pauvreté et les inégalités dans un modèle d'équilibre général calculable. *Document d'IDEAS REPEC N° 20.*

Dellis A. et Pestieau P., (2002). Croissance économique et croissance démographique. *Document N°98.*

Devaragan S., et Lewis J.D., (1990). Policy lessons from Trade-Focused, two-sector Models. *Journal of Policy Modeling 12(4): 625-657.*

Devarajan S., Delfin S.Go., Jeffrey D.L., Sherman R., et Pekka S., (N.D.). Modèle simple d'équilibre général. 35P.

Diaz M.B., et Ramos C., (2004). Dynamic Equilibrium in Input-Output Models: theory and Empirical Applications. *Document publié par Ecomod, papier de IIOA.*

Dumont J.C., et Sandrine M.S., (1999). La modélisation démo-économique en macroéconomique des phénomènes migratoires : historique, modèle de croissance et approche. *Document du travail N° 03.*

Dupont G., Hagnere C., et Touze V., (2003), Les modèles de micro-simulation dynamique dans l'analyse des réformes des systèmes de retraites : une tentative de bilan. *Document du travail N° 10 (Déc. 2003).*

El Aoufi N., (1995). Europe-Monde Arabe : Un espace économique à somme positive. *In Annales Marocaines d'Économie, N° 13, Automne 1995, P131-136.*

El-Said M., et Sherman R., (2000).GAMS code for estimating a social accounting matrix using cross entropy methods. *TMD discussion paper 64.*

Emini C.A., (2000). Analyse de l'incidence d'une TVA imparfaite à l'aide d'un modèle calculable d'équilibre général application au cas camerounais. *Cahier de recherche N° 06.*

Emlinger C., Doukkali R., Jacquet F., et Tyner W., (2003). La libéralisation partielle des échanges agricoles entre le Maroc et l'Union européenne impacts sur l'économie marocaine. *Document de Femise N° 05-1445-1.*

Ennaji M., (1999). La Stratégie de lutte contre la pauvreté au Maroc. *Résumés des études réalisées dans le cadre du projet MIMAP-Maroc.*

Feraboli O., (2003). A dynamic analysis of Jordan's Trade liberalisation. *Discussion paper, University of Hamburg (publié par ECOMOD).*

Feraboli O., (2004). A Dynamic Multisectoral Analysis of Jordan's Trade Liberalization. *Discussion paper, University of Hamburg (publié Document du CEPII).*

Fida K., et Decaluwé B., (2007) Les effets de la migration sur le chômage marocain : une analyse en équilibre général calculable statique. *Document de travail du Centre d'Economie de la Sorbonne N° 16.*

Fodha M., et Le Maître P., (2003). *Réformes fiscales, systèmes de retraire et chômage involontaire : une analyse à l'aide d'un modèle d'équilibre général calculable.* Document présenté pour l'association française de science économique (2003).

Gautier J.F., (2000). Réformes douanières au Bénin et libéralisation commerciale au Nigeria : un modèle EGC avec concurrence imparfaite appliquée au commerce trans-frontalier. *Document de travail, DT/2000/03*

Gautier J.F., (2001). Taxation optimale de la consommation et biens informels. *Document du travail N° 15.*

Gautier J.F., (2001). Taxation optimale et réformes fiscales dans les PED : Une revue de littérature tropicalisée. *Document de Travail DT/2001/02.*

Ghadimi H., (2007). *Computable Général Equilibrium (CGE) Models : A short course.* www.rri.wvu.edu/CGECourse/ Session_3-_Implementation.pdf

Grimm M., (2000), *La théorie de la valeur de Debreu.* http://anciens.montaigne.free.fr/grenier/aehsc/Fiches%20d'auteurs%20et%20th%E9ories/Debreu%20-%20La%20th%E9orie%20de%20la%20valeur.doc

Gu W., Sawchuk G., et Whewell L., (2003). Effet de la réduction des tarifs sur la taille et sur le roulement des entreprises dans le secteur canadien de la fabrication. *Document de recherche N° 14.*

Guy G., (1982). Économie de la réforme fiscale et systèmes fiscaux comparés : une revue de littérature. *Revue économique Vol.33, N° 4.*

Haggart, B., (2001). Le canada et les États-Unis : le commerce, l'investissement, l'intégration et l'avenir. *Programme des services de dépôt PRB 01-3F*

Hamdouch B. et Chater M., (2001). Les échanges Euro Méditerranéens. Impacts des accords de libre-échange Euro-méditerranéens : cas du

Maroc. *Seconde conférence du Femise, Forum Euro-Mediterranéen des Instituts Economique*, N° 301.

Handoussa H. et Reiffers J.L., (2002). Rapport du Femise sur l'évolution de la structure des échanges commerciaux et des investissements entre l'Union européenne et ses partenaires méditerranéens. *Forum Euro-Méditerranéen des Instituts Economiques N° 203.*

Hans L., (2003). Exercises in general equilibrium modeling using GAMS. *Microcomputers in Policy Research 4a International Food Policy Research Institute.*

Hans L., (2003). Key to exercises in CGE modeling using GAMS. *Microcomputers in Policy Research 4b International Food Policy Research Institute.*

Hans L., Harris R.L., et Robinson S., (2001). A standard Computable General Equilibrium (CGE) Model in GAMS. *Trade and Macroeconomics Division discussion paper no. 75, IFPRI, Washington, D.C. U.S.A.*

Haykel H.S., (2004). Impacts des accords de libre-échange Euro-tunisien : Evaluation par un modèle d'équilibre général calculable en 1996. *Document de IDEAS- REPEC N° 20, PP192-218.*

Hérault N., (2003). Mondialisation et Pauvreté : les faiblesses des Modèles d'équilibre général calculable. *Document du travail N° 87.*

Hérault N., (2004). Un modèle d'équilibre général calculable (MEGC) pour évaluer les effets de l'ouverture au commerce international : le cas de l'Afrique du Sud. *Centre d'économie du développement N° 102.*

Hibou B., (1996). Les enjeux de l'ouverture au Maroc Dissidence économique et contrôle politique. *Les études du centre d'études et de recherches internationales N° 15.*

Huck E., (2001). La neutralité des tâtonnements au regard de la répartition de la richesse dans la théorie de la production de Léon Walras, le cas du tâtonnement sans bons des trois premières, édition des éléments d'économie politique pure. *Revue économique –vol. 52N° 3, PP 729-738.*

Hugon P., (2003). *Les accords de libre-échange avec les pays ACP et les pays du sud et de l'est de la méditerranée au regard du nouveau régionalisme.* Séminaire EMMA-RINOS (réseau Intégration Nord Sud) Paris, 26-27 Mai 2003.

INRA sciences sociales (1998). L'analyse des politiques agricoles en équilibre général : l'exemple des MEG de l'agriculture et de l'agro-alimentaire Français (MEGAAF). D*ocument de l'INRA N° 4, ISSN 0988-3266.*

Iranzo S., (2004). Trade liberalization, Agglomeration and public policies: the case of the European Regional Policies. *Papiers ECOMOD N° 120.*

Kebabdjian G., (1995). Le libre-échange Euromaghrébin : une évaluation macroéconomique, *Revue Tiers Monde, N° 144.*

Laffargue J.P., et Anne S (1999). Inégalités, biais de progrès technique et imperfections de marche en France, de 1974 à 1993. *Économie et Prévision, N° 138-139, PP89-110.*

Le Cacheux J. et Touzé V., (2002) . Les Modèles d'Equilibres Générales Calculables à générations imbriquées. Enjeux, méthodes et résultats. *Revue de l'OFCE N° 80.*

Le Cacheux J. et Touzé V., (2003). Vieillissement et richesse des nations. *Revue de l'OFCE N° 84.*

Legendre F., (2005). Micro-simulation et évaluation des politiques économiques et sociales. *Problèmes économiques N° 2879.*

Mabugu R., et Chitiga M., (2007). La protection du secteur des textiles et la pauvreté en Afrique du sud : Une analyse en équilibre général calculable dynamique micro – simulé. *Cahier de Recherche MPIA N° 2007-01.*

Mage S., (2003). Les modèles d'équilibre général appliqués à la politique commerciale : développements récents. *Cahiers de recherche EURISCO N°2003-0Paris : Vuibert.5*

Malinvaud E., (1993). Le manuel de Pareto et la théorie moderne des prix. *Revue économie politique, 103 (2).*

Malinvaud E., (2003). Réformes structurelles du marché du travail et politiques macroéconomiques. *Revue de l'OFCE 86.*

Marouani, M.A., (2000). Ouverture commerciale et emploi : un modèle d'équilibre général avec salaires d'efficience appliqué à la Tunisie. *Revue économique, 51(3), pp. 557-69.*

Marouani, M.A., (2001). *Comptes Nationaux pour la formulation des politiques économiques*. Cours K-58, Comptes Nationaux, 2001. PP250-258.

Marouani, M.A., (2002). Imperfections du marché du travail et modèles d'équilibre général calculables : une revue de littérature. *Document de travail N° 16.*

Marouani, M.A., (2004). Effets de l'accord d'association avec l'Union européenne et de démantèlement de l'accord Multifibres sur l'emploi en Tunisie : Une analyse en équilibre général intertemporel. *Document de travail N° 01*

Mathieu C., (2003). Politique économique : la clé anglaise. *Lettre de l'OFCE N° 233.*

Michel P., (1993). Le modèle à générations imbriqués, un instrument d'analyse macroéconomique. *Revue économie politique 103(2) mars – avril 1993.*

Milgram J., (2003). La ZLE avec l'UE est-elle la meilleure option pour le Maroc et la Tunisie ? Une simulation à l'aide d'un modèle calculable d'équilibre général. *Cahier N° 82.*

Mouez F., et Le Maitre P., (2007). Transition démographique, chômage involontaire et redistribution intergénérationnelle : simulations dans un cadre d'équilibre général à générations imbriquées. *Working Papers N°11.*

Mourji F., (1995). L'impact de l'instauration d'une zone de libre-échange sur l'économie : cas du Maroc. *Options méditerranéennes, Série B / n° 14, CIHEAM.*

Mourji F., (2000). L'impact de l'instauration d'une ZLE sur l'économie : cas du Maroc. *CIHEAM- Options Méditerranéennes, Série B/ N° 14, 1995 les agricultures maghrébines à l'aube de l'an 2000.*

Moyen S., et Sahuc Jean-G., (2007). *Le modèle d'Équilibre Général de la "Nouvelle Synthèse" : Quelles Hypothèses Retenir?* http://www.cepremap.ens.fr/depot/evedoc/2006/ WEP06/Moyen-Sahuc-final.pdf

Mucherie M. *Les modèles des Cycles d'affaires réels ou Real Business Cycles (RBC).* www.melchior.fr/Base-des-auteurs.240.0html?&0=&tx_ttnews%5Bauthor_id%5D =54&tx_ttnews

Müller T., (2004). Effets économiques de différentes propositions de réforme du système de sécurité sociale en Suisse. *PNR 45, Mai 2004.*

Portier F., (2007). Interprétation d'épisodes historiques à l'aide modèles DSGE. *Université de Toulouse (GRE).*

Pestieau P., (2002). Équilibre général et choix social. *Papier de discussion,* Université de Liège.

Peridy N., (2004). L'impact de la politique Euro - Méditerranéenne sur les échanges UE-Maroc : application d'un indicateur de performance à l'exportation. *Revue Région et Développement N° 19.*

Proulx, Pierre-Paul, (2001). La ZLÉA et l'intégration économique dans l'hémisphère ouest : quel rôle pour les politiques nationales ? *Sources ENAP. Volume 16, numéro 3, mai-juin 2001.*

Rampulla C., Djibril S., et Charles V., (2007). Accord de partenariat économique : Étude sur les recettes douanières et la fiscalité intérieure. *République du Mali (version finale du Février 2007 et financé par l'UE - 9éme FED).*

Ries A., Vanhoudt P., et Uppenberg K., (2001). The Mediterranean Region: A special report. *EIB Papers Volume (6) N°2.*

Roberts D., (1994). A modified Leontief model for analysis of the impact of milk quotas on the wider economy. *Journal of Agricultural Economics, 1994, 45 (1), p. 90-101.*

Ruge-Murcia Francisco.J., (2003). Methods to estimate dynamic stochastic general equilibrium models. *Cahiers de recherche 2003-23, Université de Montréal, département de sciences économiques.*

Rutherford T., Elisabet F., Rutström E.E., et Tarr D., (1999). The free – Trade agreement between the European Union and representative Arab Mediterranean country: a quantitative assessment. *University of Michigan Press.*

Rutherford T.F., Rutström E.E., et Tarr D., (1994). L'accord de libre-échange entre le Maroc et le CEE : une évaluation quantitative. *Revue d'économie du développement, N° 2, juin.*

Sandrine M.S., et Raffinot M., (2003). Réformes budgétaires et gestion par les objectifs dans les pays à faible revenu : Burkina-Faso et Mali. *Document du travail N° 13.*

Sand-Zantman A., (1995). Modèles d'équilibre général calculable et répartition des revenus dans les pays en voie de développement : quelques éléments d'évaluation. *Document ERUDITE N° 94-09.*

Scarf H.E, (1967). The approximation of fixed points of a continous Mapping. *SIAM Journal of Applied Mathematics, 15, P.1328-1343.*

Schubert K. (1993). Les modèles d'équilibre général calculable : une revue de la littérature. *Revue d'Economie Politique, 103(6) Nov-Déc 1993*

Schubert K., et Letournel P.Y., (1991). Un modèle d'équilibre général appliqué à l'étude la fiscalité française : résultats de long terme. *Économie et Prévision, n° 98, 1991-2.*

Schubert K., P.Y. Letournel et P. Trainar (1992). Utilisation des modèles d'équilibre général calculable dans l'évaluation de la politique fiscale. *Revue économique N° 4, Juillet 1992*

Streel C., Bracke I., Saintrain M., et Vanhorebeek F., (1998), Effets macroéconomiques et budgétaires de l'application du taux de TVA réduit à certains services. *Working Paper 6-98.*

Strimbu-Lee S., (2005). Modèle d'équilibre générale calculable appliqué à la Roumanie. *Université d'Orléans.*

Thierry B., (1999). Un modèle d'équilibre général appliqué de l'économie Belge. *Working Paper 5-99.*

Touhami A., (1999). Modèles de comportement des ménages : présentation et revue de la littérature. *Cahier de recherche MIMAP/INSEA, janvier 1999.*

Touhami A., (2001). Politiques économiques, effets technologiques et double calibration dans les modèles calculables d'équilibre général. *Document publié par CREFA.*

Touhami A., et Chaoubi A., (1999). Croissance économique et pauvreté au Maroc : le contexte théorique. *Article publié dans cairm.info N° 182.*

Touhami A., et Dufour J.M., (2000). Confidence regions for calibrated parameters in computable general equilibrium models. *Série Scientifique, 2005-18.*

Toussaint E. et Bonfond O. , (2005). Maroc, Algérie, Tunisie : Les transferts de richesses se poursuivent discrètement. *Article de CADTM.*

Villa P., (2000). Le passage des retraites de la répartition à la capitalisation obligatoire : des simulations à l'aide d'une maquette. *Document du CEPII N° 02.*

Youcef B. et Boumghar M.Y. , (2005). Ouverture commerciale et compétitivité de l'économie : Un essai de mesure de l'impact des accords d'association sur les prix à la production et les prix à la consommation. *Recherche Femise N°FEM22-37.*

Yvan D., (1999). Dynamique de la distribution du revenu suite à l'ouverture commerciale de la Tunisie. *Document de travail DT/99/05.*

Yvan D., Guerin J.L., et Jean S., (2003). Commerce international et salaires relatifs : Les enseignements des modèles d'équilibre général calculables. *Economie Internationale 94-95, PP175-200.*

3. Rapports, thèses, mémoires et documents officiels

Administration des douanes et impôts indirects –Maroc- (2000). *Accord Euro- méditerranéen.* Journal officiel des communautés européennes L70/2 daté le 18 Mars 2000.

Ambassade France au Maroc (2003). *Analyses Economiques.* Fiche de synthèse de la mission économique de Rabat N° 18.

Ambassade France au Maroc (2003). *Situation économique et financière au Maroc.* Fiche de synthèse de la mission économique de Rabat. Actualisation N° 25.

Bank Al-Maghrib (2004). *Les relations financières avec l'étranger.* Rapport exercice.

Bourque J., (2004). *Le nouveau –Brunswick et le conflit du bois d'œuvre : analyse en équilibre général calculable de l'imposition des tarifs compensatoire et anti-dumping.* Mémoire pour l'obtention du grade maître ès arts (M.A.). Faculté des sciences sociales. Université Laval. Québec.

Bouzahzah M., (2000). *Développements de la modélisation d'équilibre général calculable.* Thèse de doctorat université de Lille2.

Direction de la politique économique générale. *Attractivité des IDE pour le Maroc.* Document du Ministère des Finances du Maroc N° 75.

Direction de la Prévision –Maroc- (2001). *La modélisation macroéconomique des flux de commerce extérieur des principaux pays industriels.* Dossiers Juin 2001.

Direction des études. - (1996). *Élasticités de substitution et de Transformation et sensibilités prix et revenu : une analyse sectorielle du commerce extérieur marocain.* Rapport élaboré pour le compte du Ministère du commerce extérieur du Maroc.

Direction générale de l'impôt (2004). *Note circulaire N° 715 relative aux dispositions fiscale de la loi des finances. Document du Ministère des Finances du Maroc N° 26-04 pour l'année budgétaire 2005.*

Doukkali R., (2003). *Etudes effets de la libéralisation des céréales. résultats des simulations à l'aide d'un MEGC.* Document pour le Ministère de l'agriculture du Maroc N° 75.

El Alaoui. A. (2009). *Impact de l'accord d'association euro-Maroc sur l'économie marocaine : Une évaluation à l'aide d'un Modèle d'Équilibre Général Calculable.* Thèse de doctorat. Octobre 2009. 462 pages. Encadrant : Lahcen OULHAJ. Disponible à la Faculté des Sciences Juridiques Economiques et Sociale. Agdal –Rabat.

Haut-Commissariat au Plan, du Maroc (2006). *Comptes de la Nation de base 1998 : Principaux aspects méthodologiques.* Rapport d'HCP du Maroc.

Haut-Commissariat au Plan, Maroc (2003). *Comptes nationaux trimestriels croissance sectorielles.* Rapport d'HCP du Maroc.

Haykel H.S., (2004). Impacts *des accords de partenariats entre la Tunisie et l'Union européenne sur l'économie tunisienne : une évaluation par le modèle d'équilibre général calculable.* Thèse de doctorat. Université du Maine UFR de Sciences Economiques, Tunisie.

Ministère des finances et de la privatisation du Maroc. (2004). *Tableau de bord des finances publiques.* Rapport du juin 2004.

Ministère des finances et de la privatisation du Maroc (2005). *Bulletin mensuel de statistiques des finances publiques.* Rapport du novembre et d'août 2005.

Ministère des Finances Québec (2004). *Impacts économiques des impôts et taxes évalués à l'aide du modèle économique générale du MFQ.* Présenté dans le cadre du colloque du Cirano sur le financement du budget de l'État le 3 décembre 2004.

Ministère du Commerce Extérieur –Maroc- (2004). *Fiche sur l'accord de libre-échange entre le Maroc et les États-Unis.*

Ministère du développement et de la coopération internationale –Tunisie- (2003a). *Impact du démantèlement tarifaire avec l'Union européenne sur les échanges extérieurs (1997-2000).* Les cahiers de l'institut d'économie quantitative (IEQ) N° 17. pp. 145-68.

Ministère du développement et de la coopération internationale –Tunisie- (2003b). *Impact de l'accord de libre-échange avec l'Union européenne sur les recettes fiscales.* Les cahiers de l'institut d'économie quantitative (IEQ) N° 17. pp. 169-220.

PNUD (2007). *Rapport de développement humain 2006.*

Touhami A.. (1994). *Inférence statistique pour modèles de simulation et modèles calculables d'équilibre général théorie et applications à un modèle de l'économie marocaine.* Thèse de Doctorat. Université de Montréal. Faculté des études supérieures, Canada.

Liste des Figures

Figure 1. Caractéristiques d'un modèle de micro simulation.....51
Figure 2. Étapes de la construction d'un MEGC 67
Figure 3. Circuit des différents flux réels de l'économie marocaine 99
Figure 4. Structure de production d'un secteur.........................102
Figure 5. Circuit de la commercialisation d'un produit donné.115
Figure 6. Relation entre les prix dans le MEGCMar03............118
Figure 7. Matrice de base déséquilibrée..................................189
Figure 8. Fonction de production à facteurs complémentaires 207

Liste des Tableaux

Tableau 1. Calendrier des rythmes de désarmement tarifaire....25
Tableau 2. Architecture générale de la MCSMar03..................83
Tableau 3. MCS agrégée sous la base des données 2003, en millions de DH...88
Tableau 4.Liste des produits ou des branches d'activités de la MCSMar03...89
Tableau 5. Facteur travail et facteur capital, en millions de DH...90
Tableau 6. Ressources et emplois de l'UE15, en millions de DH...91
Tableau 7. Ressources et emplois des ménages, en millions de DH...92
Tableau 8. Ressources et emplois des entreprises, en millions de DH...93
Tableau 9. Ressources et emplois de l'État, en millions de DH...94
Tableau 10. Consommation finale des ménages et de l'État, en millions de DH...94
Tableau 11. Correction des données agrégées des échanges extérieurs, en millions de DH...95
Tableau 12. Désagrégation des données des échanges extérieurs, en millions de DH...96
Tableau 13. Ajustement de la MCSMar03 par l'investissement, en millions de DH.................................97
Tableau 14. Variables endogènes du MEGCMar03................123
Tableau 15. Variables exogènes du MEGCMar03..................125
Tableau 16. Valeurs numériques des élasticités de substitution et de transformation générales ou régionales du commerce extérieur..127
Tableau 17. Valeurs numériques des élasticités de substitution entre le capital et le travail 128

Tableau 18.Valeurs des élasticités de substitution et de transformation déterminées de manière exogène pour l'analyse de sensibilité 129
Tableau 19. Paramètres et élasticités du MEGCMar03 133
Tableau 20. Prix à l'unité du MEGCMar03 135
Tableau 21. Maquette des scénarios du MEGCMar03 136
Tableau 22. Impacts sur les importations totales en valeur (Va) et en volume (Vo) 140
Tableau 23. Impacts sur les importations par région économique en valeur (Va) et en volume (vo).....................142
Tableau 24. Impacts sur les exportations totales en valeur (Va) et en volume (Vo) 145
Tableau 25. Impacts sur la production domestique en valeur (Va) et en volume (Vo) 147
Tableau 26. Impacts sur les exportations par région économique en valeur (Va) et en volume (vo).....................149
Tableau 27. Variations équivalentes et variations compensatoires selon les résultats des simulations.............165
Tableau 28. Effets des simulations sur le revenu et l'épargne des ménages 167
Tableau 29.Impacts sur la rémunération du capital, les transferts et l'épargne de l'État 169
Tableau 30. Impacts sur les recettes tarifaires à l'importation.171
Tableau 31. Impacts sur les recettes indirectes 172
Tableau 32. Équilibre macroéconomique................................175
Tableau 33. Compte courant de l'État 176
Tableau 34. Compte courant de la balance des paiements extérieurs 177
Tableau 35. Structure des importations, en %.........................233
Tableau 36. Structure des exportations, en % 234

Table des Matières

PRÉFACE 7

AVANT-PROPOS 9

REMERCIEMENTS 11

ABRÉVIATIONS & ACRONYMES 15

CHAPITRE INTRODUCTIF 17

SECTION 1. UNE OUVERTURE ÉCONOMIQUE MONDIALE ACCÉLÉRÉE 18
SECTION 2. APERÇU SUR L'OUVERTURE DE L'ÉCONOMIE MAROCAINE ... 22
SECTION 3. PRÉSENTATION DE L'OUVRAGE 27

CHAPITRE 1. CADRE THÉORIQUE DU MODÈLE D'ÉQUILIBRE GÉNÉRAL 31

SECTION 1. FONDEMENTS THÉORIQUES DU MEG 32
1- Caractéristiques fondamentales de la théorie classique 32
a- Analyse cardinale ou utilité cardinale 32
b- Analyse ordinale ou utilité ordinale 33
2- Présentation de l'équilibre walrasien 34
a- Rôle du commissaire- priseur dans l'équilibre de Walras 34
b- Interprétation de l'équilibre Walrasien 35
3- Modèle d'Arrow - Debreu 36
a- Présentation du modèle d'Arrow - Debreu 36
b- Interprétation du modèle d'Arrow et Debreu 39
4- Unicité de l'équilibre et statique comparative 40
SECTION 2. TENDANCES RÉCENTES DES MEG 42
1- MEGC à concurrence imparfaite 42
2- Modèles dynamiques 45
3- Modèles avec rigidités de court terme 48
4- Modèles de micro simulation 50
5- Modèles RBS et modèles MEGIS 52
6- D'autres applications empiriques des MEGC 61
SECTION 3. MEGC : ÉTAPES DE CONSTRUCTION, LIMITES ET AVANTAGES 66
1- Étapes d'élaboration d'un MEGC 66
2- Nature de difficultés rencontrées par le modélisateur 69
a- Problèmes liés aux bases des données 69
b- Problèmes liés aux choix des valeurs numériques 70
c- Problèmes liés aux choix des algorithmes de résolution 71
3- Limites et avantages de l'utilisation du MEGC 71
a- Avantages tirés de l'application du MEGC dans les études économiques 71
b- Limites du MEGC 73

CHAPITRE 2. ÉCRAN COMPTABLE DU MODÈLE : LA MATRICE DE LA COMPTABILITÉ SOCIALE 77

SECTION 1. MCS : DÉFINITION, CRITÈRES DE DÉTERMINATION ET MÉTHODES D'ÉQUILIBRAGE 77
1- Définition de la MCS 78
2- Intérêts et difficultés de la MCS 78
a. Intérêts liés à la construction d'une MCS 79
b. Difficultés liées à la construction d'une MCS 79
3- Méthodes d'équilibrage de la matrice de la comptabilité sociale 80
a- Présentation théorique de la méthode RAS 81
b- Présentation théorique de la méthode d'Entropie-Croisée 81
SECTION 2. ARCHITECTURE GÉNÉRALE DE LA MCSMAR03 82
1- Critères de détermination de la structure d'une MCS 82
a- Projet théorique et empirique du modélisateur 82
b- Disponibilité des données statistiques et méthodes de leurs traitements 82
2- Architecture générale de la MCSMar03 83
SECTION 3. SOURCES DES DONNÉES DE LA MCSMAR03 87
1- Comptes de la MCSMar03 87
2- Étapes de traitement des données 90

CHAPITRE 3. CONSTRUCTION D'UN MEGC APPLIQUÉ À L'ÉCONOMIE MAROCAINE 101

SECTION 1. FORMES FONCTIONNELLES DU MEGCMAR03 101
1- Bloc d'équation de la production 102
2- Bloc d'équation de revenus et d'épargnes des ménages et des entreprises 105
a- Les équations de revenu et d'épargne des ménages 105
b- Les équations du revenu et d'épargne des entreprises 106
3- Bloc d'équation des recettes et de l'épargne de l'État 107
4- Bloc d'équation de la demande finale intérieure 109
5- Bloc d'équation du commerce extérieur 110
6- Bloc d'équation des prix 115
7- Bloc d'équation des conditions d'équilibre 118
SECTION 2. BOUCLAGE MACROÉCONOMIQUE DU MEGCMAR03 120
1- Règles du bouclage d'un MEGC 120
2- Règle de bouclage du MEGCMar03 121
SECTION 3. CALIBRAGE DES PARAMÈTRES ET DES COEFFICIENTS DU MEGCMAR03 126
1- Fixation a priori des valeurs numériques des paramètres 127
2- Analyse de sensibilité 128
3- Calcul a posteriori des paramètres et des coefficients du modèle 129
SECTION 4. SIMULATIONS D'IMPACT DE LIBRE-ÉCHANGE 135

CHAPITRE 4. ANALYSE D'IMPACTS DE L'ACCORD DE LIBRE-ÉCHANGE SUR L'ÉCONOMIE MAROCAINE 139

SECTION 1. IMPACTS SUR LES ÉCHANGES EXTÉRIEURS 139

1- Importations 139
a- Importations totales 139
b- Importations régionales 141
2- Exportations 144
a- Exportations totales 144
b- Exportations régionales 148
3- Structure des échanges extérieurs 151
SECTION 2. IMPACTS SUR LES FACTEURS DE PRODUCTION 152
1- Facteur travail 152
2- Taux du rendement du capital 154
SECTION 3. IMPACTS SUR LA PRODUCTION SECTORIELLE ET LA DEMANDE INTÉRIEURE 155
1- Production sectorielle 156
2- Demande intérieure 160
a- Consommation des ménages 160
b- Variation des stocks 162
SECTION 4. IMPACTS SUR LE BIEN-ÊTRE 163
1- Variations équivalentes et compensatoires 163
2- Bien-être des ménages 165
SECTION 5. IMPACTS SUR LES REVENUS ET LES ÉPARGNES DES SI 166
1- Ménages 167
2- Entreprises 168
3- État 169
a- Rémunération du capital, transferts et épargne de l'État 169
b- Recettes tarifaires à l'importation 171
c- Recettes indirectes sur les produits 172
SECTION 6. VÉRIFICATION D'ÉQUILIBRE DU MODÈLE 173
1- Investissement total 174
2- Équilibre macroéconomique 174
3- Compte courant de l'État 176
4- Compte courant de la balance des paiements extérieurs 176
CONCLUSION GÉNÉRALE 179
ANNEXES 181
ANNEXE 1. PRINCIPAUX PASSAGES DE LA DÉCLARATION DE BARCELONE 181
a- Les pays participants à la conférence 181
b- Les objectifs de la déclaration 181
c- Les engagements des participants 182
ANNEXE 2. HYPOTHÈSES THÉORIQUES DU MEG 185
a- Les hypothèses liées aux consommateurs 185
b- Les hypothèses liées aux producteurs 186
c- Les hypothèses liées à une économie de propriété privée 187
ANNEXE 3. MÉTHODE D'ÉQUILIBRAGE DE LA MATRICE DE LA COMPTABILITÉ SOCIALE 189
a- La méthode RAS 189
b- La méthode d'entropie croisée 191

ANNEXE 4. EXEMPLE D'APPLICATION DE LA MATRICE DE LA COMPTABILITÉ SOCIALE, MCSMAR03 193
ANNEXE 5. FONCTIONS DE PRODUCTION 205
a- La fonction de production de type CES 205
b- La fonction de production à facteurs complémentaires 207
ANNEXE 6. FONCTIONS DEMANDE DU TRAVAIL 209
a- La fonction demande de travail de la branche d'activité tr 209
b- La fonction demande de travail de la branche ntr 209
ANNEXE 7. MAXIMISATION DE LA FONCTION D'UTILITÉ DE COBB-DOUGLAS 211
ANNEXE 8. FONCTIONS DE COMMERCE EXTÉRIEUR 213
a- La fonction de type CET 213
b- La fonction de type CES 215
c- La fonction de type CET1 217
d- La fonction de type CES1 217
ANNEXE 9. SYSTÈME DES ÉQUATIONS DU MEGCMAR03 219
ANNEXE 10. FICHIER GAMS DE CALIBRATION DU MEGCMAR03 223
ANNEXE 11. STRUCTURE DES ÉCHANGES EXTÉRIEURS 233
BIBLIOGRAPHIE 237
1. OUVRAGES & LIVRES 237
2. REVUES & JOURNAUX 237
3. RAPPORTS, THÈSES, MÉMOIRES ET DOCUMENTS OFFICIELS 246
LISTE DES FIGURES 248
LISTE DES TABLEAUX 249

Revue « Marché et Organisations »
L'Harmattan

Cahiers d'économie et de gestion thématiques dont le but est de promouvoir la recherche originale sur les relations de plus en plus étroites qui se tissent entre le marché et les organisations. Les acteurs économiques de taille, de puissance et de pouvoir différents dont les intérêts peuvent être convergents, complémentaires ou, le plus souvent, antagoniques, ont tendance à organiser les marchés. La raison du marché, pourtant, est la référence stratégique pour l'entreprise ainsi que pour les institutions publiques de décision économique.

Numéros parus :

N°1 : Artisanat. La modernité réinventée, 2006
N°2 : La petite entreprise, elle a tout d'une grande. De l'accompagnement aux choix stratégiques, 2006
N°3 : Tourisme et Innovation. La force créative des loisirs, 2007
N°4 : Le travail. Formes récentes et nouvelles questions, 2007
N°5 : Les universités et l'innovation. L'enseignement et la recherche dans l'économie des connaissances, 2007
N°6 : Entrepreneuriat et accompagnement. Outils, actions et paradigmes nouveaux, 2008
N°7 : Développement durable des territoires. Economie sociale, environnement et innovations, 2008
N°8 : Développement durable et responsabilité sociale des acteurs, 2009
N°9 : Gouvernance : exercices de pouvoir, 2009
N°10 : Le travail collaboratif. Une innovation générique, 2009
N°11 : Economie sociale et solidaire. Nouvelles trajectoires d'innovations, 2010
N°12 : Relations à la marque et marques de la relation. Regards croisés sur le management relationnel de la marque, 2010
N°13 : Les contrats au service de la recherche ?, 2011
N°14 : Le potentiel économique de l'Afrique subsaharienne, 2011
N°15 : Management de la distribution, 2012
N°16 : Territoire Vert. Entreprises, Institutions, Innovations, 2012
N°17 : Eco-conception, conception et innovation. Les nouveaux défis de l'entreprise, 2013
N°18 : Intelligence économique : entreprises et territoires, 2013
N°19 : La finance globale. Un monde fini, 2013
N°20 : La crise du « développement », 2014
N°21 : La Chine innove. Politiques publiques et stratégies d'entreprise, 2014
N°22 : Go East! Nouvelles Economies de Marché, 2015
N°23 : L'économie du changement, 2015
N°24 : Le temps des artisans. Permanences et mutations, 2015
N°25 : Innovations de proximité et esprit d'entreprise, 2016
N°26 : L'avenir des économies du Maghreb : entre inertie structurelle et envie de rupture, 2016/3 (n° 27)
N°27 : Le sport aux frontières du marché du travail, 2016
N°28 : Dynamiques internationales des entreprises, 2017
N°29 : L'univers du risque, 2017
N°30 : Les petites entreprises dans l'histoire industrielle, 2017
N°31 : Economie sociale et *social business* ? Au défi d'entreprendre et se financer, 2018
N°32 : Éducation et fertilisation des économies africaines, 2018
N°33 : L'entrepreneuriat innovant dans les pays du Maghreb, 2018
N°34 : L'entrepreneuriat scientifique : institutions et innovation, 2019
N°35 : Le champ économique de la culture, 2019
N°36 : Economie sociale et solidaire ? Modèles d'innovation et modes de gouvernance, 2019
N°37 : Rethinking Luxury Business, 2020
N°38 : La santé connectée. Nouvelles technologies et réorganisation des soins, 2020
N°39 : Options stratégiques et systèmes complexes d'innovation, 2020

Collection « L'esprit économique »
fondée par Sophie Boutillier et Dimitri Uzunidis en 1996

Dernières parutions

► ***Série Economie et Innovation***
C. ABDOU LAHAD THIAW, *Innovation localisée pour le développement économique du Sénégal*, 2018.
N. ANIDO FREIRE, *Tradition et innovation : de l'opposition à la complémentarité*, 2018.
C. BERGHMANS (dir.), *Intelligence et compétences émotionnelles en entreprise : perspectives multiples*, 2018.
T. MICHAUD, *La réalité virtuelle : de la science-fiction à l'innovation*, 2018.
B. LAPERCHE, M. LIMA, E. SEULLIET, B. TROUSSE (dir.), *Les écosystèmes d'innovation. Regards croisés des acteurs clés*, 2019.
S. MONNERIE, *L'économie digitale révolutionne le monde. Innovation et total design*, 2019.
T. MICHAUD, *Le projet spatial européen, entre pragmatisme et imagination*, 2020.
J.-P. SCHMITT, N. RAVIDAT, *Management conjoint de la technologie et de la personne. Pour performer et croitre*, 2020.
► ***Série Le Monde en Question***
L. BOURQUIN, *Europe 3.0 : le grand réveil*, 2017.
A. ROSOWSKY, *De l'économie de pillage a la société désagrégée, un essai sur la révolution thatchérienne*, tomes 1 & 2, 2017.
M. AMAN, *Currency board* (caisse d'émission) à Djibouti. Quelles implications économiques ?, 2018.
M. BENALI, A. EL BOUHADI, *Accès aux services financiers, inclusion et durabilité économique en Afrique*, 2020.
► ***Série Krisis***
Y. LEVANT, S. TREBUCQ, *Théorie comptable et sciences économiques du XVe au XXIe siècle, mélanges en l'honneur du professeur Jean-Guy Degos*, 2018.
M. WIELEZYNSKI, *Retour sur l'origine du profit : et si l'économie changeait de paradigme…*, 2018.
G. MINART, *Benjamin Constant, économiste*, 2019.
M. RAMEAUX, *Le tao de l'économie. Du bon usage de l'économie de marché*, 2020.
B. TONGLET, *Innovation et dynamique discontinue au bas Moyen Age. Pour une autre approche de l'histoire économique*, 2020.
► **Série *Clichés***
S. BOUTILLIER, D. UZUNIDIS (dir.), *La Russie européenne. Du passé composé au futur antérieur*, 2008.
R. VOLPI, *La négociation. Pain, paix, liberté*, 2009.
► ***Série Cours Principaux***
B. LANDAIS, *Les fluctuations économiques, une synthèse nouvelle*, 2017.
S. FREZAL, *Quand les statistiques minent la finance et la société. Risque, responsabilité et décision*, 2018.
O. ESNEU, *Le droit du transport routier de marchandises (TRM)*, 2018.
G. DUTHIL, *Economie publique et métamorphoses sociales*, 2019.
R. SANTENAC, *Le cycle des crises financières. Une étude approfondie des causes, des impacts et de la fréquence*, 2020.
B. LANDAIS, *Macroéconomie efficace. Croissance et crises*, 2020.
► ***Série L'économie formelle***
S. PARK, *Les abus de puissance économique dans les relations commerciales déséquilibrées*, 2018.
C. JADEAU, *La Finance inclusive. Manuel du post-capitalisme financier*, 2019.
A. BELMADANI, *Monnaie et systèmes de paiement. Mutations, enjeux et risques*, 2019.
É. CHAUMETON, *Pour une économie au service de la personne. Pistes d'avenir pour l'économie, la monnaie et la fiscalité*, 2019.
K. B. KOUASSI, *Pauvreté des Nations. Une critique de l'économie politique*, 2019.
F. NEUVILLE, *Comment gagner de l'argent en Bourse*, 2020.

Structures éditoriales du groupe L'Harmattan

L'Harmattan Italie
Via degli Artisti, 15
10124 Torino
harmattan.italia@gmail.com

L'Harmattan Hongrie
Kossuth l. u. 14-16.
1053 Budapest
harmattan@harmattan.hu

L'Harmattan Sénégal
10 VDN en face Mermoz
BP 45034 Dakar-Fann
senharmattan@gmail.com

L'Harmattan Cameroun
TSINGA/FECAFOOT
BP 11486 Yaoundé
inkoukam@gmail.com

L'Harmattan Burkina Faso
Achille Somé – tengnule@hotmail.fr

L'Harmattan Guinée
Almamya, rue KA 028 OKB Agency
BP 3470 Conakry
harmattanguinee@yahoo.fr

L'Harmattan RDC
185, avenue Nyangwe
Commune de Lingwala – Kinshasa
matangilamusadila@yahoo.fr

L'Harmattan Congo
67, boulevard Denis-Sassou-N'Guesso
BP 2874 Brazzaville
harmattan.congo@yahoo.fr

L'Harmattan Mali
Sirakoro-Meguetana V31
Bamako
syllaka@yahoo.fr

L'Harmattan Togo
Djidjole – Lomé
Maison Amela
face EPP BATOME
ddamela@aol.com

L'Harmattan Côte d'Ivoire
Résidence Karl – Cité des Arts
Abidjan-Cocody
03 BP 1588 Abidjan
espace_harmattan.ci@hotmail.fr

L'Harmattan Algérie
22, rue Moulay-Mohamed
31000 Oran
info2@harmattan-algerie.com

L'Harmattan Maroc
5, rue Ferrane-Kouicha, Talaâ-Elkbira
Chrableyine, Fès-Médine
30000 Fès
harmattan.maroc@gmail.com

Nos librairies en France

Librairie internationale
16, rue des Écoles – 75005 Paris
librairie.internationale@harmattan.fr
01 40 46 79 11
www.librairieharmattan.com

Librairie l'Espace Harmattan
21 bis, rue des Écoles – 75005 Paris
librairie.espace@harmattan.fr
01 43 29 49 42

Lib. sciences humaines & histoire
21, rue des Écoles – 75005 Paris
librairie.sh@harmattan.fr
01 46 34 13 71
www.librairieharmattansh.com

Lib. Méditerranée & Moyen-Orient
7, rue des Carmes – 75005 Paris
librairie.mediterranee@harmattan.fr
01 43 29 71 15

Librairie Le Lucernaire
53, rue Notre-Dame-des-Champs – 75006 Paris
librairie@lucernaire.fr
01 42 22 67 13

www.ingramcontent.com/pod-product-compliance
Lightning Source LLC
LaVergne TN
LVHW010951061026
849535LV00006B/1662
* 9 7 8 2 3 4 3 2 1 5 8 5 3 *